KB218532

농부에게 행운을! 이곳을 소유한 사람, 일하는 사람,
충실한 사람, 도덕적인 사람들에게 행운을!
나는 그를 사랑할 수도, 존경할 수도, 부러워할 수도 있다.
하지만 나는 그의 삶을 살려고 내 인생의 절반을 낭비했다.
나는 내가 아닌 무언가가 되고 싶었다.
나는 동시에 시인과 중산층이 되려고까지 했다.
나는 예술가, 공상가가 되고 싶었지만, 또한 좋은 사람,
가정적인 사람이 되고 싶었다. 오랫동안 이 상태가 계속되었다.
사람은 둘 다 될 수는 없고, 둘 다 가질 수는 없다는 것을
알게 될 때까지. 나는 농부가 아니라 유목민이고,
지키는 사람이 아니라 찾아 나서는 사람임을 알게 될 때까지.

헤르만 헤세『방랑』

장애에서 진화적 적응으로 패러다임을 바꾼 현대의 고전 제3판

톰 하트만 지음 | 백지선 옮김

또다른우주

추천의 글

모든 인간의 가치를 재확인하며

마이클 팝킨*

간혹 관점을 바꾸는 새로운 소식을 들고 희망과 격려의 섬광을 밝히듯 나타나는 사람이 있다. 톰 하트만은 그런 사람들 중 한 명이고, 마침내 이 책을 통해 ADHD의 개념을 우리가 이해할 수 있는 맥락으로 설명해냈다.

서구 세계 아이들의 10퍼센트가 ADHD(attention deficit hyperactivity disorder, 주의력결핍 과잉행동장애)에 걸렸다고 추정되는 상황에서, 나는 종종 자연이 어떻게 그런 실수를 할 수 있었

---

* 액티브페어런팅 출판사의 설립자 겸 대표. 1983년 최초의 비디오 기반 자녀교육 프로그램을 개발했다. 이후 30종 이상의 자녀교육 서적을 집필하고 다양한 육아 관련 프로그램을 제작했으며, 〈오프라 쇼〉, CNN 등 수많은 TV와 라디오 방송에 다수 출연했다.

는지 궁금했다. 정말 실수였을까? 아마도 우리는 충분한 근거 없이 과잉 진단을 했으리라. 이 현상에 대한 톰 하트만의 통찰력은 자연의 지혜와 모든 인간의 가치를 재확인하는 제3의 관점을 제시한다.

액티브페어런팅 출판사의 저자이자 이사로서, 나는 지난 30년간 양육자를 지원하는 프로그램을 개발해 왔다. 각 프로그램은 육아의 목적이 '아이들이 살아갈 사회에서 살아남고 번영하도록 그들을 보호하고 준비시키는 것'이라는 생각에 기반한다. 우리가 양육자에게 가르치는 모든 기술은 훈육에서부터 의사소통, 격려에 이르기까지 아이들에게 현대 민주주의 사회에서 번창할 수 있는 자질을 심어주기 위해 고안되었다. 우리 아이들이 앞으로 살아갈 세상에서 번성하는 데 필요한 자질과 기술이 무엇인지 고려하지 않고 양육을 논할 수는 없다.

옥수수밭 한가운데서 야생 곰을 사냥하려고 한다고 해보자.

톰 하트만은 이것이 정확히 ADHD 아이들과 성인들이 처한 상황임을 조명했다. 즉, 그들은 농부의 세계에 사는 사냥꾼들이라는 사실 말이다. 이런 상황은 ADHD인 사람들에게 엄청난 좌절감을 느끼게 하지만, 다른 한편으론 ADHD가 선천적인 결함이 아님을 보여준다. 단순히 시기를 잘못 타고난 것일 뿐이므로, 이 시대에 맞는 기술 몇 가지를 갖춤으로써 해결할 수 있는 문제다.

ADHD가 예외가 아닌, 한쪽에 전형적인 농부가, 정반대 쪽에 전형적인 사냥꾼이 존재하는 인간의 공통 속성에서 사냥꾼 성향이 우세하다는 것일 뿐임을 의미한다는 해석도 매우 고무적이다. 이 책에서 제시하는 ADHD의 특징은 미국심리학회의 정의와도 부합하는데, 많은 독자가 그 특징 중에서 자신의 모습을 찾아볼 수 있을 것이다. ADHD의 특징도 강점이 된다는 관점은, 인간의 공통 속성 스펙트럼에서 사냥꾼 쪽에 서 있는 사람들에게 격려와 실질적인 해결책을 제공할 뿐만 아니라 우리 모두에게 인류와 사회의 진화에 대한 매혹적인 통찰을 선사할 것이다.

‘최소 뇌 손상’에서 ADHD로

모든 고귀한 일은 처음에는 불가능했다.
토머스 칼라일 『과거와 현재』(1843)

1980년 봄, 나는 벤 파인골드의 아파트 거실에 앉아 샌프란시스코의 금문교를 내려다보며 그가 과잉행동 문제에 대한 해결책을 찾기 위해 노력해 온 과정에 대해 들었다. 당시 나는 학대받고 방임된 아이들을 위한 주거 치료 시설의 전무이사였고, 우리에게 의뢰된 아이들 대부분은 ‘과잉행동’ 또는 ‘최소 뇌 손상(minimal brain damage, 나중에 ‘최소 뇌 기능 장애[minimal brain dysfunction]’로 용어가 순화됨)’이라는 진단을 받은 적이 있었다. 나는 파인골드의 얘기에 매우 관심이 많았다.

파인골드는 소아 알레르기 전문의로서 수년간 피부 질환, 특히 건선이 있는 환자 중 상당수가 식별 가능한 알레르기가 있다는 것을 알아냈다. 특정 식품이나 식품 첨가물, 특히 살리실산염(일부 식품과 많은 식품 첨가물에 포함된 아스피린과 같은 화합물)이 포함된 것들이 식단에서 제거되면, 염증과 딱지들이 사라진다.

그런데 이러한 치료에는 특이한 부작용이 있었다. 아이들의 행동도 바뀌었다. 많은 환자들이 피부병뿐만 아니라, 과잉행동 또는 최소 뇌 기능 장애로 진단받았다. 그런데 피부병을 유발하는 음식이나 식품 첨가물이 식단에서 제거되었을 때 과잉행동이 사라지거나 극적으로 감소하는 경우가 아주 흔해서 부모와 교사들은 금세 그 변화를 알아차렸다.

이러한 발견을 바탕으로 파인골드는 최소 뇌 기능 장애나 과잉행동은 음식이나 식품 첨가물 알레르기에서 비롯된다는 이론을 세웠다. 그의 첫 번째 저서 『왜 당신의 아이는 과잉행동인가 Why Your Child Is Hyperactive』는 결국 전국적인 운동을 촉발했다. 파인골드 그룹(Feingold groups)이 설립되어 아이들을 식품과 식품 첨가물에 함유된 살리실산염으로부터 지키는 방법을 논의했다. 파인골드를 비난하거나 지지하는 논문이 발표되었고, 전국적으로 수천 명의 부모가 그가 제안한 식이요법으로 극적인 변화를 이뤄냈다고 보고했다.

우리는 내가 이끌었던 기관에서 파인골드 식이요법을 시도했고, 몇몇 아이들에게 좋은 결과가 나타났다. 이 시도는 미국공영라디오(NPR)의 '모든 것을 고려하여(All Things Considered)' 프로그램에서 소개한 보고서 및 다른 신문과 잡지에서 수십여 차례 보도한 기사의 기초 자료가 되었다. 나는 우리 기관의 사례를 〈분자교정 정신의학 저널 Journal of Orthomolecular Psychiatry〉에 실었다.

그러나 과잉행동 또는 최소 뇌 기능 장애가 있었던 일부 아이들에게는 파인골드 식이요법이 도움이 되지 않았다. 이 골치 아픈 모순은 많은 전문가들이 파인골드의 가설을 완전히 폐기하도록 이끌었고, 그의 이름을 딴 운동은 그가 죽은 지 수년이 지나자 껍데기만 남게 되었다.

하지만 벤 파인골드는 선구자였다. 많은 이들은 그가 나중에 하나의 질병(최소 뇌 기능 장애 또는 과잉행동 증후군)만이 아닌, 주의력결핍 과잉행동장애, 운동과다증, 난독증 같은 학습장애를 포함한 전반적인 행동장애 스펙트럼으로 인식하게 된 증상의 열쇠를 발견했다고 주장한다.

파인골드 시대 이래 정신의학은 과잉행동을 ADD로 통합했고 현재는 ADHD로 부른다.

과잉행동은 안절부절못하거나 과도한 활동을 포함한다. 지나치게 활동적인 아이들은 종종 '불이 난' 것처럼, 또는 '바지에 개미가 들어간' 것처럼 행동한다고 묘사된다. 파인골드는 이러한 묘사에 주목했고, 아마도 이들이 뇌의 알레르기(가려움)에 정상적으로 반응하는 것으로 생각했다.

한편, 주의력결핍장애(attention deficit disorder, ADD)는 과잉행동 없이도 발생할 수 있다. ADD는 필요할 때 한 가지 일에 집중하기 어려워하는 것으로 묘사된다. 그러한 사람들은 지나치게 산만하고, 성급하고, 충동적이며, 종종 즉각적인 만족을 추구한다고 묘사된다. 그들은 흔히 행동의 장기적인 결과를 무시하고 그 순간에, 그에 따르는 보상에 집중한다. 그들은 대개 정리를 잘 못 하고 지저분한데, 한 가지 일에서 다른 일로 바로 건너뛰다 보니 침대를 정리하거나 책상을 치우는 등, 이전 활동의 잔해를 치울 여유가 없기 때문이다. 하지만 ADD 아이들은 학교 공부에 어려움을 겪으면서도 과잉행동을 보이는 아이들처럼 아예 튕겨 나가지는 않는다.

ADHD는 ADD와 과잉행동을 모두 지닌 사람들을 가리킨다. 이것은 전부는 아니지만 대부분의 과잉행동 아동을 포함하며, '과잉행동'은 75년 이전부터 의학에서 인정한 최초의 증상이었다.

벤 파인골드는 자신이 과잉행동에 대한 치료법을 발견했다고 믿었지만, 그의 식단이 주의력이 부족한 아이들을 치료하지 못했다는 것에 당황했다. 그가 치료한 과잉행동 아이들 상당수는 더 이상 억제나 약물이 필요하지 않았고, 몇몇 아이들은 꽤 '정상적'인 상태가 되었지만, 많은 아이가 식이요법에 반응하지 않고 계속해서 ADD 증상을 보였다.

처음에 그는 식단에 반응하지 않은 아이들이 거의 피하기 불가능한 우유나 밀에 대한 알레르기 같은, 아직 발견되지 않은 종류의 음식 알레르기가 있거나 아니면 식이요법에 제대로 따르지 않았다고 결론지었다. 하지만 사망하기 몇 달 전, 파인골드는 나와 이야기하며 이 이론의 명백한 모순에 대해 우려했다. 그는 자신이 한 가지 범주로 보았던 장애가 실은 여러 가지 종류의 장애가 섞여 있던 것은 아니었는지 몹시 궁금해했다.

다시 한번 예언자 파인골드가 옳았다. ADHD는 설탕 사용량을 조절한 결과로 나타나는 약간의 개선을 제외한 일반적인 식단 변화로는 치유되지 않는 과잉행동을 포함하는 스펙트럼의 일부로 점점 더 인식되고 있다.

그러나 ADD 어린이와 어른들이 종종 설탕에 대한 과도한 갈망을 보고하고 때때로 저혈당 증상을 보인다는 점은 흥미롭다. 그들은 또한 설탕, 알코올, 카페인, 불법 약물 소비에서 오는 자극에 더 민감할 수 있다.

그러나 우리가 다음 장에서 보게 될 것처럼, 이러한 민감성은 질병의 증상과 거의 또는 전혀 관련이 없을지도 모른다. 대신 특정한 근본적인 과제에 이상적으로 적합한 생화학을 나타내는 것일 가능성이 크다.

차례

2부 농부의 세계에서 살아남고 번영하려면?

프롤로그

웨티코는 어떻게 수렵채집 부족을 절멸했는가

조사의 자유에 장벽이 있어서는 안 된다. 과학에는 교조가 설 자리가 없다.
과학자는 자유롭다. 어떤 주장이든 의심하고 어떤 증거든 찾고
어떤 오류든 수정하기 위해 어떤 질문도 자유롭게 할 수 있어야 한다.
J. 로버트 오펜하이머 〈라이프〉(1949년 10월 10일)

이 책은 1993년 처음 세상에 나왔다. 2019년 출간한 제3판은 몇몇 새로운 장을 추가했고, 전면적으로 업데이트했다. 그러나 대체로, 초판의 가설은 여전히 유효하며, 시간이 흐름에 따라 특히 유전학 분야의 새로운 과학적 발견들로 뒷받침되어 확고해지고 강화되었다.

이 책이 처음 출판되고 왜 우리의 유전자 풀에 ADHD가 있는지에 대한 설명으로 사냥꾼과 농부 개념을 제시한 이래 수십 년이 넘는 세월 동안, 이 주제를 연구하는 사람들의 생각에는 많은 변화가 있었다. 일반적으로 정신적·생리학적 장애, 특히 유전적 원인이 있는 장애에 대한 전반적인 시각에 많은 변화가 있었다.

랜돌프 네스와 조지 윌리엄스의 『인간은 왜 병에 걸리는가: 다윈 의학의 새로운 세계 Why We Get Sick: The New Science of Darwinian Medicine』 출간은 많은 이들에게 전환점이 되었다. 철저한 연구에 기반한 이 책은 인간이 원시적인 자연환경에서 살도록 설계된 몸과 뇌를 갖고 여전히 그 환경에 필요한 물리적, 심리적 도구를 지닌 채 우리 자신을 구성하는 요소들에서 벗어난 방식으로 살아가는 생명체임을 강력한 과학적인 근거를 통해 제시한다. 입덧에서부터 낭포성 섬유증(cystic fibrosis), 우울증까지 방대한 사례가 이를 뒷받침한다. 지난 수천 년간 형성된 현대적인 생활 방식은 30만 년에 걸친 호모 사피엔스의 역사에서 한순간에 불과한, 잠깐의 깜박임이다.

진화심리학을 다룬 로버트 라이트의 『도덕적 동물 The Moral Animal』은 이 모델을 한 걸음 더 진전시켰다. 우울증에서 공격성, 간통에 이르기까지 인간의 습성이 인류 역사에서 얼마나 적응적이고 유용했는지 상세하게 살펴본다.

1996년 3월 25일자 〈타임〉은 뇌의 기능과 작동 방식에 대한 최신 연구성과를 특집으로 다루었다. 인간 행동에 대한 진화적 관점이 주요 논점이었는데, 가령 지방이 많은 음식을 갈망하고 비만을 유발하는 유전자를 보유하고 있을 가능성이 가장 큰 사람들의 조상은 과거 1만 년간 기근이 흔했던 지역에서 온 사람들이라는 발견 같은 것들이었다. 원시인들에게 적응적인 행동이었던 것이, 대부분의 '사냥'이 마트에서 일어나는 현대 세계에서는 부적응적인 행동이 되었다.

앤서니 스티븐스와 존 프라이스가 1996년 출간한 『진화 정신의학: 새로운 시작 Evolutionary Psychiatry: A New Beginning』은 이 분야 연구의 상당 부분을 축약했고 미래의 연구자들이 깊게 파고들 만한 자료를 제공했다. 예를 들어, 그들은 우간다의 수렵채집 민족 이크(Ik)족 이야기를 들려준다. 이크족이 원래의 사냥터에서 강제로 이주당해 농업에 종사하게 되면서 생명을 위협하는 심리적·육체적 질병 비율이 폭발적으로 증가했다. 충실한 연구에 기반한 이 책에서는 유사한 다른 사례들도 풍부하게 제시한다.

사냥꾼들은 모두 어디로 갔을까?

인류학과 고생물학의 새로운 발견은 사냥꾼과 농부 이론과 관련된 가장 성가신 질문 중 하나에 답했다. "왜 진화의 흔적인 사냥꾼(ADHD) 유전자는 우리 중 소수에게만 존재하는가, 그리고 사냥꾼들은 모두 어디로 갔을까?"

대중문학 『성배와 칼날 The Chalice and the Blade』, 『성스러운 쾌락 Sacred Pleasures』의 저자 리안 아이슬러는 초기 문화를 탐구했고 그녀가 '협력자(cooperator)'라고 부르는 문화와 '지배자(dominator)'라고 부르는 문화의 근본적인 차이를 보여주었다. 서양 문명에 속한 사람들은 후자라고 할 수 있다. 마찬가지로, 대니얼 퀸은 『이스마엘 Ishmael』과 『B의 이야기 The Story of B』에서 비슷한 문화적 분열을 묘사하기 위해 '떠나는 사람들(Leavers)'과 '테이커들(Takers)'에 대해 썼다. 약 5천 년 전, 이러한 문화적 분열은 오늘날까지도 아프리카, 아시아, 아메리카의 외딴 지역에서 계속되고 있는 수렵채집 부족 절멸의 배경이 되었다.

〈디스커버〉 1994년 2월호에 실린 훌륭한 연구는 언제 어떻게 이런 일이 일어났는지 정확한 답을 자세히 설명했고, 이 내용은 이후 다른 연구자들에 의해서도 확증되었다. 언어 유형과 DNA 분석을 통해, 연구자들은 3천 년 전 아프리카 인구 대부분이 수렵채집을 하는 수천 개 부족으로 이루어져 있었음을 발견했다.

그 후 아프리카 북서부에서 반투어를 썼던 농부들은 캘리포니아대학교에서 아메리카 원주민을 연구하는 잭 포브스 교수가 웨티코(Wétiko, 유럽 침략자들의 비도덕적이고 약탈적인 행동을 가리키는 아메리카 원주민 용어)라고 부른 '문화적 정신질환'에 감염된 것으로 보인다. 웨티코는 아이슬러와 퀸이 지배자·테이커 문화대중심리학이라고 부른 것을 묘사하기 위해 포브스가 수십 년 전 이미 사용한 용어다.

포브스 교수는 통찰력 있는 그의 저서 『콜럼버스와 다른 식인종들 Columbus and Other Cannibals』에서 그가 '매우 전염성이 높은 정신질환'이라고 부르는 웨티코가 약 5천 년 전 메소포타미아에서 어떻게 유래되었는지 다룬다. 그 질환은 비옥한 초승달 지대를 가로질러 시리아로, 로마의 정복자들을 통해 북아프리카와 유럽으로 퍼져나갔고, 더 나아가 아시아를, 그리고 콜럼버스의 도착과 함께 아메리카 대륙을 감염시켰다.

반투어를 쓴 아프리카 북서부의 농부들은 '집단학살'이라는 웨티코의 믿음에 문화적으로 오염되었고, 이 믿음은 2천 년에 걸쳐 아프리카 대륙 전체로 조직적으로 퍼져나가 웨티코가 가는 길목에 있던 모든 집단을 파괴했다. 그 결과 현재 아프리카 대륙 전체 인구의 1% 미만이 수렵채집인이며, 인류 역사에서 20만 년 이상 발달했던 수천 개 부족의 언어와 문화는 영원히 사라져버렸다.

이와 유사한 일들이 아시아, 유럽, 아메리카의 선사시대에 일어났다고 가정하는 것이 타당하다. 서반구의 남부 지역에서는 아즈텍·마야·잉카 농업문화가 융성했다. 농업은 중국과 인도에서 길고 긴 역사를 자랑한다. 유럽과 러시아에서는 가장 북쪽에 있던 사람들이나 외진 지역의 사람들만이 농부들의 침입을 막았고, 노르웨이인들을 보면 알 수 있듯, 이들조차도 결국 정복되어 지난 천 년간 농부로 바뀌었다.

웨티코 농민들이 아프리카(나중에는 유럽, 아시아, 호주, 아메리카까지) 정복에 성공한 요인은 다음과 같다.

1. **농사는 사냥보다 식량 생산에 더 효율적이다.** 토양에서 칼로리를 생산하는 것이 약 열 배 더 효율적이므로, 농업 집단의 인구 밀도는 사냥 집단의 인구 밀도보다 약 열 배 더 높은 경향이 있다. 그래서 그들의 군대는 열 배나 더 규모가 컸다.
2. **농부들은 가축의 질병에 면역이 생긴다.** 홍역, 수두, 유행성 이하

선염, 인플루엔자 등의 질병은 가축화된 동물에서 비롯되었다. 유럽의 농부들이 아메리카 대륙 해안가에 도착했을 때, 그런 질병들에 면역이 없던 수백만의 아메리카 원주민들이 우연히 감염되어 죽었다. 나중에는 웨티코에 감염된 침략자들이 의도적으로 천연두 바이러스를 묻힌 담요로 원주민들을 감염시켰다.

3. **농업은 안정적이다.** 농민은 한곳에 머무르므로 기능이 전문화되는 경향이 있다. 정육업자, 제빵사, 촛대 제조업자, 무기 제조업자가 생겨났고, 군대가 형성되었다. 공장은 농업 기술의 논리적 확장이라고 할 수 있다. 그래서 농사를 짓던 사람들은 무기와 파괴 기술을 생산하는 데 훨씬 더 높은 효율성을 발휘할 수 있었다.

4. **웨티코 문화는 종교적인 이유로 학살이 정당화될 수 있다고 가르쳤다.** 메소포타미아에서 시작할 때부터 웨티코 문화는 다른 부류의 사람들을 죽이는 것을 허용했고, 그뿐만 아니라 신들이 명령하거나 승인했으므로 '좋은 일'이 될 수 있다고 가르쳤다. 대표적인 사례로 유럽인들이 '자신들의 영혼을 구하기' 위해 '이교도'를 학살했던 십자군 전쟁을 들 수 있다. 이와 비견할 만한 사례로는 '미국 서부의 승리'를 들 수 있다. 미국독립선언에서 창조주가 사람들에게 생명, 자유, 행복 추구에 대한 권리를 주었다고 선언한 미국인들은 같은 창조주가 백인 유럽인들에게 전 대륙을 차지할 수 있는 '천명(Manifest Destiny)'을 주었다고 포고하고, 이 종교적 주장을 통해 수천만 명의 '이교

도'를 살해하는, 인류 역사상 가장 대규모의 집단학살을 저질렀다.

원주민들도 영역과 경계를 두고 이웃과 갈등을 겪었지만, 이러한 갈등은 관련된 두 부족의 문화적·독립적 정체성을 강화하는 역할을 했다. 경쟁 부족의 마지막 한 사람까지 죽음으로 몰아넣는 웨티코식 전쟁은 인류학자들이 과거 또는 현대의 어떤 비웨티코 수렵채집 부족들의 역사나 행동양식에서도 발견하지 못한 특성이다. 그러나 웨티코 농부들은 땅을 착취하듯 웨티코가 아닌 사람들도 착취할 수 있다고 여기며, 집단학살, 노예제도, 착취로 얼룩진 역사를 이어왔다.

그래서 지난 5천 년 동안 모든 대륙의 모든 인간 사이에서 수렵채집인들은 웨티코 농부들과 산업가들에 의해 말살되고, 추방되고, 학살되고, 억압받았다. 오늘날, 전 세계 인구의 2% 미만이 유전적으로 순수한 수렵채집 부족의 후손이다. 오직 그들의 자취만 남아있을 뿐이며, 그것도 노예화와 동화의 결과로 살아남은 것이었다.

이익을 위해 사람들을 무력화하기

웨티코의 지배는 현대 세계에서도 계속되고 있다. 우리는 마약 밀매와 성매매업을 하며 사람을 살해하라고 명령하는 마피아 두

목들이 좋은 동네의 값비싼 집에서 사는, 심리적으로 병든 사회에 살고 있다. 우리 사회에서는 비록 담배나 전쟁 무기처럼 죽음과 관련된 물질을 팔아서라도 '성공을 거둔' 사람들을 칭송한다. 화석 연료, 독성 화학물질 또는 약탈적인 금융업으로 돈을 번 억만장자들이 사실상 정부를 소유하고 운영하며 사회에서 높은 지위에 있다. 우리 문화에서는 성공하기 위해서라면 동족이라도 잡아먹는 것이 흔해 빠진 기준으로, 지배하는 대신 협력하자는 발상은 진기하고 '착하지만' 이상주의적이고 비효율적인 생각으로 간주된다.

우리 사회에서는 사업에서 성공하기 위해 거짓말을 하고 속임수를 쓰는 게 당연하다고 여긴다. 정치 지도자들을 신뢰하는 시민 비율이 매우 낮으므로 정부가 경찰, 교도소, 세무서를 통제하지 못한다면 계속 운영될 수나 있을지 의문이다.

이러한 문화적 환경의 한가운데서 우리는 '도움을 주는' 전문가들을 발견한다. 이러한 분야에 진출하는 사람들 대다수는 다른 사람들에게 도움이 되려는 정직하고 진실한 열망에서 그런 직업을 선택한다. 그들 덕택에 많은 이들의 상태가 개선되고 회복된다. 그러므로 당연히 우리는 그들을 명예롭게 대우해야 한다. 그러나 관련 업계에는 의심스러운 조언이나 돌팔이 수준의 처방을 제공하는 착취자들도 있다. 이렇게 논란의 여지가 있는 치료법들은 아이들의 뇌를 '스캔'하기에 앞서 방사성 물질을 주입하는 시술부터, 효능을 과장한 건강식품, 값비싼 각종 '요법들'에 이르기까지 다양하다.

착취자들의 성공에 필수적인 것이 질병의 개념이다.

뭔가 잘못되었다고 사람들을 설득할 수 있다면 그들에게 치료법을 팔아서 많은 돈을 벌 수 있다는 것은 비즈니스 세계에 잘 알려져 있다. 과거에는 문제가 아니라고 여겨졌던 것들, 즉 얼굴에 난 털, 체취, 다리털, 주름, 하지 정맥류, 입 냄새, 누런 치아 같은 것들이 이런 과정을 거쳤다. 일반적인 상태를 뭔가 문제가 있는 상태로 여기게 만들거나 그대로 지내기 곤란하다고 설득하면, 구강청결제, 여성청결제, 제모 크림, 주름 제거제, 선탠 보조제, 다이어트약 등을 팔아서 부자가 될 수 있다.

마찬가지로, 의료계 한쪽의 착취자들은 상품을 강매하려고 질병이나 비정상의 개념에 의존한다. 그들은 물건을 팔기 위해 우리가 스스로에 대해 뭔가 참을 수 없고 뭔가 잘못되었다고, 뭔가를 변화시켜야 한다고 확신하게 만들어야 한다. 이러한 맥락에서 ADHD를 심각하게 받아들이는 것이 중요하다고 말하는 전문가들이 있다.

그들의 메시지는 "만약 당신에게 문제가 있다고 느낀다면, 효과를 발휘할 만한 몇 가지 해결책이 있습니다"가 아니라 "당신은 아프고 나는 그렇지 않습니다. 당신은 의심하지 말고 내가 당신을 치료할 수 있도록 해야 합니다"이다.

치료가 필요하다는 것에는 동의하지만, 방법에 대해 의문을 제기하면 이렇게 반문한다. "당신과 자녀를 도와주려는 것뿐인데 왜 의심하는 거죠?"

농부들의 세계에서 사냥꾼으로 사는 것은 어려움으로 가득 차 있다. 아무도 그것을 부인할 수 없다. 학교와 감옥, 거리에서 명백하게 관찰되는 실패 사례들은 오늘날의 사회에서 ADHD가 얼마나 심각한 문제인지 잘 보여준다.

하지만 "우리 문화와 사회는 다 괜찮으니, 심하게 망가져서 치료가 필요한 것은 당신임이 틀림없다"는 태도는 ADHD 사람들을 완전히 무력화한다. 이런 태도는 그들로부터 인간성과 존엄성을 앗아간다. 이것은 상대방을 꿇어앉히는 웨티코 방식이다.

나는 하버드 의대 정신의학과 부교수 존 레이티가 1995년 내 책 『ADD 성공담 ADD Success Stories』의 추천사에서 잘 표현한, 합리적인 중도 입장을 훨씬 선호한다.

톰 하트만이 주의력결핍증(ADD)에 대해 첫 두 권의 책을 출간한 이후, 사냥꾼의 은유는 많은 ADD 사람들에게 희망과 허용의 의미를 한껏 담은 방식으로 자신을 바라보며 그들의 독특함을 나타내는 표현으로 받아들여지기 시작했다.

ADD의 진단 자체가 종종 죄책감을 희망으로 대체하는 데 도움이 되는 것처럼, 로빈 후드와 퀴리 부인이 연상되는 사냥꾼의 은유도 많은 이들에게 목적의식과 방향감을 주는 데 도움이 된다.

이러한 종류의 개인적 신화는 ADD 두뇌의 문제를 감추는 게 아니라 ADD 사람들을 더 낙관적이고 미래 지향적인 여정으로 인도하는 역할 모델을 제공하는, 약속과 승인의 플랫폼을 제공할 수 있다.

그들이 누구인지 새롭게 규정하는 것이 결코 약점을 변명하거나 자기 방종의 문을 열어서는 안 되지만, 그들 자신이 될 수 있도록 허용하는 것은 종종 개인들을 이전에 시도하지 않았던 높은 수준에 이르게 한다. 수치심의 족쇄가 풀리면 더 깨끗하고 날카롭고 활기찬 시각으로 미래에 접근할 수 있다.

이제 우리는 무엇을 해야 할까?

그래서 이 책이 처음 출간된 지 수십 년이 지난 지금도 ADHD란 무엇이며, 어디서 생겨난 것인지에 관한 질문이 계속되고 있다. 인간에게는 왜 ADHD가 있고, 현재의 지식에서 출발해 어디로 가야 하는가?

과학자들은 아직 ADHD의 메커니즘이나 원인이 무엇인지 확실히 알지 못한다. 한편, 우리는 많은 연구를 통해 우리가 사람들을 묘사하고 정의할 때, 그들이 대부분 그 기대에 부응할 것임을 알고 있다. 아이에게 충분히 자주 나쁘다고 말하면, 그 아이는 아마 나빠질 것이다. 어떤 이에게 훌륭하다고 말하다 보면, 그 사람은 훌륭해지기 위해 노력할 것이다.

우리는 다른 사람들이 우리에 대해 큰 소리로 말하는 것에 부응할 뿐만 아니라, 말로 표현되지 않은 가정에도 부응하려고 한다.

이것의 가장 유명한 예는 초등학생을 두 그룹으로 나누고, 연구자들이 두 그룹의 능력과 지능의 평균이 같아지도록 최대한 균형을 맞춘 후 진행한 연구 결과다. 교사들은 A 그룹은 고도로 지능이 높은 그룹이고, B 그룹은 하위 지능 그룹이라고 들었다.

한 학기가 끝날 무렵, A 그룹은 B 그룹을 학업 면에서 크게 앞섰다. 선생님이 평가한 점수가 아니라, 표준화된 시험에서 객관적으로 거둔 성적이었다. 그들의 실제 성과는 교사 스스로 그것을 깨닫지 못했을 때조차 교사가 그들에게 품고 있던 기대에 매우 큰 영향을 받았다.

아이들은 주변 어른들이 도와줄 때 최선을 찾아 성취할 수 있다.

특히 우리는 어렸을 때 자신에 대한 다른 사람들의 기대에 적극적으로 반응한다. 주변 사람들의 가정에 부응하고, 우리의 능력에 대한 그들과 자신의 믿음에 따라 행동한다. 학창 시절 성적을 심리적 면에서의 성공이나 만년의 적응과 연관시킨 연구는 없었지만, 어린 시절의 자존감이 일반적으로 성인의 능력을 예측하는 중요하고 정확한 변수임을 보여주는 연구는 많았다. 대니얼 골먼의 『EQ 감성지능 Emotional Intelligence』에는 이와 관련된 연구가 풍부하게 수록되어 있다.

그래서 내 아들이 13세에 ADD 진단을 받았을 때, "당뇨병 같은 질병에 걸린 거죠. 단, 이 병은 췌장이 손상되고 인슐린이 충분히 분비되지 않는 대신, 뇌가 손상되어 신경전달물질이 충분히 분비되지 않는 것입니다"라는 말을 들었을 때, 나는 그것이 끔찍하고 기운 빠지는 얘기임을 알아차렸다.

'너는 고장 났고 널 고칠 수 있는 사람은 우리밖에 없다'라는 메시지뿐만 아니라 '너는 고장 났고 절대 정상일 수 없다'는 암시도 있었다. 내 생각에, 그 메시지는 사람들을 정돈된 작은 범주들(그런데 사실 그 범주들은 제대로 정돈되어 있지 않았다)에 욱여넣고 그들에게 미래가 그들을 재정의한 사람의 지시에 따를 때만 좋아질 수 있다고 말함으로써 신성한 인간의 삶과 다양성을 모독한다.

인터넷에서 알게 된 작가 조 파슨스의 짧은 자전적 이야기가 이를 잘 보여준다. 그의 허락을 받아 여기에 수록한다.

"아빠! 아빠! 내 성적표 좀 봐요!"

나는 들어가며 문을 쾅 닫고 아버지 앞에 서서 꽉 움켜잡아 구겨진 성적표를 보여주었다.

"성적표? 데이브 주니어, 어디 보자."

아버지는 내 성적표를 힐끗 보았다. C가 둘, D 하나, A- 하나. 그는 눈살을 찌푸리며 나를 내려다보았다.

"아빠, 선생님이 쓰신 것 봤어요? 봤어요? 수학이 F였는데 D로 올랐어요! 난 통과할 수 있어요! 그리고 우리 선생님들이 뭐라고 썼는지 보세요, 아빠!"

나는 집으로 달려가면서 성적표를 몇 번이고 되풀이해 살펴보았다. 세 분 선생님들은 내가 '잘 발달하고 있다'고 썼다. 국어 선생님은 '데이브 주니어에게는 신선하고 창의적인 관점이 있다'고 썼다. 아버지는 계속 성적표를 바라보다가 내게 시선을 돌렸다.

그는 한참 동안 아무 말도 하지 않았다.

마침내, 그는 "아들, 이 성적은 우수하다고 할 수는 없지만, 네가 최선을 다하고 있다는 걸 알아"라고 말했다. 그는 나를 소파에 앉히고 쳐다보았다. 그는 정말 슬퍼 보였다.

"아들, 내가 다시 설명해 줄게. 네가 먹어야 할 약들을 알고 있니?"

"네, 아빠, 리탈린 같은 거. 그래서 수업에 더 잘 집중할 수 있어요. 그 약들은 정말 도움이 되고 있어요."

아버지는 더 슬퍼 보였다.

"그래, 아들. 주의력결핍장애라고 불리는 심각한 병 때문에 먹어야 하는 강력한 약이지."

그는 내가 이해할 수 있도록 천천히 말했다.

"알다시피, 너는 다른 아이들과 달라. 뇌에 문제가 있어서 그게 널 다른 아이들과 다르게 만들지. 국어 선생님이 네게……."

그는 성적표를 다시 보며 말을 이어나갔다.

"신선하고 창의적인 관점이 있다고 쓰셨지. 선생님이 진짜로 의미한 것은 네가 다른 아이들처럼 말하지 못한다는 거야."

"그게 나쁜 건가요, 아빠?"

그는 내 머리를 쓰다듬었다.

"안타깝지만 그래, 아들. 하지만 우린 그냥 너라는 존재를 그대로 받아들이며 살아가면 되는 거야……. 남들과 다른 너를."

"하지만 선생님은 제가 훨씬 더 잘하고 있다고 말씀하셨어요. 창의적이라는 건 좋은 것 아닌가요, 아빠?"

그는 다시 내게 미소를 지었고 여전히 슬퍼 보였다.

"아들, 선생님은 그냥 네 기분을 더 나아지게 하려는 거야. 선생님은 네 병이 네 인생 전체를 혼란스럽게 할 거라는 걸 깨닫지 못하는 거야. 네가 그걸 일찍 깨달을수록 더 대응하기 쉬울 거야. 난 그저 네가 실망하지 않았으면 좋겠어, 아들."

나도 슬퍼지기 시작했다. 나는 고개를 숙이고 아버지의 신발을 쳐다보았다.

"어떻게 해야 할까요, 아빠?"

"아들, 그저 네가 할 수 있는 최선을 다해라. 중요한 것은 큰 기대를 하지 말라는 거야."

아버지는 내 어깨를 팔로 감쌌다.

"네가 다른 사람들과 같지 않다는 걸 항상 의식하고 있으면, 넌 훨씬 더 행복해질 거야."

"알았어요, 아빠. 기억하도록 노력할게요."

나는 성적표를 다시 받아들고 내 방으로 갔다. 그리고 침대에 앉아서 '잘 발달……. 신선하고 창의적인 관점'이라는 부분을 반복해서 읽었다. 곧 눈물이 앞을 가려 글씨가 잘 보이지 않았고, 나는 성적표를 바닥에 던져버렸다. 나는 아버지의 말이 옳다는 걸 알았다. 나는 늘 엉망으로 일을 망쳐버리곤 했다.

나는 기꺼이 아버지의 말을 받아들였다.

나는 이 아버지의 의도가 좋았음을 안다. 그는 아들의 상황에 대해 듣고 알게 된 것을 바탕으로 잘 대응하기 위해 최선을 다했다.

이 이야기에 나오는 아버지와는 달리, 나는 아들이 진단을 받은 후, 그리고 교육 전문가가 아들이 정상이 아니라고 설교한 후, 1년 동안 ADD라고 불리는 것이 무엇인지 더 깊이 이해하려고 애썼다. 내가 찾을 수 있는 모든 자료를 읽었고, 친구들은 물론 자녀교육 업계에 종사하는 예전 동료들과 많은 이야기를 나누었다. 그러면서 ADD의 주요 세 가지 지표가 산만함, 충동성, 그리고 높은 자극·위험 추구 성향임을 배웠다. 여기에 가만히 앉아 있을 수 없는 특성, 즉 과잉행동이 추가되면 ADHD가 된다. 그런데 나는 어떤 자료에서도 본 적이 없지만, ADHD가 있는 사람들은 그렇지 않은 사람들과 다른 시간 감각을 지녔음을 직관적으로 알게 되었다.

그리고 보면 볼수록 이 '질병'이 어떤 상황에서는 자산이 될 수 있다는 생각이 들었다.

6개월간 고도로 집중해서 연구한 후 어느 날 밤, 나는 잠자리에 들면서 〈사이언티픽 아메리칸 Scientific American〉을 펼쳤다. 1만 2천 년 전 빙하기 말기, 어떻게 식물에 나타난 돌연변이가 오늘날 우리가 밀과 쌀이라고 부르는 것을 지구상에 처음 출현하도록 이끌었는지에 관한 기사가 있었다. 이러한 초기 곡물들은 사람들이 농업을 발달시키도록 이끌었고, 역사적으로 이 시기는 농업 혁명으로 불린다.

농업 혁명이 인간 사회를 어떻게 변화시켰는지 상세한 내용을 읽어가며, 나는 강한 영감을 받은 나머지 몸을 일으켜 침대에 똑

바로 앉았다. 유레카의 순간이었다.

"ADHD인 사람들은 사냥꾼들의 후손이야!"

나는 영문을 모르는 아내 루이즈에게 말을 이어나갔다.

"그들은 계속해서 주변 환경을 탐색하고, 음식을 찾고, 위협이 없는지 살펴봐야 해. 그게 산만함이야. 숲속에서 정글에서 사냥감을 쫓아가거나 아니면 자신들이 쫓길 때 그들은 즉각 판단하고 바로 행동해야 해. 그게 충동성이지. 그리고 그들은 자극과 위험이 가득한 사냥터 같은 환경을 좋아할 거야."

"무슨 말을 하는 거야?"

나는 손을 흔들며 "ADHD!"라고 말했다.

"농부의 세계에 있을 때 그런 특징이 흠이 되는 거지."

그 개념으로부터 원래는 은유였던, 내가 내 아들과 다른 사람들에게 그들의 '차이'를 긍정적인 시각으로 설명할 수 있도록 힘을 실어주는 이야기가 나왔다. 그 이후로, 우리는 이 '이야기'가 사실일 수 있음을 뒷받침하는 근거들을 발견해 왔다. 과학은 이러한 관찰과 가설의 많은 부분을 유전학의 수준에 이르기까지 광범위하게 확인해 주었다.

그러므로 여기서부터 우리가 나아갈 방향은 앞으로 ADHD인 사람들이 스스로 자신들이 다르다고 말하기를 부끄러워하거나 난처해하지 않는 미래로, 아이들이 적절한 개입과 맞춤형 교육 환경을 갖춘 학교에서 도움을 받는 미래로, 청소년과 성인들이 어떤 직업이나 경력, 친구들이 그들에게 잘 맞는지 미리 알고 대비하는 미래로 향하는 것이다. 그러한 자기 인식을 통해 모든

ADHD 사람들은 앞으로 훨씬 더 큰 성공을 기대하고 이루어갈 수 있다.

우리는 사냥꾼으로서 미래로 전진한다.

일러두기

이 책은 정보를 제공하는 지침서로서 여기에서 설명한 치료법, 접근법 및 기술은 전문적인 의료나 치료를 대체하기 위한 것이 아니라 보완하기 위한 것이다. 자격을 갖춘 의료 전문가와의 사전 상담 없이 치료에 사용하는 것은 권장하지 않는다.

1부

사냥꾼과 농부 이해하기

❶

ADHD, 마음의 상태

시간의 진정한 가치를 알고 모든 순간을 움켜쥐고, 붙잡고, 즐겨라.
게으름, 나태, 미루기를 멈춰라. 오늘 할 수 있는 일을 내일로 미루지 말아라.
체스터필드 경 「아들에게 보내는 편지」(1749년 10월 26일)

미국에서는 약 천만 명에서 4천만 명이 주의력결핍 과잉행동장애(ADHD)라고 한다. 이 책이 처음 출간된 1993년에는 약 6백만 명에서 2천만 명 사이의 사람들이 ADHD로 추산되었다. 2013년 미국질병통제예방센터(CDC)는 '미국 학령기 아동의 11%가 ADHD로 진단받았으며', '4~17세 아동·청소년 중 ADHD로 약물을 복용하는 비율은 2007년에서 2011년 사이에 28% 증가했다'는 내용의 논문을 발표했다. CDC는 2013년 이후 이 수치를 업데이트하지 않았는데, 아마도 심각한 예산 부족 때문인 것 같다. 한편, 미국정신의학회에서는 미국 아동의 약 5%가 ADHD를 앓고 있는 것으로 추정한다.

ADHD의 특성을 많이 지닌 수백만 명 이상의 사람들은 이 문제에 잘 대처하는 법을 배웠기 때문에 자신을 주의력과 관련된 문제가 있는 사람이라고 생각하지 않을 수도 있다.

안절부절못하고, 참을성이 없고, 남의 말을 끝까지 귀담아듣지 못하고, 수입과 지출의 균형을 맞추는 것 같은 '지루한' 일을 하는 데 어려움을 겪는 성인이라면 ADHD가 어떤 것인지 이미 알고 있을 것이다. 그리고 ADHD 자녀를 둔 부모라면 자신도 최소한 일부분에서는 ADHD 특성이 있을 가능성이 크다.

이 책은 ADHD가 어떤 상황에서나 장애는 아니며, 성격과 신진대사의 특성일 수 있고, 인류 역사에서 특정한 진화적 필요에서 비롯된 것이고, 상황에 따라 ADHD가 오히려 장점이 될 수 있다는 생각을 제시한 최초의 책이다. 우리 유전자 풀에 ADHD가 존재하게 된 메커니즘을 이해한다면, 우리는 ADHD 개인들을 수용할 수 있도록 학교와 직장을 재창조할 수 있고, 더 나아가 그들이 과거 그러했던 것처럼 다시금 문화적, 정치적, 과학적 변화의 원동력이 되도록 격려할 수 있다.

ADHD의 마음 상태는 자연스러운 진화의 산물이다. 그것은 전혀 오작동이 아니며, 오히려 우리 대부분이 현재 살아가는 세상과는 다른 세상에서 필요했던, 일관되고 기능적인 반응이다.

지금까지 이 책의 정보를 수많은 ADHD 성인들과 공유해 왔는데, 그들은 처음에는 놀라고 조심스럽게 받아들이다가, 결국은 자신의 삶을 형성한 주요 동력 중 하나를 마침내 이해하게 되어 기뻐했다.

이러한 지식은 그들이 직업, 인간관계, 좌절, 목표를 바라보는 방식을 자유롭게 재구성할 수 있도록 돕는다. 또한, 지금까지 꿈꿔왔던 것보다 더 큰 성공으로 나아갈 수 있는 새로운 진로와 방향을 설정하는 데 도움을 주거나, ADHD가 아닌 사람들의 세상과 직장에 적응하기 위한 치료를 받을 수 있도록 안내한다.

ADHD 아동의 부모라면 나처럼 자신도 어느 정도는 ADHD 성인일 가능성이 크다. ADHD는 남자아이 대 여자아이의 유병률 성비가 약 7:1일 정도로 오랫동안 남자아이에게 주로 나타나는 질환으로 여겨졌지만, 몇몇 기관에서는 성인 ADHD 유병률 성비가 1:1이라는 것을 발견했다. 이러한 성별 차이는 성인 여성이 정신과 치료를 받는 비율이 더 높다는 사실을 포함한 여러 요인에 의해 왜곡될 수 있다. 한편, 여러 연구에 따르면 우리 문화에서 남학생은 여학생보다 더 공격적이고 노골적으로 행동하도록 양육된다고 한다. 테스토스테론의 영향은 말할 것도 없다. 이를 ADHD와 결합하면 ADHD 남자아이가 여자아이보다 훨씬 더 눈에 띄므로 적어도 어린 시절에는 남자아이의 진단 가능성이 더 커질 수 있다.

이 책은 리탈린과 행동 수정 요법 같은, 약물을 포함한 전통적인 진단법과 치료법을 포기하라고 주장하지 않는다. 실제로 이러한 수단이 ADHD 환자에게 큰 도움이 된다는 것을 보여주는 강력한 사례들이 있다.

이 책이 ADHD 및 관련 질환 진단에 따르는 '질병' 또는 '결함'이라는 오명을 벗기는 데 도움이 되기를 바란다. 이와 똑같이 중요한 두 번째 목표는 주로 ADHD가 아닌 사람들을 위해, 그리고 그들에 의해 구조화되어 있는 현대 사회에서 ADHD 사냥꾼으로 사는 딜레마를 해결할 수 있는 구체적인 방법을 제공하는 것이며, 여기에 대해 앞으로 상세히 살펴볼 것이다.

나와 이 이론을 공유한 사람들은 이 관점이 긍정적이고 변화 가능성을 높인다는 사실을 발견했다. 더 많은 교사, 심리학자, 정신과 의사, 부모가 ADHD 아동과 성인을 병자나 장애아로 낙인찍는 대신 그들에게 힘을 실어주는 데 이 책이 도움이 되기를 진심으로 바란다.

❷

ADHD 진단

전 세계의 천재들이 손에 손을 잡고 서 있고,
한 번의 인식의 충격이 원을 한 바퀴 돈다.
허먼 멜빌 「호손과 그의 이끼」(1850)

ADHD는 이것이냐 아니냐로 단정할 수 있는 진단이 아니다. ADHD가 전혀 아닌 경우부터 극단적인 ADHD에 이르기까지 행동과 성격 유형의 스펙트럼은 일직선이 아니라 곡선으로 굽은 것 같다. 아직 이 곡선의 모양을 알 수 있을 만큼 충분한 연구가 이루어지지는 않았지만, 아마도 다수의 '정상' 개인은 중앙에 위치하며 ADHD의 특성을 일부 지니고 있고, 인구의 20~30% 정도에 달하는 소수는 스펙트럼의 양극단으로 나뉜, 종 모양의 곡선과 비슷할 것으로 추정된다.

많은 연구에 따르면 ADHD는 유전적 질환이므로, 이 곡선의 분포는 ADHD와 ADHD가 아닌 유전 물질이 세월이 흐름에 따라 혼합되어 두 유형의 경계가 모호해진 상태를 반영할 수 있다. ADHD 개인들을 전반적으로 살펴보면, 일반적으로 다음 특성 중 일부 또는 전부를 보여준다.

- **쉽게 주의가 산만해진다.** ADHD가 있는 사람은 주변 상황을 계속 확인하며, 미세한 변화도 잘 알아차린다. 방에 TV가 켜져 있으면 대화를 나누기 어려운 것도 바로 이 때문이다. 그들의 주의는 끊임없이 TV와 화면의 변화로 향한다.
- **짧지만 매우 강렬한 집중력.** 그렇게 집중하는 시간을 몇 분 또는 몇 시간으로 정의할 수는 없다. 어떤 작업은 30초 만에 지루해하고, 어떤 프로젝트는 몇 시간, 며칠, 심지어 몇 달 동안 열중한다. ADHD 성인은 무능해서가 아니라 지루해져서 장기간 직업을 유지하는 데 어려움을 겪는 경우가 많다. 마찬가지로 ADHD 성인들은 결혼을 여러 번 하거나 '매우 강렬하지만 짧은' 관계를 맺는 경향이 있다. 지루하고 흥미롭지 않은 과제에 대한 집중력 테스트에서 ADHD 성인은 다른 사람보다 현저하게 낮은 점수를 받는다.
- **어수선함. 성급한 결정을 동반한다.** ADHD 아동과 성인은 만성적으로 정리 정돈에 어려움을 겪는다. 방은 엉망이고, 책상은 지저분하며, 서류들은 뒤섞여 있고, 거실이나 작업 공간은 폭탄이 터진 것처럼 보인다. ADHD가 아닌 사람들도 양육 환경이나 문화와 관련해 정리 정돈에 서투른 경우가 많지만, 둘 사이에는 차이가 있다. 일반적으로 ADHD가 아닌 사람들은

대개 주변이 어질러져 있어도 필요한 것을 찾을 수 있지만, ADHD 사람들은 찾지 못한다. ADHD 성인은 어떤 프로젝트를 진행하던 중 다른 일로 주의가 산만해지면 순식간에 우선순위를 바꾸고 새 프로젝트에 뛰어들면서 이전 프로젝트를 할 때 늘어놓았던 것들을 그대로 내버려 두곤 한다. 한 ADHD 성인은 이렇게 말했다. "무질서한 상태의 가장 큰 장점은 끊임없이 흥미로운 발견을 할 수 있다는 점입니다. 가끔은 잃어버린 줄도 몰랐던 물건을 찾기도 하죠!"

- **시간 감각의 왜곡.** ADHD가 아닌 사람들은 대개 시간을 상당히 일관되고 선형적인 흐름으로 인식한다. 반면 ADHD인 사람들은 과제가 앞에 있을 때는 과도한 긴박감을 느끼고, 할 일이 없다고 느낄 때는 과도한 지루함을 느낀다. 지루함 때문에 간혹 알코올이나 약물 남용에 빠지며 그로 인해 시간에 대한 지각이 바뀐다. 프로젝트를 앞두고 있으면 시간이 빨리 흐른다고 느끼므로 만성적인 조급증이 따르기도 한다. 이렇게 가변적인 시간 감각은 많은 ADHD 성인들이 감정적 기복이 자신에게 큰 영향을 미친다고 얘기하는 이유 중 하나다. 특히 안 좋은 기분은 영원히 지속될 것처럼 느끼고, 좋은 기분은 잠깐 스쳐 지나가는 것처럼 느끼는 경우가 많다.
- **지시를 따르기 어려워한다.** 이것은 전통적으로 지루하거나 의미 없거나 중요하지 않다고 여기는 것에 집중하지 못하는 특성에 포함되는 것으로 간주해 왔다. 일반적인 통념에 따르면, ADHD인 사람들은 지시를 받을 때조차 주변을 계속 살피고,

다른 것들에 주목하고, 다른 생각을 하는 등 주의를 기울이지 않는다고 한다. 다시 말해, 처음 지시를 들을 때부터 그 내용을 완전히 받아들이고 이해하지 못하기 때문에 지시를 따르는 것이 어려울 때가 많다는 것이다.

이를 설명하는 또 다른 이론은 ADHD 사람들이 매우 독립적이고 지시받는 것을 싫어하는 경향이 있다는 것이다. 스스로 생각하는 것을 선호하므로 다른 사람의 지시를 덜 중요하게 여길 수 있다.

하지만 이 분야의 몇몇 권위자들에 따르면 가장 유력한 설명은 ADHD 사람들이 청각 정보 또는 언어 정보를 처리하는 데 어려움을 겪는다는 것이다.

"가게에 가서 우유 한 병, 빵 한 덩이, 오렌지 주스를 사고 집으로 돌아오는 길에 주유소에 들러 차에 주유해"라고 말하면 보통 사람은 설명을 들으면서 각각의 물건을 머릿속에 그려볼 것이다. 가게, 우유, 빵, 주스, 주유소 등이 머릿속에 그려진다. 언어적 이미지와 시각적 이미지의 일치를 통해 양질의 기억이 만들어진다.

그러나 ADHD인 사람은 기억에 필수적인 머릿속 그림을 그리지 못하고 단어만 듣는다. "우유, 빵, 주스, 주유, 우유, 빵, 주스, 주유…"를 반복하며 가게로 차를 몰고 가다가 뭔가에 정신이 팔리면 왜 외출했는지 기억을 완전히 잃어버리기도 한다.

청각 정보 처리와 관련된 이 문제는 ADHD 사람들 사이에서 상당히 잘 알려져 있다. 그러나 ADHD가 아닌 사람들의 유병률은 알 수 없다. ADHD인 사람들이 이 문제를 겪을 가능성이 좀 더 클 수도 있고, 이 증상 자체가 ADHD의 주요 증상일 수도 있다.

한 ADHD 성인은 이렇게 설명했다. "그림을 보면 단어들이 길게 연결되어도 훨씬 더 이해하기 쉽습니다. 뇌가 패턴을 직접 흡수할 수 있죠."

이는 또한 ADHD 아이들이 TV에 중독되었고 독서를 싫어한다고 부모가 흔히 말하는 현상을 설명한다. 독서는 뇌에서 소리 내어 읽은 단어를 내면의 그림으로 변환하는 일종의 청각 처리 과정을 거치지만, TV는 원래부터 시각 이미지를 제공한다. 나는 뉴햄프셔에서 ADHD 아동을 위한 주거 치료 시설을 운영하며 TV를 없애는 것이 아이들에게 이롭다는 것을 알게 되었다. 몇 달이 지나자, 아이들은 독서를 시작했고 TV가 다시 놓인 후에도 그 습관은 계속되었다.

ADHD 사람들이 청각 처리 문제를 겪는 원인에 대한 논쟁이 있다.

일부에서는 이것이 뇌의 배선 문제 때문이라고 주장한다. ADHD의 다른 증상들을 유발하는 것도 일종의 오배선 문제라고 할 수 있다.

다른 쪽에서는 청각 정보를 시각 정보로 변환하는 것은 학습된 행동이며, 아이들 대부분은 언어에 능숙해지는 시기인 2~5세 사이에 습득한다는 이론을 전개했다. ADHD 아동은 이 시기에 '주의를 기울이지 않았기 때문에' 이 중요한 기술을 배우지 못했을 가능성이 크다는 것이다.

단어들을 그림으로 바꾸는 기술은 ADHD인 사람들에게도 비교적 쉽게 가르칠 수 있으므로 후자의 이론이 타당해 보인다. ADHD 아동에게 "그걸 머릿속에 그림으로 그려볼래?"라고 말한 후 천장을 향해 아이의 눈동자가 움직이는 특징적인 움직임을 살펴보자. 이런 행동은 일반적으로 머릿속에 정신적 이미지를 만들고 있음을 보여준다. ADHD 아동에게 지시할 때마다 이렇게 하면 빠른 경우 몇 주 내에 아이는 청각을 처리하는 기본 기술을 배우고 이것은 제2의 천성이 된다. ADHD 성인에게는 해리 로레인의 『뇌를 웃겨라 The Memory Book』가 좋은데, 이 책은 이런 기술을 배울 수 있는 여러 방법에 중점을 둔다. 로레인이 '원래의 자각'이라고 부른, 주의를 기울이는 법을 어렵지 않게 스스로 익히는 방법도 여기 포함된다.

- **간혹 우울 증상을 보이거나 다른 사람보다 백일몽을 더 많이 꾼다.** 설탕과 음식 대사 문제를 어느 정도 자각하고 있는 ADHD 개인은 종종 식사 후 또는 설탕이 많은 음식을 섭취한 후 우울감이나 피로를 호소한다. 이 반응은 포도당(설탕) 대사와 관련이 있을 수 있으며, 이에 대해서는 뒤에서 더 자세히 논의할 것이다.

  한편, ADHD인 사람들은 학교, 직장, 소속 집단의 문화에서 별로 도전적인 과제가 주어지지 않을 때 다른 사람들보다 더 쉽게 지루해하고, 이런 지루함이 우울증으로 이어질 수 있다.

- **위험을 감수한다.** ADHD 사람들은 감정과 신념의 변화가 심

하고, 성급하게 결정을 내린다. 이러한 특성은 종종 재앙으로 이어진다. 나는 미국 교도소 수감자 중 최대 90%가 ADHD로 추산된다고 말하는 몇몇 정신과 의사와 이야기를 나눈 적이 있다. 이것은 또한 ADHD인 사람들이 종종 우리 사회의 점화 플러그, 사회를 뒤흔드는 사람, 혁명과 변화를 가져오는 존재임을 뜻한다. 내가 참석했던 1992년의 애틀랜타 연설에서 ADHD 전문가 에드나 코플랜드는 기업가 중 약 절반이 검사 결과 ADHD라는 연구 결과를 언급했다.

미국 건국의 아버지 중 상당수가 ADHD였다는 강력한 증거가 있다. 19장에서 이 내용을 상세하게 다룬다. 만약 그들이 ADHD가 아니었다면, 미국은 결코 건국되지 못했을 것이다. 위험을 감수하는 ADHD 사람들이 당시에는 우세했을 수 있는데, 구대륙을 떠나 먼 항해 끝에 미지의 세계에 정착하기에 가장 적합한 사람들이었기 때문일 것이다.

- **쉽게 좌절하고 참을성이 부족하다.** '답답한 일을 참지 않는다'는 것이 전형적인 ADHD 특성이다. 다른 사람들은 에둘러서 타협을 모색하는 반면, ADHD 사람들은 대부분 직접적이고 정곡을 찌르며 그러한 접근방식이 어떻게, 왜 불쾌감을 줄 수 있는지 이해하지 못한다. 그리고 일이 잘 풀리지 않을 때, "뭐라도 해라!"가 그들의 행동 강령이다. 뭔가 잘못되거나 실수를 저질렀을 때도 마찬가지다.

전문가의 기준

미국정신의학회의 '정신장애의 분류와 진단편람(DSM 111-R)'에 따르면 쉽게 풀어쓴 다음 항목 중 8개 이상에 해당할 때 ADHD로 진단한다. 이 책을 처음 집필할 때는, 이것이 어린이와 성인의 ADHD를 진단하는 유일한 '공식적인' 기준이었다.

1. 앉아야 할 때 앉기가 어렵다.
2. 당면한 과제와 무관한 자극에 쉽게 주의가 산만해진다.
3. 하나의 과제나 놀이 활동에 계속 주의를 기울이는 것이 어렵다.
4. 먼저 하던 활동을 완료하지 않고 다른 활동으로 건너뛰는 경우가 많다.
5. 안절부절못하거나 몸을 계속 움직인다. 또는 초조해한다.
6. 그룹 활동에 참여할 때 자신의 차례를 기다릴 수 없거나 기다리려고 하지 않는다.
7. 종종 질문이 다 끝나기도 전에 대답해서 질문자를 방해한다.
8. 맡은 일을 하거나 자잘한 허드렛일을 처리하는 데 문제가 있는데, 이러한 어려움은 학습 장애나 반항적 태도 때문이 아니다.
9. 조용히 노는 것이 어렵다.
10. 결과를 고려하지 않고 충동에 이끌려 신체적으로 위험한 행동에 뛰어든다. 이것은 정원에서 다양한 모험을 즐기는 것과

는 다른, 좌우를 확인하지 않은 채 거리로 뛰어드는 것 같은 행동이다.

11. 연필, 도구, 종이처럼 과제를 마치는 데 필요한 것들을 쉽게 잃어버린다.
12. 초대받지 않은 상황에 끼어들어 부적절하게 다른 사람들을 방해한다.
13. 충동적으로 말하거나 지나치게 말을 많이 한다.
14. 대화할 때 다른 사람의 말에 귀를 기울이지 않는 것처럼 보인다.

이 진단 기준에는 세 가지 단서가 따른다. 첫째, 그런 행동이 7세 이전에 시작되었어야 한다. 둘째, 다른 형태의 분류 가능한 정신질환이 아니어야 한다. 셋째, 평균적인 또래보다 빈도가 더 높아야 한다. ADHD-RS, 즉 잔류 상태(Residual State)를 나타내는 RS는 성인의 증상을 설명하는 데 사용된다.

ADHD와 혼동되는 증상

다음의 증상들은 ADHD의 특징과 비슷해서 부정확한 진단으로 이어지기도 한다.

• **불안장애** | 학교, 일상생활, 직장에서 대처하기 어려운 상황

에 부딪혔을 때 ADHD는 불안을 유발할 수 있다. 불안장애는 보통 일시적이지만, ADHD는 평생 지속된다는 점에서 차이가 있다. 불안이 왔다 갔다 한다면, 아마도 ADHD가 아닐 것이다.

- **우울증** | ADHD는 우울증을 유발할 수 있고, 때때로 우울증은 ADHD로 진단될 정도로 주의를 몹시 산만하게 하는 요인이 되기도 한다. 우울증 또한 대개 일시적이다. ADHD 사람들에게 도움이 된다고 알려진 리탈린이나 다른 중추신경 자극제를 우울증 환자에게 투여하면, 우울증 환자는 종종 단기적으로 기분이 좋아진 후 그에 대한 반동으로 훨씬 더 심한 우울감을 경험한다.
- **조울증** | 현재 일반적으로 양극성 장애로 불리는 조울증은 ADHD로 진단되는 경우가 많지는 않다. 파티룸을 빌려 친구들과 즐거운 시간을 보낸 다음 날 자살을 시도하는, 그런 종류의 전형적인 증상은 너무나 극적이기 때문이다. 하지만 ADHD는 조울증으로 잘못 진단되는 경우가 많다. 성인 ADHD 지원 그룹을 방문하면 조울증으로 잘못 진단받아 고용량 리튬이나 기타 부적절한 약물을 처방받은 성인 ADHD 환자의 이야기를 종종 접할 수 있다.
- **계절성 정동장애** | 최근에 발견된 이 질환은 겨울철 햇빛 노출 부족과 관련이 있는 것으로 보이며, 북위도 지역에서 가장 많이 발생한다. 계절성 정동장애(SAD)의 증상은 주로 겨울철에 우울, 무기력, 집중력 부족 등을 경험하는 것이다. 주기적이고

예측 가능하며, 매일 특정 시간에 몇 분 또는 몇 시간 동안 특정 스펙트럼과 밝기의 빛을 사람에게 비춰 봄이나 여름이 왔다고 느끼도록 몸을 속이는 방식으로 치료한다. 계절성 정동장애는 때때로 ADHD로 오진되기도 하고 그 반대의 경우도 있으며, 계절성이 가장 특징적이다.

진단

미국정신의학회 기준을 살펴보면 자신이나 주변 사람들에게서 유사한 특성들을 발견할 수 있을 것이다. 수많은 책과 치료사들이 정교한 ADD, ADHD 검사를 제공하지만, 미국정신의학회의 진단 기준은 앞서 소개한 기준에 부합하는 것뿐이다. 정교하고 시간과 비용이 많이 소요되는 검사들은 흥미롭고 성격의 여러 측면에 대해 유용한 통찰력을 제공할 수 있지만, 미국정신의학회에서 공식적으로 인정하는 검사는 아니다.

할로웰-레이티 기준

1992년 정신과 의사인 에드워드 M. 할로웰과 존 J. 레이티는 수 년간의 임상 진료와 연구, 관찰을 통해 특히 성인 ADHD를 발견하기 위한 자체 기준을 개발했다. 이것은 공인된 진단 기준은 아니지만 그들의 저서 『주의 산만 Driven to Distraction』에 처음 등장한 이후 일반인과 임상의가 ADHD 여부를 판단하는 가장 일반적인 기준 중 하나가 되었다.

이 책을 출간하면서 그들은 다음과 같은 주의 사항을 추가했다. '이러한 기준은 우리의 임상 경험을 바탕으로 한 것이며, ADD가 있는 성인에게 가장 흔하게 나타나는 증상으로 구성했다. 이것은 현장 실험을 통해 검증되지 않았으므로 임상 지침으로만 간주해야 한다. 같은 정신 연령대에 속한 대부분의 사람들에 비해 훨씬 더 자주 이런 행동이 나타날 때 기준을 충족하는 것으로 간주한다.'

할로웰과 레이티에 따르면, 다음 기준 중 열두 가지 이상에 해당하는 만성적인 문제가 있을 때 ADHD라고 볼 수 있다. 저자의 허락을 받아 『주의 산만』에서 아래 내용을 인용한다.

1. **실제로 얼마나 성취했는지와 상관없이 목표를 달성하지 못했다고 느끼는 성취감 부족**. 성인이 도움을 요청하는 가장 흔한 이유이므로 이 증상을 첫 번째로 꼽았다. "도저히 정신을 차릴 수가 없어요"라고들 한다. 객관적인 기준으로는 높은 성취를 이룬 사람일 수도 있고, 미로에서 길을 잃은 듯한 느낌에 사로잡혀 타고난 잠재력을 활용하지 못하고 허우적대고 있는 사람일 수도 있다.
2. **정리 정돈의 어려움**. 대부분의 성인 ADD 환자에게는 정리 정돈이 주요 문제 중 하나다. 학교에서 통제받지 않고 부모가

챙겨주지도 않는 성인은 일상생활을 조직해야 하는 압박에 휘청거릴 수 있다. 사소한 일들을 처리하지 못하다 보면 삶에 큰 지장이 생길 수 있다. 약속을 놓치거나 수표를 잃어버리거나 마감일을 잊어버리는 등의 사소한 일들이 쌓여 생활이 엉망이 되어버릴 수도 있다.

3. **해야 할 일을 만성적으로 미루거나 일을 시작하는 데 어려움을 겪는다.** 제대로 해내지 못할 것이라는 두려움 때문에 일을 미루곤 하는데, 이러면 당연하게도 불안이 더 가중될 뿐이다.
4. **여러 일을 동시에 진행하면서 마무리하는 건 어려워한다.** 3번의 결과라고 할 수 있다. 한 작업이 미뤄지면 다른 작업이 끼어든다. 하루, 일주일, 또는 일 년간 수많은 프로젝트를 시작하지만, 완료된 프로젝트는 거의 없다.
5. **타이밍이나 발언의 적절성을 고려하지 않고 떠오르는 대로 말하는 경향.** ADHD 아동이 교실에서 행동하는 방식대로, ADHD 성인도 뭔가에 열중하면 말리기 어렵다. 아이디어가 떠오르면 반드시 말해야 하고, 재치나 장난기가 발동하면 어린아이처럼 활기가 넘친다.
6. **강한 자극 추구.** ADHD 성인은 언제나 새롭고 흥미로운 것, 내면의 격렬한 감정에 상응하는 외부의 무엇인가를 찾는다.
7. **쉽게 지루해하는 경향.** 6번의 결과. 지루함은 마치 싱크홀처럼 ADHD 성인을 둘러싸고 있으면서 언제든 에너지를 고갈시키고 더 많은 자극을 갈망하게 만든다. 이는 흥미가 부족한 것으로 오해하기 쉽지만, 실제로는 흥미를 계속 유지하지 못

하는 상대적인 무능력이다. 관심을 많이 쏟을수록 에너지가 빨리 소모된다.

8. **쉽게 산만해지고 주의 집중에 어려움을 겪으며, 독서나 대화 도중에 딴 데 정신을 파는 경향이 있다. 때로는 지나치게 집중한다.** ADHD의 특징적인 증상이다. 딴 데 정신을 파는 것은 비자발적으로 일어난다. 말하자면 눈앞에 있는 대상을 실제로는 보고 있지 않은 상태이며, 마음이 거기에 없는 것이다. 종종 예외적인 과잉 집중 능력도 나타나는데, 이는 ADHD가 주의력 결핍이라기보다는 주의력이 일관되게 발휘되지 않는 것임을 보여준다.
9. **창의적이고 직관적이며 매우 총명한 경우가 많다.** ADHD 성인들은 종종 매우 창의적으로 사고한다. 산만한 와중에도 번뜩이는 재능을 보인다. 이 '특별한 뭔가'를 포착하는 것이 치료의 목표 중 하나다.
10. **적절한 절차에 따라 정해진 방식으로 일을 처리하는 데 문제가 있다.** 흔히 생각하는 것과 달리, 이는 권위자와의 사이에 문제가 있어서가 아니다. 그보다는 일상적인 방식에서 느끼는 지루함과 새로운 접근방식에 대한 기대감, 정해진 방식대로 일을 처리할 수 없다는 좌절감 등의 표현이다.
11. **참을성이 없고 좌절에 대한 내성이 낮다.** 어떤 종류의 좌절이든 ADHD 성인에게 과거의 모든 실패를 떠올리게 한다. '오, 안 돼', '또 시작이야'라고 생각한다. 그래서 화를 내거나 물러서게 된다. 조바심은 자극에 대한 욕구와 관련이 있고, 다른 사

람들이 그 사람을 미성숙하거나 만족하기 어려운 사람으로 여기게 하기도 한다.

12. **말이나 행동이 충동적이다.** 충동적으로 돈을 쓰거나 계획을 바꾸거나 새로운 경력을 계획한다. 이것은 위험한 증상일 수도 있고, 어떤 충동이냐에 따라 자신에게 이로울 수도 있다.
13. **불필요하게 끝없이 걱정하는 경향.** 실제 위험에 대해서는 주의를 기울이지 않거나 무시하면서 한편으로는 걱정거리를 찾아 두리번거리는 증상이 번갈아 나타난다. 뭔가에 집중하지 않을 때 주의력이 걱정으로 바뀐다.
14. **높은 위험을 감수하는 성향과 번갈아 나타나는, 파멸이 다가온다는 느낌, 불안.** 이 증상은 불필요하게 걱정하는 경향, 충동적인 경향 둘 다와 관련이 있다.
15. **기분이 오락가락하고 우울하다. 특히 사람이나 프로젝트에서 벗어났을 때 심해진다.** ADHD 성인은 아이들보다 불안정한 기분을 더 많이 느낀다. 이는 상당 부분 좌절이나 실패의 경험 때문이며, 일부는 생물학적인 특성 때문이기도 하다.
16. **안절부절못한다.** 일반적으로 성인에게는 어린이에게서 볼 수 있는 확연한 과잉행동이 나타나지는 않는다. 대신 신경과민처럼 보인다. 서성거리고, 손가락으로 두드리고, 앉아 있는 동안 자세를 바꾸고, 자리에서 자주 일어나거나 사무실에서 자주 나가고, 쉬는 동안 안절부절못한다.
17. **중독적인 행동으로 향하는 경향.** 알코올이나 코카인 같은 물질에 중독되거나 도박, 쇼핑, 폭식, 과다한 업무 같은 활동에 중

독될 수 있다.

18. **만성적인 자존감 관련 문제.** 다년간 얼간이, 4차원, 뒤떨어진 사람 취급당하고, 게으르고 이상하고 남과 다른 사람이라는 말을 들으며 소외감을 느낀 결과다. 오랫동안 좌절과 실패를 되풀이해서 겪고 왜 그런지 제대로 이해하지 못하는 것이 자존감 문제로 이어진다. 그러나 그 모든 좌절에도 불구하고 대부분의 성인들이 지닌 놀라운 회복탄력성은 인상적이다.
19. **부정확한 자기 관찰.** ADHD인 사람들은 자신을 관찰하는 데 서투르다. 자신이 다른 사람들에게 미치는 영향을 정확하게 측정하지 못한다. 이것은 종종 큰 오해와 깊은 상처로 이어질 수 있다.
20. **ADHD, 조울증, 우울증, 약물 남용 또는 충동 조절 및 기분과 관련된 다른 장애의 가족력.** ADHD는 유전되고 앞서 언급한 다른 질환과 관련이 있으므로, 그러한 가족력을 발견하는 일은 드물지 않지만, 진단에 필수적이지는 않다.

할로웰과 레이티는 ADHD로 진단하려면 이 검사에서 20가지 항목 중 12가지에 해당하는 것 외에도, DSM 기준과 마찬가지로 유사한 행동을 보인 어린 시절의 경험을 포함해야 하며 다른 의학적, 정신의학적 상태로 설명할 수 없어야 한다고 덧붙였다.

DSM에서는 주요 생명 기능에 중대한 장애가 없는 한 정신과 진단을 보증할 수 없다고 한다. 내 친구인 편집자 데이브 드브론카트는 앞서 열거한 검사들에서 자신이 ADHD에 해당한다는 것을 발견했다. 그가 ADHD 전문가에게 자신의 인생이 꽤 성공적이었다고 말하자, 전문가는 "당신은 아마 뭔가 문제가 있을 텐데, 그걸 알아차리지도 못하는 것입니다"라고 답했다. 우리 문화가 병리학에 얼마나 집착하게 되었는지를 보여주는 사례가 아닐 수 없다.

이런 현실은 뭔가 문제가 있다는 꼬리표를 달도록 강요받는 사람들, 특히 어린이들에게 불리하게 작동한다. 이와 대조적으로, 이 책은 ADHD에 대한 전통적인 관점과 양립 가능한 새로운 통찰력과 시각, 도구들을 제공한다.

> 나는 아시아에서 아메리카에 이르기까지 세계 여러 지역의 토착 수렵사회에서 의사로 일해 왔다. 그러면서 우리가 ADD라고 부르는 행동의 별자리가 세계 각지에서 어떻게 다르게 인식되는지 줄곧 관찰해왔다. 매켄지 분지의 순록 사냥꾼 같은 북부 캐나다 부족 사이에서 이러한 적응적 특성들, 즉 지속해서 주변 상황을 예의주시하고 신속하게 의사 결정(충동성)을 하고 위험을 기꺼이 감수하는 태도는 매년 부족의 생존에 이바지한다. 그러나 우리가 서구식 교육과정을 그들에게 강요할 때는 바로 그 똑같은 행동 방식이, 부족 아이들이 서구식 학교에 성공적으로 적응하는 것을 어렵게 하는 경우가 많다.
>
> _윌 크리넌(1985)

❸

학교와 사무실의 사냥꾼들

인간에게는 가슴 속 깊이 심어진, 사냥에 대한 열정이 있다.

찰스 디킨스 『올리버 트위스트』(1837)

주의력결핍장애에 관한 초기 이론들은 이를 뇌의 손상이나 기능장애와 관련된 질병 상태로 보았다. 태아알코올증후군, 지적장애, 유전되는 각종 정신질환, 아동기 외상이나 학대로 인한 정신적인 장애, 부모의 흡연이 태아의 산소 결핍을 초래한다는 이론 등과 뭉뚱그려 다뤄질 때가 많았다.

1905년 이후 심리학 문헌에서 주의력 결핍 증상이 발견되지만, ADHD가 장애로 인식된 것은 1970년대 초반이었다. 이전에는 ADHD 아이들과 성인들이 대체로 나쁜 사람들로 취급되었다. 영화 〈이유 없는 반항〉에서 제임스 딘이 연기했던 주인공처럼 문제에 휘말리는 아이들과 에이브러햄 링컨의 아버지, 서부극의 주인공 론 레인저, 갱스터 존 딜린저 같은 불안정한 어른들 말이다.

최근의 연구는 ADHD 아이들의 부모들도 ADHD 비율이 높다는 것을 보여주었다. 처음에는 일부 심리학자들이 ADHD가 제대로 기능하지 않는 가정에서 자란 결과라고 해석했다. 그들은 ADHD가 아동학대나 배우자 학대처럼 대를 이어 학습되는 행동의 패턴을 따른다고 보았다. 음식에서 원인을 찾는 학자들은 아이들이 부모의 식습관을 따르는 것이 ADHD 세대 간 전달을 설명한다고 주장했다. 다른 연구들은 ADHD를 다운증후군이나 근위축증 같은 유전 질환으로 보며 D2 도파민 수용체 유전자의 A1 변이를 유력한 후보로 확인했다.

ADHD는 전체 남성의 20%와 전체 여성의 5%에게서 발생한다고 추정되기도 하고 남성의 3%와 여성의 0.5%에서 발생한다고 추정되기도 한다. 최고치와 최저치의 평균으로 추정하면, ADHD는 미국에서 2,500만 명 정도의 사람들을 괴롭히는 흔한 질환이다. 그토록 비중이 높은데, ADHD를 단순히 이상 행동이라고 보는 것이 타당한가? 결함 있는 유전자나 아동학대에 기인한 일탈 행위 같은 것으로 보는 것이 타당한가?

ADHD가 그렇게 광범위하게 분포되어 있다면, 불가피하게 이런 질문이 떠오른다. 왜 그럴까? ADHD는 어디에서 왔을까? 그 답이 여기에 있다. ADHD인 사람들은 현대 사회에 남겨진 사냥꾼들이고, 그들의 조상은 과거 수렵사회에서 수천 년 동안 진화한 사람들이다.

사실 진화적 생존 전략을 대표하는 유전적 '질병'은 많다. 예를 들어 겸상적혈구빈혈(sickle cell anemia)은 환자들을 말라리아에 덜 감염시키는 것으로 알려져 있다. 말라리아가 풍토병인 아프리카의 정글에서 그것은 질병에 의한 죽음을 막는 강력한 진화 도구였지만, 말라리아가 없는 북미에서는 골칫거리가 되었다.

주로 동유럽의 유대인들이 걸리는, 결핵에 상대적인 면역력이 생기는 유전적 질환 테이-삭스병(Tay-Sachs disease)도 마찬가지다. 미국 백인 25명 중 1명이 그 유전자를 지니고 있을 정도로 백인들 사이에서 흔히 발생하는 치명적인 유전병 낭포성 섬유증조차도 유전적 적응일 수 있다고 한다. 최신 연구에 따르면, 낭포성 섬유증 유전자는 수천 년 전 주기적으로 유럽을 휩쓸었던 콜레라와 같은 설사병에 의한 사망으로부터 아이들을 보호하는 데 도움이 되었다고 한다.

인간이 유전 물질 안에 내장된 방어체계로 지역에 흔한 질병이나 그 밖의 환경적 조건들로부터 보호받는 것은 그리 특이한 일이 아니다. 확실히 다윈의 자연선택 이론은 그러한 신체적 방어체계를 지지하는 논리를 제공한다. 면역력이 있는 사람들은 살아남아 유전 물질을 생산하고 물려준다.

인류가 이동하면서 두 가지 기본적인 문화가 진화했다. 식물과 동물이 풍부하고 인구 밀도가 낮은 지역에서는 사냥과 채집이 우세했다. 세계의 다른 지역, 특히 아시아에서는 농업과 농경사회가 진화했다.

성공적인 사냥꾼의 자질

북미에서 들소를 뒤쫓든, 유럽에서 사슴을 사냥하든, 아프리카에서 영양을 쫓든, 아시아의 개울에서 물고기를 낚든, 사냥에 성공하기 위해서는 특정한 신체적, 정신적 특성이 필요했다.

- **끊임없이 주변 환경을 살핀다.** 덤불 속의 바스락거리는 소리는 사자나 똬리를 튼 뱀일 수 있다. 주변 환경을 속속들이 파악하지 못하고 희미한 소리를 알아차리지 못하면 순식간에 고통스러운 죽음을 맞이할 수 있다. 그런 소리나 순간적인 움직임을 통해 지금껏 쫓고 있던 동물을 발견할 수도 있고, 그것을 알아차리는지 그렇지 못하는지의 차이가 배부름과 배고픔이라는 정반대의 결과로 이어진다.
  나는 미국, 유럽, 호주, 동아프리카에서 현대의 사냥꾼이라고 할 수 있는 사람들과 함께 숲과 정글 속을 걸었는데, 항상 한 가지 특징이 눈에 띄었다. 그들은 모든 것을 감지한다. 뒤집힌 돌, 작은 발자국, 먼 곳에서 들리는 소리, 공기 중의 이상한 냄새, 꽃이 가리키는 방향이나 이끼가 자라는 방향 등을 금세 알아차린다. 이런 것들 모두가 사냥꾼에게 의미가 있으며, 빨리 걸을 때조차도 그들은 모든 것을 감지한다.
- **사냥에 전적으로 몸을 내던질 수 있다. 그들에게 시간은 탄력적이다.** 훌륭한 사냥꾼의 또 다른 특징은 다른 시간이나 장소를 완전히 망각하고 그 순간에 완전히 집중할 수 있는 능력이다. 사

냥꾼이 먹이를 보면 협곡을 통과하고 들판을 가로질러 나무들 사이로 쫓아가며, 어제 있었던 일이나 미래는 전혀 머리에 떠올리지 않고, 온전히 그 순수한 순간을 살고 그 순간에 빠져든다. 사냥에 뛰어들면 시간이 빨리 흐르고, 그렇지 않을 때는 시간이 느려진다. 사냥꾼의 집중력은 평소에는 낮을 수 있지만, 순식간에 완전히 사냥에 빠져드는 능력은 경이롭다.

- **그들은 유연하고, 순간순간 감지하는 정보에 따라 전략을 바꿀 수 있다.** 멧돼지가 덤불 속으로 사라지고 토끼가 나타나면 사냥꾼은 새로운 목표를 좇는다. 질서는 사냥꾼에게 별로 중요하지 않다. 즉각 결정하고 그에 따라 바로 행동하는 능력이 필수적이다.
- **사냥할 때 폭발적으로 엄청난 에너지를 쏟아부을 수 있다.** 그래서 종종 스스로 깨닫지도 못한 채 다치기도 하고 평소 능력을 크게 능가하기도 한다. 그런 면에서 전형적인 사냥꾼인 사자와 별로 다르지 않다. 그들은 엄청난 에너지를 분출할 수 있다. 그런 상태가 꼭 오래 지속되어야 하는 것은 아니다. 이솝 우화 '거북이와 토끼'에 비유하자면 사냥꾼은 항상 자신이 토끼라고 말할 것이다.
- **시각적으로 생각한다.** 사냥꾼은 종종 자신의 행동을 단어나 감정보다는 그림으로 설명한다. 그들은 자신이 어디에 있었고 어디로 가고 있는지 머릿속에 윤곽을 그린다. 아리스토텔레스는 집의 방들을 시각화한 다음, 각 방에 있는 물건들로 시각화하는 기억법을 가르쳤다. 그는 연설할 때 기억 속의 방들을 이

동하면서 방 안에 있는 대상을 떠올렸는데, 그 대상은 그가 다음에 이야기해야 할 내용을 상기시켜 주는 것이었다. 사냥꾼은 흔히 추상적인 것들에는 관심이 없거나 가능한 한 빨리 시각적 형태로 바꾸고 싶어 한다. 그들은 형편없는 체스 선수가 되기 쉽다. 바로 급소를 겨냥하는 것을 선호하므로 전략을 경멸한다.

- **일상적인 일들에 쉽게 지루함을 느낀다.** 생선을 씻거나, 고기를 손질하거나, 서류를 작성하는 것 같은 일들은 지루하다. 지금은 고인이 된 내 오랜 친구 도널드 호헤이는 호텔 체인 홀리데이인의 임원을 역임했는데, 그는 홀리데이인의 전설적인 창립자 케먼스 윌슨이 임원들을 '곰 가죽 벗기는 사람들(Bear Skinners)'이라고 불렀던 이야기를 들려주었다. 윌슨은 세상으로 나가 곰을 쏘았고(새로운 호텔 부지 협상, 새로운 방식의 자금 조달, 새로운 사업부 개설 등), 내 친구 도널드도 속해 있었던 '곰 가죽 벗기는 사람들'은 거래가 이루어지면 가죽을 벗기고 세척하는 세부 사항을 처리했다.
- **'정상적인' 개인이라면 피할 위험을 감수한다.** 상처 입은 멧돼지, 코끼리나 곰은 사냥꾼을 죽일 수 있다. 많은 사냥꾼이 잠재적인 먹잇감에게 죽임을 당했다. 전쟁에 비유하면 사냥꾼은 종종 최전선의 보병, 가장 공격적인 장교가 된다. 이 은유를 확장하면, 제2차 세계대전의 영웅 패튼 장군은 사냥꾼, 공산권의 세력 확산을 막기 위해 유럽을 부흥시킨 '마셜 계획'을 고안한 미국 국무장관 마셜은 농부였다고 할 수 있다.

- **자신과 주변 사람들에게 엄격하다.** 생명이 순간의 결정에 달려 있을 때, 좌절과 참을성의 한계치는 필연적으로 낮아진다. 총격을 피하지 않는 동료, 명령을 어기고 깜깜한 밤 담배를 피우며 적에게 위치를 노출하는 군인은 용납할 수 없다.

사냥꾼의 후손

원래의 질문으로 돌아가 보자. ADHD는 어디에서 왔을까? 전형적인 ADHD 증상 목록과 훌륭한 사냥꾼의 자질 목록을 비교해 보면 거의 완벽하게 일치한다는 것을 알 수 있다. 다시 말해, ADHD 성향이 있는 개인은 아주 훌륭한 사냥꾼이 될 것이다. 이러한 자질 중 하나라도 없으면 숲이나 정글에서 죽음을 맞이할 수 있다.

❹

성공적인 농부의 자질

경작이 시작되면 다른 예술이 뒤따른다.
그러므로 농부는 인류 문명의 창시자다.
대니얼 웹스터 「농업에 관하여」(1840년 1월 13일)

ADHD는 훌륭한 사냥꾼의 생존과 성공에 필요한 기술과 선호도의 집합이라면, 'ADHD가 아닌 사람들은 어떨까?'라는 의문이 생긴다. 그들의 기술은 어디에서 진화했으며, 왜 그들은 우리 문화권의 사람들 다수를 대표하게 되었을까? 답은 원시인이 만들어낸 두 번째로 기본적인 문화 유형인 농업사회에 있다. 이런 종류의 공동체에서 농부는 사회의 생존과 유지를 담당했다. 그리고 훌륭한 농부의 자질은 훌륭한 사냥꾼의 자질과 상당히 다르다.

좋은 사냥꾼의 자질을 열거한 목록과 나란히 훌륭한 농부의 자질들을 살펴보면 다음과 같다.

- **주변 환경에 쉽게 정신이 팔리지 않는다.** 곡식을 재배하기 위해 씨앗을 뿌리거나 모를 심는 데 3~4주 걸릴 수 있으며, 좋은 날씨는 흔치 않다. 그동안 주의가 산만해져 숲에서 소리가 나면 무슨 소리인지 살펴보러 가거나, 어떤 식물이 다른 식물보다 약간 더 잘 자란 이유를 알아내려고 며칠을 보낸다면 제때 농사를 지을 수 없고, 그 사람은 굶어 죽을 것이다.
- **농부들은 느리고 꾸준한 노력을 지속한다.** 그들의 작업은 매달 몇 주간, 매주 며칠간, 매일 여러 시간 동안 이어진다. 수확기에 폭발적인 에너지가 필요하다고 할 수도 있지만, 사냥꾼 대부분은 그것이 숲속에서 사슴을 수십 킬로미터 뒤쫓는 것과는 비교가 안 된다고 말할 것이다. 그리고 농부가 막바지에 쏟아붓는 에너지는 온종일이나 며칠 또는 몇 주 동안 유지되어야 한다. 총력을 기울일 때도 농부의 노력은 상당 시간 꾸준히 지속되는 특징이 있다.
- **그들은 장기적으로 본다.** 미묘한 차이, 제한적인 실험은 농부들에게 유용하지만, 전체 경작지에 새로운 씨앗을 뿌리면 재앙으로 이어질 수 있다. 농부는 사냥꾼처럼 오 분이나 한 시간을 내다보는 것이 아니라 몇 년 앞을 내다봐야 한다. 이 작물은 토양에 어떤 영향을 미칠까? 토양 침식에 어떤 영향을 미칠까? 겨울 동안 가족이나 마을을 부양하기에 충분할까? 나는 이스라엘, 그리스, 중국에서 장기적인 안목이 있는 농부들이 벼를 재배하거나 올리브나무들을 심기 위해 일군 계단식 경작지들을 방문했었는데, 건설된 지 3천 년이 넘은 지금도 여전히

사람들은 거기서 농사를 짓는다.

- **쉽게 지루해하지 않는다.** 농사를 지을 때와 마찬가지로, 그들은 생활할 때도 자신의 속도를 조절한다. 작물이 자라는 여름이나 할 일이 별로 없는 겨울에 농부들은 가구를 만들고 장작을 패고 정원의 잡초를 뽑으며 건설적으로 시간을 보낸다. 그들은 반복적인 일이나 시간이 오래 걸리는 일을 마다하지 않는다. 그것이 농사의 특성이기 때문이다.
  이솝 우화 '거북이와 토끼'에 비유하면 농부는 자신을 거북이로 묘사할 것이다. 거북이는 느리지만 꾸준한 노력으로 결국 경주에서 이긴다.
- **농부들은 협력해서 일한다.** 그러므로 다른 사람의 필요와 감정에 민감한 경향이 있다. 농부들은 함께 살고 함께 일해야 하므로, 특히 원시적인 농촌 사회에서는 협력이 필수적이다. 일본 사회는 아마도 가장 극단적인 형태일 것이며, 순수한 농업 기반 사회에서 진화했다고 볼 수 있다. 그들은 미래와 지역사회의 이익을 고려하며, 인내심 있는 체스 선수다. 협동은 농부의 강력한 자산이다.
- **세부 작업에 주의를 기울인다.** 농부는 모든 밀을 타작하고, 모든 젖소의 젖을 완전히 짜고, 모든 밭에 씨를 뿌렸는지 확인해야 하며, 그렇지 않으면 전체 공동체에 재앙을 초래한다. 젖을 완전히 짜지 않으면 소가 감염될 수 있다. 너무 물기가 많거나 너무 건조한 땅에 심은 작물은 썩거나 시들 수 있다. '신은 세부 사항에 있다'는 아인슈타인의 말이야말로 농부들이 가장

좋아하는 금언이 아닐까?

- **농부들은 조심스럽다.** 농사에서 단기적인 위험을 감수해야 하는 경우는 거의 없다. 대신 농부들은 장기적인 위험에 대비하는 법을 배운다. 그들은 승부사보다는 계획하는 사람에 가깝다.
- **인내심을 갖고 사람들을 대한다.** 식물이 5개월 동안 자라는 것을 지켜보는 데 필요한 인내심은 문제나 상황을 토로하고 싶어 하는 동료에 대한 인내심으로 쉽게 전환된다.

농부=ADHD가 아닌 사람

농부의 특성을 간단히 살펴보고, 이를 사냥꾼의 기술과 비교해 보면 ADHD인 사람들과 그렇지 않은 사람들을 사냥꾼과 농부로 쉽게 재분류할 수 있음을 알 수 있다. 각기 다른 사람들이 이런 틀에 딱 맞아떨어지지는 않지만, 우리가 아는 모든 사람에게서 그 원형을 볼 수 있다.

거의 순수한 사냥꾼 유형은 전형적인 ADHD로 분류할 수 있다. 거의 순수한 농부 유형의 사람들은 느리고, 조심스럽고, 체계적이며, 때로는 따분한 사람으로 분류된다. 농부 유형은 모험을 즐기거나 위험에 처할 가능성이 작으므로 심리학자들은 통상 이런 사람들을 특정 분류 틀에 넣지 않는다. 그들은 문제를 일으키지 않으며 우리 사회에서 눈에 띄지 않는다.

이러한 행동 방식의 분포가 종 곡선이라고 가정하면 순수한 사냥꾼과 농부가 양 끝에 있고 중간이 볼록한 형태가 된다.

이 가설의 흥미로운 점은 유럽인들이 종종 미국인과 호주인을 '대담한 위험 감수자'로 본다는 것이다. 한편, 미국인과 호주인은 흔히 유럽인을 '느긋하고 보수적'이라고 생각한다. ADHD가 유전적 특성이라는 개념을 받아들여 17세기에 목숨을 걸고 대서양을 건넌 사람들의 특징을 생각해 보면, 그들은 절망한 농부나 평범한 사냥꾼이었을 것이다. 호주의 초기 백인 인구는 영국에서 보낸 죄수들, 즉 영국 사회에 적응하지 못하고 불만을 품은 사람들의 후손이 많았다. 아마도 산업혁명으로 영국의 노동 시장과 문화가 농경문화 방식으로 변화되면서 좌절한 ADHD 사냥꾼들이 많았을 것으로 추정된다.

한편, ADHD는 최소한 6천 년간 순수한 농경사회에서 살아온 사람들의 후손인 일본인 사이에서는 비교적 드물게 나타나는 것으로 보인다.

마지막으로 덧붙이자면, 사냥꾼과 농부의 비유에 반대하는 사람들이 있다. 어떤 이들은 사냥꾼이 살인자, 포식자, 밤의 위협 등 부정적인 의미를 내포한다고 말한다. 그러나 농부 역시 지루하고 수동적인 사람을 의미할 수 있다는 점에서 마찬가지로 부정적일 수 있다.

사냥꾼과 농부라는 표현이 불편하다면, '파수꾼과 경작자'로 대체해도 좋다. 양쪽 다 공동선을 이루는 데 필요하다. 파수꾼이 없다면 경작자는 마음 놓고 곡식을 재배할 수 없다. 반대의 경우도 마찬가지다.

또한 파수꾼이나 경작자의 자질을 타고난 사람이 성향과 반대되는 일을 맡는다면 얼마나 큰 재앙이 될지 생각해 보자. 경작자는 침입이 임박했다는 작은 징후도 포착하지 못하고, 파수꾼은 정원의 잡초를 제거할 만큼 충분히 오래 주의를 기울이지 못한다.

이것이 바로 오늘날 교실과 사무실에 있는 ADHD 학생들과 성인들에게 일어나는 일이다. 본능이 시키는 대로 창밖을 내다보면 착하고 주의 깊은 농부가 되지 못한다고 혼난다.

민첩한 파수꾼의 자질을 인식하고 이에 맞게 대하는 것이 더 성공적인 접근방식이 될 수 있다. 관점의 전환이 필요할 수도 있지만, 사냥꾼과 농부의 차이를 이해하면 어렵지 않다.

죽음이 다가오면 지나온 삶이 한순간처럼 눈앞을 스쳐 간다고들 하지만, 실제로는 그렇지 않다고 생각한다. 생의 마지막에만 지나온 삶이 한순간에 펼쳐지는 것이 아니라 언제나 삶의 모든 순간을 느낄 수 있지만, 우리는 대부분의 순간을 차단한 채 살고 있다.
나는 지난 수십 년간 내 삶의 모든 순간에 동시에 존재하고 싶은 충동을 느꼈다.
의식의 한 가지 기능은 동시다발적으로 발생한 총체적인

경험을 일련의 연결되지 않은 순간들로 분절해 각 순간을 개별적으로 다룰 수 있도록 하는 것일 수 있다. 이 방법은 유용할 수 있지만, 대가가 따른다. 하나의 순간을 처리하기 위해 우리가 모든 순간에 존재하는 것을 포기하는 것이다.

사냥꾼들이 우리가 일반적으로 생각하는 것과는 다른 시간 감각을 갖는 데에는 그럴 만한 이유가 있을 것이다. 사냥에서 중요한 것은 관련 있는 정보를 한꺼번에 흡수하는 능력이다. 사냥꾼과 무기, 먹잇감이라는 변수가 시시각각 서로 영향을 끼치므로 모든 단서를 바탕으로 절호의 순간을 포착할 수 있는 능력이 필요하다. 반면 농부에게는 어떤 변수가 장기적으로 어떤 결과로 이어지는지 훨씬 더 먼 미래를 내다볼 수 있는 능력이 필요하다.

중요한 일은 그 순간 즉시 이루어진다고 생각하는 사냥꾼에게는 씨앗을 흙에 뿌린 다음 떠나버리고 한참 후에 먹이를 얻으려는 것이 어리석게 보일 수 있다. 하지만 '이것이 저것으로 이어지는' 순서로 시간을 경험하는 농부에게는 바로 이것이 제대로 일하는 방식이다.

사냥꾼과 농부의 차이는 무엇보다도 시간을 경험하는 방식의 차이일 것이다. 농부의 시간은 인내와 '우선순위'를 강조한다. 사냥꾼은 사물을 '지금' 또는 '지금이 아닌 것'

으로 본다. 그리고 지금을 충분히 확장하면 인생 전체를 동시에 경험하게 된다.

_데이브 드브론카트(1986)

❺

의식의 기본 상태

공상이란 시간과 공간의 질서로부터 해방된 기억과 다르지 않다.
새뮤얼 테일러 콜리지 『문학 평전 Biographia Literaria』(1817)

이 장에서는 다양한 의식 상태의 본질과 그 진화 과정, 그리고 이를 가장 잘 활용할 수 있는 방법에 대해 살펴본다. 세상을 경험하는 방식에서 사냥꾼과 농부의 차이점은 무엇일까? 그들의 현실은 얼마나 다를까? 총체적인 의미에서 한 의식 상태가 다른 의식 상태보다 더 낫다고 할 수 있을까? 아니면 각 의식 상태는 다르지만 동등할까? 다양한 의식 상태는 더 원시적인 사회에서 살던 조상들이 남긴 적응 기제일까? 그리고 ADHD와는 반대로 주의 집중을 멈출 수 없는 장애가 있을까?

작업전환장애

많은 최신 마이크로컴퓨터는 동시에 두 가지 이상의 작업을 수행할 수 있다. 1990년대 DOS 기반 개인용 컴퓨터에서는 이것이 '다중 작업(multitasking)'으로 불렸고, 매킨토시 컴퓨터에서는 파인더와 멀티파인더의 차이였다. 컴퓨터가 한 작업이나 한 프로그램에서 수백 개의 계산을 수행한 후, 다음 작업이나 프로그램으로 이동해 또 거기서 수백 개의 계산을 수행하는 방식으로 작동한다. 컴퓨터는 두 가지 다른 프로그램이나 작업을, 하나는 전면에 다른 하나는 배경에 놓고 앞뒤로 이동하면서 두 가지 작업을 동시에 수행하는 것처럼 보인다.

하지만 실제로 컴퓨터는 한 번에 한 가지 작업만 수행한다. 한 작업에서 다른 작업으로 전환했다가 다시 매우 빠르게, 종종 100억 분의 1초 만에 전환하기 때문에 동시에 작업을 수행하는 것처럼 보일 뿐이다.

ADHD 사냥꾼들은 종종 한 번에 여러 가지 일을 할 수 있는 능력을 자신의 '특별한 기술' 중 하나로 여긴다고 말한다. 베티가 가장 잘하는 일은 한 컴퓨터에서 인쇄 작업을 하면서 다른 컴퓨터로 백업을 하고 또 다른 컴퓨터에서 디자인 작업을 하는 것이다. 함께 일하는 다른 디자이너들은 한 번에 한 가지 작업만 진행하는데, 그녀는 한 번에 세 가지 일을 할 수 있는 자신만의 능력에 특별한 만족감을 느낀다고 말한다.

반대로 ADHD가 아닌 농부들은 대화 도중에 새로운 방향으로 말을 돌리는 사냥꾼 동료들의 성향에 짜증을 내는 경우가 많다. "제가 이야기를 하고 있는데 빌이 종이를 꺼내서 글을 쓰기 시작했어요"라고 존은 분개했다. "제 말을 듣지 않고 있었다는 걸 알았죠."

하지만 빌은 자신의 아이디어를 적으면서 동시에 존의 말을 들을 수 있다고 강조했다. 그는 자신이 모든 순간 대화에 집중하지 않는 것 같다며 존이 화를 내는 이유를 이해할 수 없었다.

빌이 글을 쓰면서 자신을 무시하고 있다는 존의 인식이 옳았을 수도 있지만, 존은 단순히 자신의 능력을 기준으로 빌을 판단했을 수도 있다. 농부인 존은 두 가지 일을 동시에 한다는 것은 상상도 할 수 없었고, 둘 다 잘할 수는 없었다. 하지만 빌은 동시에 두 가지 일에 주의를 기울이는 것이 정상적이라고 느꼈다.

어쩌면 빌은 다중 작업을 수행하는 컴퓨터처럼 작업 전환이 가능할지도 모른다. ADHD 사냥꾼이 한 번에 두 가지 이상의 일을 할 수 있다면, 즉 걷고, 소리를 듣고, 냄새를 맡고, 나무 사이를 살피고, 무기를 준비하는 등 '숲속에서 경계하는' 생존 기술 몇 가지를 동시에 발휘할 수 있다면 어떨까?

빌과 베티가 다중 작업 컴퓨터처럼 작업을 쉽게 전환할 수 있고 이를 주의력결핍장애라고 한다면, 존은 작업전환장애(task-switching deficit disorder, TSDD)를 앓고 있는 것일 수도 있다.

TSDD인 프레더릭의 사례를 살펴보자.

그는 고객 대상의 마케팅 안내서를 작성하기 위해 집 책상에 앉았다. 저녁 식사 직후였고 한 시간 정도만 작업할 계획이었다.

"새벽 2시가 되었을 때, 불현듯 제가 일곱 시간 동안 글을 쓰고 있다는 사실을 깨달았습니다." 프레더릭은 말했다. "아내와 아이들은 이미 잠자리에 들었는데, 저는 전혀 눈치채지 못했죠."

또한 프레더릭은 조용한 곳에서는 일을 못 하겠다고 말한다. "일할 때는 반드시 라디오나 TV를 켜놓아야 하는데, 그렇지 않으면 오히려 긴장하게 됩니다. 자극이 없으면 작업 중인 업무 속으로 빠져들어 몇 시간 동안 헤어나오지 못하거든요."

프레더릭의 문제는 너무 지나치게 집중하거나 너무 쉽게 집중하는 것이 아니라 집중력을 잘 조절할 수 없다는 것이다. 기본적으로 집중력이 높은 상태라, 주의를 딴 데로 돌리기가 어렵다.

많은 사냥꾼들도 이와 같은 현상, 즉 뭔가에 완전히 빠져들어 집중하는 능력을 얘기하지만, 그것은 평상시와 다른 일시적인 의식 상태라고 보고한다. 일부 사냥꾼들은 이를 '깨어 있는 상태'라고 표현하기도 한다. 어떤 성인 사냥꾼은 그 상태를 항상 '재즈에 취한 상태'라고 생각해왔다고 말하기도 했다. 또한 사냥꾼과 농부는 집중을 경험하는 방식에 미묘한 차이가 있는 것으로 보인다.

한 사냥꾼은 이렇게 설명했다. "제가 일할 때는 한 가지가 아니라 세 가지를 합니다! 오늘도 오후 1시부터 6시까지 그렇게 일했죠. 미네소타에 있는 고객을 위해 복잡한 애플리케이션을 만들고, 그 일에 필요한 문서를 작성하고, 새 프린터에서 성능시험을 하고, 뉴햄프셔에 있는 다른 고객을 위해 보고서 시안을 작성하고, 온라인 정보를 검색하며 다른 사람들과 계속 소통했죠.

여러 컴퓨터로 한 번에 세 가지 일을 하는 것은 제게 익숙한 일입니다. 정말 육체적으로 만족스러운 느낌이 듭니다. 과거 대형 조판 회사에서 일할 때 이런 기분이 들었던 기억이 납니다. 밤에 혼자 있으면 모든 기계를 한꺼번에 작동할 수 있어서 정말 좋았죠."

"그래서 저는 상태를 철저하게 전환하는 편입니다. 일을 시작하면 시간은 중요하지 않게 느껴지고 어렵지 않게 여러 일을 동시에 처리할 수 있습니다. 일할 때 확실히 집중하긴 하는데, 한 가지 작업만 하는 것이 아니라 여러 작업을 합니다. 모든 소리가 뒤섞이지만 밝은 빛이 뒤섞인 작업을 비춰주죠."

리탈린을 복용하는 성인 사냥꾼들은 리탈린이 약간의 노력으로 집중 상태로 전환할 수 있게 해주지만, 그런 집중 상태는 다중 작업 집중 상태가 아니라 한 가지에 집중하는 상태라고 보고한다. 많은 이들이 생애 처음으로 의식 상태를 조절할 수 있었다고, 한 번에 몇 분 이상 단일 대상에 집중할 수 있었다고 말한다. 약 복용 후 삶이 변화했다는 얘기는 ADHD 사람들 사이에서 흔히 들을 수 있다. 한편, 약물 없이 집중 상태로 전환하는 방법을 가르치는 초월명상(Transcendental Meditation, TM)이 제공하는 자료는 사람들이 단일한 대상에 집중하는 훈련을 통해 직업생활과 사적인 삶을 어떻게 변화시켰는지 기록한 내용으로 가득하다.

일부 농부도 이처럼 열린 의식 상태에서 다중 작업을 할 수 있다. 하지만 순수한 농부, 즉 TSDD 농부에게는 다중 작업이, ADHD 사냥꾼이 한 시간 동안 집중 상태를 유지하기만큼이나 어렵다.

TSDD가 있는 존경받는 심리치료사 랠프는 운전과 대화를 동시에 하기가 어렵다고 말한다. 운전하면서 대화할 때 중요한 얘기를 하려고 하거나 복잡한 개념에 정신적 에너지를 많이 쓰면 무의식적으로 차선을 이탈하곤 한다고 한다. "저는 그런 쪽에는 형편없죠. 원래 한 번에 두 가지 일을 동시에 할 수 없는데, 아내도 그 때문에 제가 운전하는 차에 타지 않아요."

프레데릭과 랠프 모두 아내를 "매우 산만하다"고 표현한다는 점이 흥미롭다. 프레드릭은 외과의사인 아내가 직접 보거나 듣지 않을 때를 제외하고는 라디오나 TV를 켜놓는 것을 참지 못하고, 집중하거나 휴식을 취하고 싶을 때는 주변이 조용해야 한다고 했다. 랠프 역시 아내가 일할 때는 집안 업무공간에 들어가 문을 닫고, 때로는 그가 방해하지 못하도록 문을 잠그기도 한다고 말했다.

랠프와 프레데릭은 무엇을 하든 배경 음악을 틀어놓거나 TV를 켜놓는 것을 선호한다. 반대로 많은 사냥꾼들은 작업할 때 참을 수 있는 유일한 음악은 가사가 없는 음악이라고 답했다. 물론 이는 보편적인 특성은 아니며 진단 기준이 될 수도 없다.

많은 ADHD-TSDD 커플이 이러한 상반된 성향을 보고한다. ADHD인 사람은 서로의 관계에 열정과 변화를 불어넣고 TSDD인 사람은 인내와 안정을 제공하며 서로를 보완하는 경우가 많지만, 휴식을 취하는 방식과 일하는 방식은 완전히 다르다. 한 사람은 사냥꾼이고 다른 사람은 농부라는 사실을, 즉 의식을 사용하고 경험하는 방식에 분명한 차이가 있다는 사실을 깨닫기 전까지는 서로가 상대방을 단순히 골치 아프고 별나다고 생각할 수 있다. "왜 대화하면서 운전을 못 하지?" 랠프의 아내가 묻는다. "내가 TV를 켜놓고 딴 일을 하고 있으면 아내는 왜 그렇게 화를 내는 거죠?" 프레더릭이 묻는다.

앞서 가정한 대로 이런 행동 방식이 종 곡선을 따른다면, 한쪽 끝에 극단적인 ADHD 사냥꾼이, 다른 쪽 끝에 극단적인 TSDD 농부가 존재하는 것은 놀라운 일이 아니다. 다행히도 농부의 TSDD는 ADHD만큼 사회적으로나 교육적으로나 심각한 문제가 되는 경우는 드물다. TSDD 농부들은 한 주제에 대해 장시간 회의에 몰두하는 능력으로 동료들을 지치게 하거나 지루하고 집착이 강한 유형으로 보일 수 있지만, 학업에 성공하고 사회생활에 적응하는 데 더 적합해 보인다.

소아신경과 의사 마르셀 킨스본은 획기적인 작품 「과잉집중: ADHD의 명백한 하위유형 Overfocusing: An Apparent Subtype of Attention Deficit Hyperactivity Disorder」에서 TSDD를 자세히 설명했다. 킨스본은 이 글과 1979년 출판한 『어린이의 학습 및 주의력 문제 Children's Learning and Attention Problems』에서 이 상태를 '과잉집중'이라고 표현했다. 킨스본은 어떤 환경에서는 ADHD가 적응적 행동일 수 있다고 시사하면서 수많은 환자에게서 관찰한 과잉집중 상태는 아마도 유전적 행동 곡선에서 ADHD의 반대쪽 끝에 있을 것이라고 지적한다. 현재 사회와 문화에서는 양쪽 다 부적응적이다.

문화적 훈련

정상적인 깨어 있는 의식으로 향하는 두 가지 뚜렷한 상태는 개방과 집중이다.

집중적 의식 상태에서는 전적으로 작업에 몰두한다. 시계의 똑딱거림, TV의 윙윙거리는 소리, 거리나 옆 사무실에서 들리는 소리는 모두 회색 배경으로 사라져버리고, 의식의 밝은 빛은 단 하나의 작업만을 비춘다.

반면에 개방적 의식은 밖으로 뻗어나간다. 마음이 어떤 것에서 다른 것으로 옮겨 다니며, 하나씩 가볍게 만지고, 흥미로운 것은 간직하고 나머지는 버린다. 시계의 똑딱거림에 귀를 기울이다가 삼촌이 할아버지로부터 물려받은 시계에 대한 어린 시절의 기억이 떠오르고 삼촌이 착용하던 기이한 물건들도 생각난다. 밖에서 들려오는 트럭이 덜컹거리는 소리가 훼방을 놓는다. 그 소리는 어렸을 때 아버지가 새로 이사 간 동네로 이삿짐을 옮기기 위해 빌린 트럭에 올라탔던 때를 떠올리게 한다.

모든 사람은 개방적 의식과 집중적 의식을 모두 경험한다. 농부와 사냥꾼의 차이는 기준 상태, 즉 특별히 어떤 상태를 유지하려고 하지 않아도 자동으로 되돌아가는 의식 상태인 것으로 보인다. 농부는 긴장이 풀렸을 때 자연스럽게 집중적 상태가 되고, 사냥꾼은 개방적 상태가 된다. 역사적으로 살펴보면 흥미롭게도 각 문화권에는 구성원을 개방적 상태에서 집중적 상태로 또는 그 반대로 상태를 전환하도록 훈련하는 다양한 방법들이 전해

내려온다.

티베트, 중국, 일본의 농부들은 비파사나 명상 또는 마음챙김 명상을 발전시켰다. 이 기법을 통해 마음을 비우고, 생각이 떠오를 때 그것에 접촉해 생각이 방출되게 하고 '주의의 초점'이 되지 않도록 한다. 불교 사원에서 수천 년 동안 수행되어 온 이 기법은 정상적으로 집중하는 사람이 순수하게 열린 의식 상태에 이르도록 훈련하는 방법이다.

반면 중세 유럽의 사냥과 전사 문화는 마음을 한 가지 초점으로 모으고, 한 가지 생각에 머물도록 훈련하는 명상의 형태를 발전시켰다. 그들은 기도할 때 다른 생각에 마음이 흐트러지지 않도록 생각을 기도로 되돌리는 역할을 하는 묵주의 구슬을 손가락 사이로 돌리면서 "은혜로 가득한 성모 마리아여, 주님이 함께하시며……" 등의 일정한 기도문을 반복했다. 마찬가지로 인도의 전사 계급이 발달시킨 만트라 요가는 한 번에 몇 시간 동안 마음속에서 한 가지 소리를 계속 반복하면서 한 가지 초점에 주의를 집중한다. 이러한 소리 중 가장 유명한 것이 '옴(Om)'이다.

각기 다른 성향의 사람들이 이런 명상법에 끌리는 양상을 관찰하는 것은 흥미롭다. 농부들은 만트라 요가 방식이 받아들이기 쉽다고 생각하지만, 내가 그동안 보아온 바로는 그들은 대개 몇 년 이상 만트라 요가를 지속하지는 않았다. 아마도 그들이 이미 일상에서 늘 하는 집중 방식이라서 그 요가를 통해 강력한 새로운 통찰력과 경험을 얻는다고 느끼지는 않는 것 같다.

반대로 그동안 내가 방문했던 미국, 중국, 일본의 불교 사원에는 안정적이고 꾸준한 농부 성격 유형이 많았다. 그들은 열린 의식 상태로 들어가는 훈련의 가치를 아는 듯했다. 아마도 그들에게는 생소하고 특별한 그 경험을 즐기고 갈망하는 것 같았다.

그리고 예상하듯, 만트라 요가나 묵주 명상에 헌신하는 사람들은 그 반대다. 이들은 일정한 주기에 맞춰 집중적 의식으로 여행을 떠나는 것을 즐기거나 그럴 필요가 있는 사냥꾼인 경우가 더 많은 것 같다.

미국 지사에서 4년째 근무하고 있던 일본 대기업의 고위 임원과 이 주제에 대해 논의한 적이 있는데, 그는 다음과 같이 얘기했다. "일본은 역사적으로 농업문화에 속합니다. 모든 사람이 날씨가 완벽한 최적의 날, 최적의 시간에, 모를 심기 위해 나오는 것이 중요했습니다. 각자 줄을 맞춰 최적의 지점에 최적의 방법으로, 최적의 시간에 심어야 했습니다. 우리의 생존은 혼자 튀지 않고 함께 일하며, 한 가지 작업에만 완전히 집중할 수 있는 능력에 달려 있었습니다."

그는 자신의 경험상 ADHD 유형의 행동은 일본에서 매우 드물다고 지적했다. 일본의 ADHD 발생률이 낮은 것이 이 질환에 대한 인식 부족의 결과인지, 아니면 ADHD 유전자가 사무라이의 후손을 제외하면 실제로 적기 때문인지 밝혀내려면 광범위한 연구가 필요할 것이다. 아니면 문화가 행동에 강력한 영향을 끼치는 요인이라 사냥꾼과 농부, ADHD와 TSDD 행동이 어느 정도는 사회적 조건화의 결과인지도 모른다.

일부 연구자들은 최근 ADHD 진단의 폭발적 증가가 재정 문제로 학급 규모가 커져서 ADHD 아동을 다루는 공립학교의 능력이 저하되고 ADHD에 대한 민감성이 증가한 결과라고 생각한다. 다른 연구자들은 기술이 문화를 주도하고 있으며, 지난 40년 동안의 기술 변화로 우리 사회에서 ADHD 유형의 사람들이 더 많이 나타날 가능성이 커졌다고 주장한다.

마리 윈은 그녀의 책 『플러그로 연결된 마약 The Plug-In Drug』에서 집중력 부족은 TV의 확산으로 인한 자연스러운 결과라고 주장했다. 그녀는 50년 전에는 아이들이 재미를 위한 독서로 많은 시간을 보냈다고 지적한다. 오늘날 아이들은 매일 여러 시간씩 TV를 시청하는데, TV에서는 특정 이미지나 개념을 몇 분 이상 유지하는 경우가 드물어서 아이들이 아주 짧은 시간만 주의를 기울이는 습관이 든다는 것이었다.

가정용 비디오 게임, 스마트폰, 소셜 미디어도 비슷한 효과가 있는 것으로 보인다. 인터넷에서 이것들이 주의력에 미치는 영향을 기록한 수천 건의 연구 자료를 쉽게 찾아볼 수 있고, 그중 다수는 동료 심사를 거친 것들이다. 분명히 우리는 인간이라는 종이 진화해왔던 환경과 다른 환경에 살고 있으며, DNA와 우리가 사는 세계 사이의 불협화음은 다양한 신경학적·행동적 변화를 일으키고 있다. 일부는 확실히 적응적이고 다른 일부는 확실히 부적응적이다.

진화에 따른 신체적 변화와 정신적 변화

테이-삭스병, 겸상적혈구빈혈, 심지어 두려운 낭포성 섬유증조차도 특정 시기와 특정 조건에 대한 반응이 생존 메커니즘으로 발달한 유전적 상태라는 상당한 증거가 있다. 신체 크기는 원시 사회에서 생존하는 데 중요한 요인이다. 환경에 따라 가장 몸집이 큰 전사가 살아남아 유전자를 물려주기도 하고, 몸집이 작은 사람이 기근 시기에 열량을 덜 섭취하고 정글이나 숲에서 더 쉽게 숨을 수 있어 생존에 더 유리할 수도 있다. 소아청소년기 발병하는 당뇨병은 일반적으로 췌장 세포가 파괴되어 발생하지만, 성인에게 발병하는 당뇨병은 비만처럼 유전적 요인과 관련이 있고, 일회성 기근에서 살아남는 데 어느 정도 역할을 할 수 있다는 증거가 있다.

생존 메커니즘의 자연스러운 진화로 나타난 신체적 기능 장애에 관해 많은 연구가 있었다. 그렇다면 정신적 기능 장애는 어떨까? 마음과 몸은 매우 긴밀하게 연관되어 있다. 만약 뇌에서 같은 진화적 변화가 일어난다면, 아마도 일부 비정상적인 정신 상태는 진화의 역사에서 타당한 용도가 있었을 것이다. 사냥꾼의 정신 상태가 우리를 특정한 조건에서 생존하는 데 적합하게 하는 것처럼, 아마도 다른 정신 상태 역시 뇌가 우리 대부분이 접근할 수 없는 종류의 지각에 이르도록 '조율'할 것이다.

정상적인 의식의 붕괴가 정확한 통찰력과 함께 나타날 수 있다는 것은 이상하게 보이지만, 실제로 그런 일이 발생한다. 내가 아는 한 여성은 조현병 증상이 심해졌을 때 놀라운 통찰력을 보여주었다. 그리고 나는 원시 문화권 노인들이 기괴한 의식을 거행할 때 함께 앉아 그들이 도저히 알 수 없을 것 같은 사실들을 중얼거리는 모습을 보았다. 그런 사례들을 다음에 이어지는 글에서 살펴본다.

예술가 데비의 예지력

데비는 훌륭한 여성이고 좋은 친구였다. 우리가 대학에 다닐 때 그녀가 내 아파트에 찾아와 달이 그녀에게 세상의 미래를 보여준다고 말했던 그 날 저녁을 절대 잊지 못할 것이다. 우리는 밖으로 나가서 시원한 풀밭에 앉아 인류의 운명, 창의성의 본질, 그녀가 비밀스럽고 마법 같은 일련의 손짓을 할 때마다 머릿속에서 들리는 목소리에 대해 밤새도록 이야기를 나누었다. 그녀는 달이 이렇게 경고했다고 말했다. 인간은 지구를 독으로 죽이고 있다. 베트남에서 자행된 학살은 집단적 인간 정신에 세대를 거쳐 이어질 고통을 만들어냈다. 독성 화학 물질로 인해 하늘에 구멍이 생겨 언젠가는 지구에서 사람이 살 수 없게 될 것이다. 우리가 걱정해야 할 강대국은 소련이 아니라 20세기가 끝나기 전에 나치스가 다시 세력을 키울 독일이다. 그리고 기타를 정말 아름답게 연주하는 우리 친구 빌은 곧 세상을 떠날 것이다……. 그는 1년 후에 사망했다.

데비가 당시에 유행하던 LSD를 복용했을 것으로 추정하고, 그녀를 보살피면서 경청했다. 인간의 상태, 세계의 미래, 고대인의 역사, 별들의 지능에 대한 그녀의 이야기 사이사이 심오한 통찰력이 엿보였다. 그녀는 장황하게 횡설수설하며 말을 이어나갔고, 무슨 얘기를 하려는 건지 이해하기 어려웠다. 하지만 그녀의 통찰력이 때때로 그녀에게 공포를 안겨줄 때, 나는 고개를 끄덕이거나 맞장구를 치거나 그녀의 손을 잡아주었다.

데비는 뛰어난 예술가이자 작가였다. 그날 밤 그녀는 짧은 시를 썼고 스케치를 몇 작품 창작했다. 이제는 아쉽게도 영원히 사라져버렸지만. 당시의 내가 보기에는 T. S. 엘리엇, 살바도르 달리에 버금가는 작품들이었다. 그녀의 작품은 훌륭했다. 미묘한 의미로 가득했고, 데비가 설명을 덧붙이자, 세부 묘사가 한층 더 심오하게 느껴졌다.

다음 날, 데비는 나타나지 않았다. 전날 밤, 그녀는 어머니에게 전화해서 특히 강력한 '통찰'을 공유했고, 어머니는 정신과 의사에게 전화를 걸었다. 하루 만에 데비는 조현병 진단을 받고, 정신병원에 입원했다. 나는 그녀가 LSD를 복용했다고 추정했지만, 사실은 한 번도 복용하지 않은 것으로 밝혀졌다. 병원에서 강한 처방약을 복용한 그녀는 더 이상 기쁨도 공포도 느끼지 못했다. 그녀는 자신의 시 중 하나를 완성해 달라고 간청했는데, 나는 일주일이 걸려도 거의 진척시키지 못했다. 그 시는 그녀가 엿본 또 다른 세계를 재현하는 것이었고, 나는 그것을 겉핥기처럼 묘사할 수밖에 없었다.

데비가 소라진(Thorazine)과 리튬 등의 다양한 약물로 치료받으며 '정상으로 돌아오기까지' 약 5년이 걸렸다. 조현병 진단은 여러 번 재확인되었고, 가족력이 있었다. 이후 그녀는 약을 먹으면서 아이를 키웠고 초등학교에서 미술을 가르치며, 더 이상 달의 목소리를 듣지 못한다.

신이 내린 우간다인

1980년, 성공회 신부로 우간다 정부 임시 내각 구성원이었던 제임스 음부투와 나는 앞 유리와 오른쪽 문이 뜯겨 나간 채 트렁크와 뒷좌석에는 휘발유와 밀가루를 가득 실은 낡은 택시를 타고 우간다 중부를 지나 기근에 시달리는 카라모자(Karamoja) 지역까지 갔다. 당시 나라 밖으로 쫓겨난 상태였던 독재자 이디 아민과 2만 명의 군인은 몇 달 전, 이곳을 지나가며 약탈하고 강간하고 살인을 저질렀다. 특히 북쪽 끝에서 단순한 삶을 영위하던 유목민 카라마종(Karamajong)족은 큰 타격을 입었다. 그들은 남쪽으로는 우간다의 정글, 북쪽으로는 에티오피아와 수단의 사막과 산을 가르는, 1,600㎞에 이르는 사막과 비슷한 기후의 관목 지대에서 소의 피와 젖을 마시며 살았다.

제임스와 나는 진자(Jinja) 북쪽에 있는 한 난민 캠프에서 노인들을 만났다. 남자를 죽이고 여자를 강간하고 음식을 약탈하는 아민 군대의 학살에서 어떻게든 살아남은 노인들이 모인 곳이었다. 해가 지고 있었고, 작은 모닥불에서 나오는 쓴 연기가 코를 찔렀다. 기온은 10도 정도였고, 모든 여성과 어린이가 추위를 피하려고 방수포나 담요 밑에 웅크리고 있었다. 결핵과 콜레라에 걸린 사람들은 적십자에서 파견된 한 아일랜드 여성이 지켜보는 가운데 캠프 구석으로 격리되었다. 그녀의 이름은 앤으로 한 달 후 저격수의 총에 맞아 죽었다. 나는 지금까지 앤보다 더 용감하고 자비로운 사람을 본 적이 없다.

아침이 되자 에티오피아의 한 노인 사제가 우리를 지휘해서 많은 무덤을 파고 지난밤 질병과 굶주림으로 죽은 사람들의 시신을 묻었다.

첫날 밤 나는 놀라운 일을 목격했다. 이디 아민이 2년 전 '숙청'으로 모든 외국인을 몰아냈기 때문에 나는 우간다에 있는 총 열일곱 명의 백인 중 한 명이었다. 부족의 노인들은 제임스에게 저녁 의식에 나를 초대해 달라고 부탁했다. 열두 명 정도의 늙고 이가 없는 남자들이 우유 같은 발효 액체로 가득 찬 커다란 호리병박 주위에 원 모양으로 앉았다. 숯과 식물 염료로 얼굴에 기괴한 이미지를 그린 한 남자가 3m에 달하는 대나무 빨대를 들고 걸어 다니며 각 노인에게 호리병박의 음료를 마시게 했는데, 제임스에 따르면 그 음료는 식물 뿌리를 씹어서 단지에 넣고 햇볕에 두어 발효시킨 강력한 알코올 혼합물이었다. 정글에서 자라는 허브도 첨가한 그 음료는 "효과가 매우 강력할 수 있다"고 제임스가 말했다.

몇 분 후, 그 남자는 원을 돌며 우리 얼굴에 불타는 약초 묶음을 흔들어댔다. 그러고 나서 그는 자리에 앉아 스와힐리어와 형편없는 영어로 이디 아민에 대해 한두 시간 동안 두서없이 이야기했다. 그는 '영혼의 세계'를 들여다보며 아민이 어디에 있고 무엇을 하고 있는지 알려주었다. 아민이 사우디아라비아에서 왕처럼 살 것이고 우간다에 전염병이 닥칠 것이라고 했다. 그는 보이지 않는 영혼들과 대화를 나누었고, 간혹 뛰어오르며 소리를 지르고, 원을 돌며 춤을 추었다.

친구 데비를 떠올리며, 신학 공부 차원에서 심리학 석사 학위를 취득한 제임스에게 고개를 돌렸다. "조현병일까요?" 내가 물었다.

제임스가 어깨를 으쓱했다. "그는 뼈를 던져 미래를 봅니다. 사람들을 치료하고요. 여기서는 그에게 신이 내렸다고 얘기하겠죠."

중세 유럽이라면 그는 악마가 씌었다는 혐의로 화형당했을 것이다. 남서부의 아메리카 원주민들이라면 그를 위대한 치료사로 떠받들었을 것이다. 그가 글을 쓸 수 있다면 다른 문화권에서는 노스트라다무스 같은 예언가로 불렸을 것이다. 그림을 그릴 수 있다면 반 고흐 같은 화가가 되었을지도 모른다. 이것은 간혹 적응적이고 문화를 발전시키지만, 그보다는 부적응적일 때가 많고 개인을 파멸로 이끌 수도 있는 특성이다.

여러 정신과 의사는 ADHD가 뇌 전두엽의 도파민 결핍이라고 대중적으로 설명한다. 특히 ADHD 어린이의 오명을 벗기려고 당뇨병과 인슐린 요법의 비유를 드는 것이 인기가 있다. 이

비유는 어떤 바람직한 상태가 있다고 전제한다. 그런데 에디슨, 프랭클린, 노스트라다무스, 헨델, 달리, 포드, 모차르트, 헤밍웨이 또는 반 고흐가 약을 먹고 '정상'이 되었다면, 세상은 지금과 매우 다른, 훨씬 덜 흥미로운 곳이 되었을 것이다. 한편, ADHD 성인의 높은 수감 비율은 우리를 다른 결론으로 이끈다. 그들이 어린 시절 약물로 치료받았다면, 수많은 고통이 애초에 생겨나지 않았을 것이고 많은 생명을 잃지 않았을 것이며 우리 사회는 더 안전하고 편안한 곳이 되었을 것이다.

약물 남용, 알코올 중독과 ADHD

어떤 문화인류학자들은 ADHD 유전자를 지닌 북유럽 사람들에 의해 정복된 미국이, 최근 남아프리카공화국을 제치고 세계에서 국민의 수감 비율이 가장 높은 나라가 되었다고 지적한다. 이러한 범죄들의 상당 부분은 마약과 관련이 있는데, 이것은 우리가 원래 제기했던 질문으로 되돌아가게 한다. 사냥꾼들은 일종의 정신적인 당뇨병 환자일까? ADHD 사람들은 유전적으로 도파민이나 기타 필수적인 뇌 화학물질, 또는 그런 수용체가 결핍되어 있는가? 그렇다면, 이것은 사냥꾼들에게 광범위한 약물을 투여하는 단순한 행위가 궁극적으로 우리의 많은 사회적 질병들을 치료할 것임을 의미할까? 이런 방식으로 집단치료와 개인 치료에 저항하는 상당수의 알코올 중독자들과 마약 중독자들에 대한 치료법을 제공할 수 있을까?

데이비드 커밍스와 동료들은 알코올 중독, 약물 남용, 투렛 증후군, ADHD와 관련이 있는 것으로 보이는 유전자를 발견했다. D2 도파민 수용체 유전자의 Al 변이인 이 유전자는 ADHD인 사람들에게 '정상'인 사람들보다 두 배 이상 높게 나타난다. 투렛 증후군을 앓고 있는 사람들과 일반인이 이 변이 유전자를 보유한 비율은 거의 4:1이다. 흥미롭게도, 알코올 중독자 및 심각한 약물 남용자들과 일반인들의 비율은 8:1이다.

이런 발견은 우리가 ADHD를 어떻게 보고, 어떻게 치료해야 하는지, 무엇보다도 아이들에게 어떻게 이것을 설명해야 하는지 다시 고민하게 한다. 수많은 책들, 특히 아동을 대상으로 한 책들은 이것을 순전히 의학적인 문제로 다루고 있다. "내가 어떻게 ADHD에 걸렸을까?"와 같은 아이들의 질문에 대해 논의하는데, 이런 접근방식은 아이에게 어떤 질병이나 결함이 있다는 생각을 강화한다. 이런 문헌은 대개 의료 전문가들이 집필하므로 일정한 기준에서 이탈하면 의학 모델의 맥락에서 질병으로 간주하는 것은 놀랍지 않다. 하지만 수많은 부모들과 일부 치료사들은 아이에게 정신질환 때문에 아마도 평생 약을 먹어야 할 거라고 말하기가 쉽지 않다.

반면에, 다른 문화권에서는 성인이거나 신비주의자였을 수도 있는 조현병 환자에게 약물을 투여하는 것은 때때로 생명을 구하는 효과적인 개입이 될 수 있다. 특히 인생의 많은 시간 동안 효과도 없고 위험하며 심지어 불법적인 약물로 치료하려고 했던 사람들에게는 적절한 약리학적 개입은 큰 도움이 될 수 있다.

몇몇 책들은 ADHD를 설명하기 위해 정신질환을 약물로 치료하는 관점에서 설명하기보다는 당뇨병에 인슐린을 처방하는 것 같은 접근법을 취한다. 이런 접근법은 자신이 또래 아이들과 어떻게 다른지 이해하려는 아이에게 확실히 더 건설적이다. 그러나 특히 A1 변이 도파민 수용체 유전자의 그래프로 표시된 발병률과 약물 남용의 상관 빈도를 기억할 때 골치 아픈 사회적 질문이 남는다. 만약 약물에 대한 욕구가 유전적이라면, 약물 남용을 궁극적으로 막는 것은 불가능한가? 반 고흐는 고통에 시달리다 귀를 자르고 결국 자살에 이르게 되었다. 그가 적절한 약물치료를 받아 '정상화'되었다면 우리 모두에게 더 나았을까? 고흐에게도 더 나았을까?

마약 비범죄화의 적절성에 관한 질문에 답하거나 중독, 강박, 범죄 행동을 논의할 때 결정론 대 자유 선택의 정치적, 종교적 측면을 다루는 것은 이 책의 범위를 벗어난다. 그러나 ADHD의 유전적 근거를 제시하는 통계, 마약과 술에 대한 갈망과의 명백한 통계적 상관관계, 수감 비율, 긍정적으로는 우리 사회에서 가장 유명하고 창의적인 정치 지도자, 비즈니스 거물 중 ADHD 비율을 상세히 살펴보면 이 문제가 간단치 않음을 알게 된다.

30㎝ 자가 의식의 스펙트럼을 나타낸다고 상상해보자. 극도로 집중된 의식은 5㎝, 극도로 열린 의식은 25㎝ 지점이라고 할 수 있다. 중간인 15㎝는 평균적인 사람들이 긴장이 풀리는 지점이다. 사냥꾼이 일반적으로 18~20㎝ 지점에서 긴장이 풀린다면,

농부는 10~13㎝ 지점에서 긴장이 풀린다. 그리고 자폐증인 사람은 2.5㎝ 지점 이내에, 조현병인 사람은 30㎝ 지점에 있을 것으로 추정된다.

이런 설명은 매우 단순하고 특히 자폐증과 조현병에 대해 논의할 때 유전적 소인, 신경전달물질 수준 등의 다양한 중첩 수준을 고려하지 않지만, ADHD와 TSDD를 살펴보는 데 유용한 모델이다.

또한 이 패러다임은 사회적으로 멸시하는 방식으로 사람들 간의 차이를 표시하는 것이 아니라 인간의 다양성을 감사하고 축하하는 모델을 제공한다. 이런 맥락에서 집중하는 법을 배우거나 마음을 여는 법을 배우는 것에는 새로운 의미가 있다. 명상이나 TV 접근 제한처럼 약물을 사용하지 않으면서 부작용 없이 비용을 들이지 않고 어렵지 않게 치료할 수 있음을 시사한다. 또한 자신을 더 농부처럼 만들기 위해 약물을 사용하는 사람들이 반드시 '정신적으로 아픈' 것은 아니라는 것을 보여준다.

ADD와 ADHD에 관한 전반적인 논의를 정신질환에서 정상적이고 설명 가능한 개인 간 차이로 재구성함으로써 안도감을 제공하고 해결책을 제시할 수 있다.

자신이 ADHD라는 것을 알지만, 이것이 결함이나 장애라는 현재의 사회적 오명 때문에 당황스러운 사람들에게 이런 접근방식은 안도감을 제공할 것이다. 그들은 아프지도 않고, 부족하지도 않다. 그들은 사냥꾼이고, 그들이 현대 사회에서 맞닥뜨리는 문제 대부분은 사냥꾼의 본능이 우리 농부 문화의 규범과 충돌하는 데서 비롯된다. '에디슨의 특성'을 계승한 사람들은 방대한 잠재력이 있지만, 우리 사회에서 활용되지 못하는 경우가 많다.

학교생활로 힘들어하는 아이들이나 일상의 고역에 움츠러드는 어른들을 위한 해결책과 구원은 무대를 다시 만드는 것이다.

사냥꾼 아이들에게는 사냥꾼에게 맞춘 교실이 필요하다. 더 작은 학급, 더 많은 경험 기반 학습 및 시각적 보조 장치, 그리고 주의를 산만하게 하지 않는 환경은 사냥꾼에게 부적합한 현재의 학교에서 실패하고 있거나 정체된 아이들이 숨겨진 재능을 발휘하게 해줄 것이다.

성인들의 경우, 해결책은 그들에게 필요한 자극과 변화를 제공하는 일터를 찾는 것이다. ADHD 성인들은 그들이 잘 해내기 어려운 일들이 무엇인지 인식하고 그 대신에 그들이 두각을 나타내기 쉬운 분야로 옮기면 좋을 것이다.

첫 번째 단계는 학교, 직장, 그리고 의료 전문가들이 이러한 행동 차이의 스펙트럼을 사냥꾼과 농부, '에디슨 특성'의 관점에서 보는 것이다. 이를 바탕으로 우리의 관점과 시스템을 재구성하면 수백만의 사람들이 더욱 생산적으로 살 수 있고, 우리 사회 전체는 수천 명의 토머스 에디슨과 벤저민 프랭클린의 잠재력을 해방해 그 혜택을 얻게 될 것이다.

❻

사냥꾼은 타고나는 동시에 만들어진다

개인의 정신이상은 드물지만, 그룹, 정당, 국가, 시대에 따라 규칙이 된다.
프리드리히 니체 『선악을 넘어서』(1886)

ADHD에 관해 잘 아는 사람들이 내게 이런 질문을 했다. 가장 간결한 표현은 다음과 같았다. "제가 1만 년 전 살았다면 망했을 거예요. 사냥을 떠날 때 창을 가져가는 것을 잊어버렸을 테니까요!"

다른 사람들은 내게 대부분의 원시적인 사냥 그룹들은 조직적인 협력이 필요했다는 점을 일깨워주려고 애썼다. 먹이를 찾아 숲속을 돌아다니며 과잉행동을 하는 외톨이라는 ADHD 사냥꾼의 이미지는 인류학자들이 설명하는 원시 수렵채집 방식과는 전혀 다르다.

언뜻 보기에는 이러한 고려 사항들이 현대의 ADHD 사람들이 수렵채집을 하던 조상들의 유전 물질의 잔존물을 보유하고 있다는 가설의 허점을 지적하는 것 같다. ADHD가 '질병'이거나 적어도 '비정상'이며, 인류 역사에서 '정상'인 적은 없었다는 견해에 신빙성을 부여한다.

하지만 이는 우리가 성장하면서 우리 자신에 대해 배우는 것들이 미치는 영향, 즉 문화적 맥락이라는 중요한 문제를 간과하는 것이다.

문화인류학자들은 한 문화권에서 다른 문화권을 명확하게 바라보는 것이 극도로 어렵다는 점을 지적한다. 우리는 상대방의 행동을 관찰할 때 그들도 우리와 같은 방식으로 동기를 부여받고, 우리가 그런 상황에 있을 때와 같은 이유로 행동하며, 세상이 작동하는 방식과 인간성에 대한 우리의 가정을 공유한다고 본능적으로 가정한다.

이는 마거릿 미드가 『사모아의 성년(成年)』을 집필할 때도 저지른 위험한 오류다. 의도는 좋았지만 널리 알려진 오류라서 이런 실수를 저지르는 인류학자는 거의 없다. 하지만 이 분야에서 훈련받지 않은 사람이라면 쉽게 범할 수 있는 실수다.

문제는 사람들이 '원시 시대'를 떠올릴 때 그들 자신이 동물 가죽을 걸치고 창을 든 채 숲속을 뛰어다니는 모습을 상상한다는 것이다. 현대인이 그대로 환상적인 과거로 옮겨갔다고 상상한다. 하지만 19세기 미국인이 아서왕 시대로 시간여행을 하는 마크 트웨인의 『아서왕 궁전의 코네티컷 양키 A Connecticut Yankee in King Arthur's Court』처럼, 그들은 그 시대에 자란 사람들과 전혀 다른 상태로, 즉 현재의 문화에 오염된 상태로 그

시대에 도착한다. 그들은 농부, 기업가의 삶에는 준비되어 있지만 수렵채집인의 삶에 대한 준비는 전혀 되어 있지 않다.

수렵채집을 하던 사람들은 우리와 매우 다른 삶을 살았고, 따라서 우리와 매우 다른 사람으로 자라났다.

사냥꾼들이 현재 사회에서 성장하며 겪는 피해

문화인류학자 제이 파이크스는 현대인의 심리적 차이에 대한 설명으로 사냥꾼과 농부라는 개념을 처음 논의할 때 이 점을 지적한 바 있다. 그의 연구에 따르면 호피족이나 푸에블로 인디언과 같이 역사적으로 농경 생활을 해온 아메리카 원주민은 상대적으로 안정적이고 위험을 회피하는 경향이 있다. 반면에 나바호족 같은 수렵 부족의 구성원들은 "끊임없이 주변 환경을 살피고 미묘한 차이에 더 즉각적으로 민감하게 반응한다. 또한 나바호족은 고도의 위험을 감수한다. 나바호족과 아파치족은 위대한 습격자이자 전사였다."

우리 백인들이 나바호족을 정복하고 문화와 종교를 파괴하고 땅을 빼앗고 구성원 대부분을 살해하기 전까지, 나바호족 아이들은 사냥꾼과 전사 어른들의 사회에서 자라났다. 나바호족은 아이들을 사냥꾼과 전사로 키웠다. 우리가 말과 총을 들고 도착하기 전까지 그들은 매우 성공적이었고, 우리보다 수천 년 더 오랫동안 고유한 문화로 살아남은 부족이었다.

하지만 오늘날의 사회는 사냥꾼, 약탈자, 전사의 사회가 아니다. 우리는 농부이자 사무원 또는 공장 노동자다. 따라서 우리는 사냥꾼과 전사의 행동을 막아서고 처벌한다.

타고난 대로 행동한다는 이유로 처벌받으며 자란 사람들은 상처를 입는다. 자신을 부적합하고 무능한 사람이라고 생각하게 된다. 내면의 힘을 잃고 흔들리고 두려움을 느끼며 다양한 보상 행동을 하게 되는데, 대부분은 도움이 되지 않는 행동이다.

부모, 교사, 상담사, 의사가 ADHD 아동에게 어떤 말을 하느냐가 결정적인 영향을 미칠 수 있다. "네 뇌는 제대로 작동하지 않는 거야"라는 말 대신에 "네 뇌는 이런 방식으로 작동하는 거야"라고 말해주면 아이들은 매우 다르게 반응한다.

시대와 문화를 잘못 타고나서 상처받고 흔들리고 약해진 현대의 ADHD 사람들이 선사시대 수렵사회로 되돌아가면 금세 적응할 수 있다고 생각하는 것은 환상에 불과하다. 그들은 원시 환경에서 생존하도록 양육되고 훈련되지 않았고, 사냥꾼과 전사가 되는 법을 배우지도 않았다. 대신, 그들은 뺨을 맞고, 입 다물라는 말을 듣고, 구금당하고, 최고의 모욕인 '결함'과 '장애'라는 딱지가 붙은, 뇌 질환이 있는 손상된 상품이라는 말을 듣는다.

사냥꾼은 타고나는 동시에 만들어진다

모든 문화는 구성원에게 문화적 가치를 교육하고 심어주기 위해 막대한 노력을 기울인다. 그것이 바로 문화가 형성되는 방법이다.

우리는 매일 수백 가지 방식으로 우리에게 기대되는 것이 무엇인지, 한계와 경계가 어디까지인지, 적절하거나 부적절한 목표나 행동이 무엇인지 배우고 상기한다. 예를 들어 식당에서 너무 큰 소리로 이야기할 때 낯선 사람의 시선을 느끼게 된다. 이런 식으로 대부분의 가르침은 매우 미묘해서 우리가 전부 인식하지는 못하지만, 우리의 일상은 이러한 가르침으로 가득 차 있다. 그것은 우리를 형성하고 우리의 신념과 가정, 궁극적으로 우리의 현실을 빚어낸다.

우리는 다른 문화를 접할 때 이러한 차이에 맞닥뜨리게 된다. 나는 회사를 대표해 처음 일본에서 협상을 진행했을 때 내가 수십 가지 중대한 문화적 실수를 저질렀다는 사실을 발견하고 충격을 받아 낙담했던 기억이 있다. 다른 문명에 속한 이질적인 사람들을 만나면 더욱 큰 충격을 받는다. 우간다 중부의 깊은 정글에서 거의 나체 상태인 사람들의 마을에서 기분이 얼마나 이상했는지 기억난다. 내 청바지, 신발, 셔츠, 재킷이 그들에게 이상하게 보였고, 몇 시간 후에는 내 눈에도 이상하게 보이기 시작했다.

우리 사회는 젊은이들을 훈련한다. 사회적으로 유용하다고 생각되는 행동, 가정, 신념을 강화하고, 유용하지 않거나 심지어 우리 문화의 질서에 역행하는 행동은 단념시키거나 억압한다.

농경 사회는 아이들에게 좋은 농부가 되는 방법을 가르친다.

수렵사회는 자녀에게 사냥법을 가르친다. 산업 사회는 자녀를 좋은 공장 노동자로 키운다. 전사 문화는 자녀에게 전쟁을 가르친다.

우간다의 수렵채집 부족인 이크(Ik)족 청년이 다른 남자들과 함께 사냥에 나설 때면, 그는 이미 그 순간을 위해 평생 훈련받아온 상태다. 그는 태어날 때부터 사실상 사냥을 해왔다. 그는 지금까지 살아온 세월의 절반 정도는 정글과 먹잇감에 대한 지식을 가르쳐준 어른을 스승으로 삼고 가르침을 받아왔다. 그는 수천 시간 동안 연습을 해왔다. 그는 힘이 넘치고 충동적이며 산만하지만, 동시에 능숙한 사냥꾼이다. 그는 첫걸음부터 야생의 에너지를 한 가지 일에 집중하고, 정글에서 다른 사람들과 협력해 저녁 먹거리를 집으로 가져올 수 있도록 자신의 관찰력과 빠른 사고력, 모험심을 활용하도록 훈련받았다.

ADHD란 우리 문화에서만 정의되는, 그리고 우리 문화에 고유한 '장애'다. 그러므로 이러한 맥락에서 보면, ADHD인 사람이 수렵채집 사회에서 성공할 수 있는지 묻는 것이 얼마나 순진한 질문인지 알 수 있다.

어렸을 때부터 무수히 자존심을 다친 아이, 평생 "그러지 마", "조용히 앉아 있어"라는 말을 들으며 살아온 아이, 리모컨으로 MTV를 찾는 것이 유일한 사냥 기술인 아이는 정글에서 실패할 것이다. 실력이 없다는 말을 반복해서 들은 사람은 자신감이 부족해져 성과를 내지 못한다. 1994년 〈뉴스위크〉에 실린 한 이야기가 이를 잘 설명해 준다. 초등학생 시절인 1960년대 진단을 받은 성인 ADHD 그룹에 관한 연구에서, 일부는 ADHD 진단을 받지 않은 사람들에 비해 삶의 질에서 현저하게 낮은 결과를 보여주었다.

그러나 연구나 기사 어디에도 ADHD 피험자들만 '장애'가 있다는 말을 듣고 '마음의 병'을 치료하기 위해 약을 먹어야 했다는 언급은 없었다. 이 연구가 통계적 타당성을 갖추기 위해서는 ADHD가 아닌 아동 집단도 피험자로 선정해서 그들을 ADHD 피험자 아동들과 똑같이 대했어야 했다.

물론 윤리적인 연구자라면 결코 평범한 아이에게 장애가 있다고 말하며 치료하려고 하진 않을 것이다. 심리학 분야의 과거 연구들은 그런 낙인의 결과가 얼마나 파괴적일 수 있는지 보여주었다. 그런데 그것이 바로 우리가 ADHD 아이들에게 해 온 일이다.

자존심이 뭉개진 바로 그 아이가 애초에 사냥 부족에서 태어났다면, 그래서 그의 특성이 짓밟히지 않고 오히려 더 발달할 수 있었다면, 그 아이는 아마도 강한 전사가 되었을 것이고, 부족에서 가장 뛰어난 사냥꾼, 가장 현명한 원로가 되었을지도 모른다.

❼

사냥꾼과 농부 가설의 과학적 근거

먼저 그들은 당신을 무시한다. 그런 다음 당신을 조롱한다.
그리고 당신을 공격하고 불태우고 싶어 한다.
그런 다음 그들은 당신에게 기념비를 세워준다.
니컬러스 클라인 '미국의류노동자연합 연설'(1918)

2001년 나는 예루살렘의 히브리대학교에서 주최한 국제 컨퍼런스에서 ADHD에 대해 발표하도록 초대받았다. 그 전에 북동부 지역 의대에 소속된 심리학 박사가 내 연구를 반박한 적이 있었는데, 우연히도 그 컨퍼런스에서 내 발표는 그의 발표 다음이었다.

당시에는 ADHD에 관한 유전학적 연구가 별로 많지 않았다. 이 심리학자는 ADHD가 결함이라는 관점의 주요 지지자였고, 나는 ADHD에는 명백한 문제들이 있지만 동시에 몇몇 좋은 측면이 있을 수 있다는 관점의 주요 지지자로 알려져 있었다.

몇 달 전, 그는 자신의 뉴스레터에서 나와 내 저술을 실명 비판했고, 내가 항의하자 반박문을 게재할 기회를 주겠지만 내가 쓴 글을 편집할 권리가 자신에게 있다고 말했다. 나는 그의 제안을 거절하고 대신 잡지 〈티쿤 Tikkun〉의 표지 기사를 썼고, 마침 유대인 대상의 그 잡지는 내가 예루살렘에서 연설하던 바로 그 주에 예루살렘의 신문 가판대에 올랐다.

내 기억으로는, 그 심리학자를 실제로 만나거나 이야기를 나눈 적은 없었다. 그는 유명한 심리학자였고, 나는 작가이자 사업가였다. 그는 자신의 분야에서 여러 자격증을 소지하고 있었으며, 나는 고등학교에서 퇴학당했고 대학교를 중퇴했다.

그가 발표를 마치고 무대에서 내려오고 내가 무대에 오르며 서로를 지나칠 때, 나는 손을 내밀고 그에게 다가가면서 뭔가 의미 있는 대화를 나누기를 바랐고, 적어도 우리의 공개적인 논쟁을 개인적인 차원이 아니라 학문적인 차원으로 확실히 자리매김하기를 바랐다.

하지만 그 유명한 심리학자는 자신에게 내민 내 손을 무시하고 돌아서서 걸어갔다. 혹시 내 쪽을 보지 못했던 것일까? 그것이 내가 그를 직접 본 마지막 모습이었다.

ADHD 전쟁은 계속되었다. 제약회사로부터 수만에서 수십만 달러를 지원받은 많은 학자들이 오늘날까지 계속해서 ADHD가 질병이거나 유전적인 또는 신경화학적인 실패의 산물이라고 주장하고 있다. 심지어 일부는 과학적으로 별 쓸모없는 '뇌 스캔'을 하기 위해 아이들에게 방사선을 쏘기도 한다. 그리고 ADHD가 있다고 스스로 진단하거나 전문적인 '인증'을 받은 부모와 아이들, 성인들은 ADHD를 실패나 질병을 나타내는 꼬리표가 아니라 도구로 활용할 수 있는 이야기를 계속해서 찾고 있었다.

이 분야에 유전학이 본격적으로 도입되기 전까지.

1996년, 이 모든 것이 여전히 추정에 불과하던 때, 학계에 나와 같은 관점이 뿌리내리기 시작했다. 〈유전심리학 저널 Journal of Genetic Psychology〉에 '주의력결핍 과잉행동장애: 진화론적 관점'이라는 제목의 기사가 실렸다. 비록 어떤 이론도 ADHD의 발생을 완전히 설명하지는 못하지만, 적어도 역사적으로 ADHD는 적응 기능을 수행했을 수 있고 생존을 위해 환경에 의해 선택되었을 수 있다는 점에 주목할 필요가 있다는 내용이었다.

1997년, 미국 국립정신건강연구소(National Institutes of Mental Health, NIMH) 아동 청소년 정신의학 부문 책임자 피터 젠슨은 '아동 심리의 진화와 혁명: 적응 장애로서의 ADHD'를 동료 심사 학술지 〈미국 아동·청소년 정신의학 저널 Journal of the American Child and Adolescent Psychiatry〉에 발표했다. 이 논문에서, 그와 공동 저자들은 ADHD 아이들이 병을 앓고 있다고 말해서는 안 되며, 대신에 부모와 교사들이 그들의 긍정적인 특성에 초점을 맞춰야 한다고 강력하게 주장했다.

그들은 "ADHD를 즉각 반응할 준비가 되어 있고 경험을 추구하며 경고 신호를 신속하게 감지하는 특성이 있다고 재구성할 때, 임상의는 아이와 가족에게 학교 환경뿐만 아니라 운동선수, 항공교통관제사, 영업사원, 군인, 기업가 같은 미래의 직업 기회

측면에서 그러한 특성이 이점이 되는 상황을 인식하도록 조언할 수 있다"고 썼다.

그러나 이러한 의견들은 '도파민 유전자와 ADHD'라는 글이 〈신경과학과 생물행동학 리뷰 Neuroscience and Biobehavioral Reviews〉에 등장한 21세기가 되기 전까지는 모두 추정에 불과했다. 주요 저자 제임스 M. 스완슨과 열 명의 과학자들이 집필한 이 논문에 따르면 '이러한 후보 유전자에 관한 문헌이 증가하고 있다. ADHD와 DAT1 및 DRD4 유전자의 연관성 조사와 관련해 지금까지 8건의 분자유전학 연구가 발표되었다.'

곧 다른 과학자들이 '사냥꾼 유전자'가 좋은 것일 수도 있다고 말하기 시작했다. 예를 들어, 로버트 모이지스(Robert Moyzis)는 미국 국립정신건강연구소가 자금을 지원한 유전자 연구에 대해 이렇게 말했다. '우리는 인간 게놈에서 ADHD와 새로움을 추구하는 행동과 관련된 유전적 변이를 발견했다. 이 연구는 유전적 변이와 ADHD 사이의 연관성을 상당한 수준으로 뒷받침한다. 또한 ADHD가 왜 그토록 널리 퍼져 있는지 설명하는 단서를 제공한다.'

21세기의 첫 10년이 끝날 무렵에는 '사냥꾼과 농부'라는 관점을 보여주는 수많은 논문이 쏟아져 나왔다. 내 저술을 참조한 논문들도 있었고, 그렇지 않은 논문들도 있었다. 특히 만족스러운 논문은 내가 전 세계를 여행하며 ADHD에 대해 강연할 때 함께 했던 오랜 친구이자 현재 유타 대학교에 재직 중인, 이 분야 최고의 전문가 중 한 명인 샘 골드스타인이 보내준 논문이었다. 〈사이언스 다이렉트 Science Direct〉가 발행한 이 논문의 제목은 '인간의 행동을 조건화하는 주요 유전자 변이 조정: 시대를 잘못 타고난 ADHD Tuning Major Gene Variants Conditioning Human Behavior: The Anachronism of ADHD'로 마우리시오 아르코스-부르고스(Mauricio Arcos-Burgos)와 마리아 테레사 아코스타(Maria Teresa Acosta)가 저술했다. 샘은 내게 그들의 연구가 "확실하다"고 말했다.

관념으로 존재했던 것이 마침내 바깥으로 전모를 드러냈다.

> 새로운 연구 결과는 ADHD가 정신 상태와 관련된 가장 흔한 행동 변이라는 것을 시사한다. ADHD인 사람들은 전 세계 인구 18%에 이를 정도로 흔하다. 게다가 ADHD로 발달할 가능성이 있는 유전자 변이는 드물지 않고 매우 흔하며 결국 일부 인구 집단에서 완전히 고정된다. 이러한 진화의 패턴은 이 행동 특성이 선택적인 이점을 제공했다는 사실과 관련이 있을 수 있다. 그러나 이 행동 특성은 새롭게 등장하는 사회적 필요성 때문에 면밀하게 감독해야 할 대상이 되고 있다. 최근 분자학과 임상에서 발견한 증거들은 톰 하트만의 '사냥꾼-농부' 이론을 뒷받침하며 ADHD가 시대착오적인 행동 특성일 수 있음을 재확인한다.

샘에게서 받은 이메일이 그 후 10년간 내게 영향을 끼쳤다. 그러나 그것은 시작에 불과했다. 8년이 지나자, 고통받는 환자 부모이자 자신도 ADD인 나 같은 사람의 주관적인 생각으로 치부되었던, ADHD가 인간 게놈에서 적응적이고 유용한 변이라는 생각은, 약에만 의존하는 이데올로기의 엄격한 울타리 밖에서 진지하고 이성적인 견해로 받아들여지게 되었다.

1996년 〈타임〉이 내 연구와 이 책을 소개했지만, 좀 더 까다로운 〈뉴욕타임스〉는 2018년 3월 17일 레너드 믈로디노프(Leonard Mlodinow)의 책에서 발췌한 'ADHD를 찬양하며'라는 제목의 기사를 내보내기 전까지는 그 논쟁에 뛰어들지 않았다. 그의 책 『유연한 사고의 힘: 창의적인 사고를 할 수 있는 사소한 습관 Elastic: Flexible Thinking in a Time of Change』은 ADHD가 유용한 특성일 뿐만 아니라, 선사시대의 깊숙한 역사에서 유래했을 것이라고 보았다. ADHD 진단을 받은 사람들은 종종 매우 창의적임을 증명하는 수많은 논문이 지난 15년간 발표되었다. 믈로디노프는 이 점에 주목하면서, 유대인 조상이 이전 세대에서 이주한 거리가 멀수록, 더 높은 비율로 우리가 ADHD라고 부르는 것에 대해 현재 측정 가능한 유전자 변이를 지녔다고 지적했다.

마찬가지로, 댄 아이젠버그는 전 세계의 연구를 수집하고 자신의 관찰과 연구를 결합해 최근 농업에 정착한 분파가 있는 수렵·목축 부족인 아리알(Ariaal) 부족을 조사했다. 아리알 부족의 사냥꾼과 농부 분파 둘 다에서, 이른바 에디슨 유전자, 즉 DRD4 7R 대립 유전자가 높게 나타났다. 그리고 그것은 사냥꾼과 목동들에게는 잘 작동했지만, 농부들에게는 재앙이었다. 그들은 사냥하는 형제자매들과는 달리 내내 저체중, 영양실조 상태였다.

2011년 아이젠버그는 동료 벤저민 캠벨과 함께 집필한 'ADHD의 진화'라는 글에 이렇게 적었다. '이러한 결과는 DRD4를 이주 패턴과 연관시킨 이전의 연구 결과와 일치한다. DRD4 7R 대립 유전자와 ADHD의 연관성을 더 일반화해보면, 이러한 결과는 ADHD와 유사한 행동을 하는 사람들이 유목민 사회에서 진화적 의미로 더 성공할 수 있음을 시사한다. 아마도 주의가 분산된 유목민 아리알인들은 가축의 상태, 물과 먹이의 위치, 침입자가 몰래 다가오는 신호 등 주변의 역동적인 환경을 더 잘 감지할 것이다.'

1980년 벤 파인골드 박사와 함께 시간을 보내면서 〈분자교정 정신의학 저널〉에 '과잉행동 증후군'에 대한 첫 논문을 발표했을 때, 그 논문을 잘 다듬어 1993년 이 책의 초판을 출간했을 때는 가능성으로 존재했던 것이, 마침내 과학적 사실로 드러났다.

우리 중 사냥꾼들에게는 좋은 소식이었다.

8

매슬로가 간과한, 살아있음을 경험하려는 욕구

사람들은 우리가 추구하는 것이 삶의 의미라고 말한다.
나는 그것이 우리가 진정으로 추구하는 것이라고 생각하지 않는다.
우리가 추구하는 것은 살아있다는 경험,
물리적 차원에서의 삶의 경험이 우리 자신의 내면과 현실에 공명해
실제로 살아있다는 환희를 느끼는 것이라고 생각한다.
조지프 캠벨 『신화의 힘』(1988)

에이브러햄 매슬로가 1954년 『동기와 성격 Motivation and Personality』을 썼을 때, 그는 현대에 발달한 신경화학 지식을 활용할 수 없었다. 그는 사람들이 세상과 상호작용하는 방식을 관찰하고 안전의 욕구부터 사회적 상호작용의 욕구, 일부 사람들이 종교적 경험이라고 부르는 욕구에 이르기까지 다양한 '인간 욕구의 단계'에 관한 그의 이론을 발전시켰다.

하지만 매슬로가 간과한 인간의 기본적인 욕구가 있다. 그것은 인간의 본성을 이해하는 데 매우 중요하고 우리에게 인간의 여러 특성, 특히 ADHD의 본질에 대해 계시와도 같은 통찰력을 제공한다. 이 욕구는 내가 '살아있음을 느끼려는 욕구'라고 부르

는 것이며, 이는 또한 왜 어떤 사람들은 여러 직업을 거치고 파트너와 생활양식을 여러 번 바꾸지만, 다른 사람들은 고정된 일상에 정착해 평생 거기에 머무르는지 그 이유를 설명한다.

매슬로가 인구의 30%에 달하는 사람들의 행동을 이끄는 인간의 근본적인 욕구를 어떻게 간과했는지 이해하려면 먼저 이러한 욕구가 발현되거나 발현되지 않도록 하는 뇌의 구조를 이해하는 것이 중요하다. 이 과정을 주도할 가능성이 가장 큰 뇌 부위를 시상(thalamus)이라고 한다.

감각의 강도 조절

후각을 제외한 모든 감각은 시상이라고 부르는 뇌의 작은 구조로 전달된다. 우리가 무언가를 듣고, 보고, 느끼고, 맛볼 때 그 정보는 뇌의 나머지 부분에 전달되기 전에 먼저 시상으로 전달된다.

시상은 싱크대에서 수도꼭지가 작동하는 것과 상당히 비슷한 방식으로 작동한다. 물이 수도꼭지를 통과해야 싱크대에 도달하는 것처럼, 감각 입력은 최종 목적지로 가는 도중에 시상을 통과한다. 시상의 수도꼭지는 정보가 최종 목적지에 얼마나 많이 도달할지, 얼마나 빨리, 어느 정도의 강도로 도달할지 제어한다.

내 친구인 미네소타대학교 의과대학의 데일 해머슈미트가 제안한 또 다른 감각 강도 조절 모델은 시상을 스테레오 시스템의 그래픽 이퀄라이저로 보는 것이다. 시상에서는 각 감각에 동일한 증폭이나 감쇠를 적용하지 않으므로 이 비유가 더 정확할 수 있다. 어떤 사람은 시각에, 어떤 사람은 청각에, 어떤 사람은 촉각에, 어떤 사람은 미각에 더 민감하거나 이 네 가지 감각의 특정 조합에 더 민감할 수 있다. 이러한 현상은 종종 시상 변화의 결과다. 그래픽 이퀄라이저에 익숙하지 않은 사람들도 많으므로 여기서는 단순한 수도꼭지에 비유해서 설명할 것이다.

시상과 연결된 또 다른 중요한 뇌 구조는 망상체이다. 망상체 활성계(Reticular Activating System) 또는 RAS라고도 한다.

주로 시상의 지시에 따라 RAS는 의식이 있는 뇌가 얼마나 각성해야 하는지 알려준다. RAS는 일반적인 자극이나 각성 수준에 대한 주요 제어 시스템 중 하나이며, 따라서 놀람 반사를 담당한다.

시상과 RAS는 우리 감각을 항상 경계하는 문지기이며, 가장 오래된 뇌 구조의 일부로서 가장 오래된 본능인 투쟁-도피 반응을 일으키는 정보를 뇌에 제공하는 일차적인 책임을 맡고 있다.

눈이나 귀로 커다란 소음이나 무언가가 날아오는 모습 같은 유별난 입력이 들어왔다고 생각해 보자. 시상은 정보를 그냥 피질로 전달하기만 하는 것이 아니라 다음 두 가지 작업을 수행한다.

첫째, 특정 시각이나 소리에 대한 강도를 높여서 의식적인 뇌가 이를 더 생생하게 알아차릴 수 있도록 한다. 예를 들어, 자동차 사고를 당한 사람들은 마주 오는 자동차를 얼마나 선명하게 보았는지 기억하는 경우가 많다. 이는 부분적으로 시상이 수도꼭지를 열어서 뇌에 강한 인상을 남긴 결과다.

둘째, 시상은 RAS를 활성화한다. '이봐, 나머지 뇌를 깨워! 뭔가 중요하고 어쩌면 위험한 일이 일어나고 있어!'라고 경고한다. 매우 길고 효율적인 RAS의 신경은 시각, 청각, 촉각 또는 미각에 큰 충격을 주는 놀람 자극을 뇌에 전달한다.

이렇듯 시상과 RAS는 함께 시상의 수도꼭지를 통해 입력이 얼마나 빨리, 얼마나 많이 흘러 들어갈지, 그리고 그 입력을 처리하는 동안 우리가 그것을 얼마나 의식할지 제어한다. 결국 뇌의 이러한 부분들은 우리가 주변 세계를 얼마나 많이 감지할지 조절한다.

닫힌 수도꼭지와 열린 수도꼭지

최근 의학적으로 밝혀진 흥미로운 사실 중 하나는, 시상의 수도꼭지가 얼마나 열려 있거나 닫혀 있는지, 뇌의 나머지 부분을 활성화하는 RAS가 얼마나 민감한지 그 '평소 기준선'이 사람마다 조금씩 다르다는 사실이다.

시상의 수도꼭지가 활짝 열려 있는 사람은 시각, 청각, 촉각, 미각을 강렬하고 생생하게 경험하므로 감각 입력이 넘쳐난다. 그 결과 이들은 종종 세상으로부터 뒤로 물러나고 싶어 한다. 이들의 감각 경험은 때때로 고통스러울 정도로 강렬하다. 떠들썩한 대화나 큰 음악 소리는 뇌에 과부하를 주며, 강한 접촉이나 강렬한 감각 자극에 불편함을 느낀다.

이러한 사람들을 내향적이라고 일컫기도 하지만, 카를 융이 원래 부여했던 의미에 비추어 볼 때 이는 잘못된 정의다. 아무튼 시상과 RAS가 매우 활동적인 사람들은 조용하고 내성적이며 거친 혼란을 싫어하는 경향이 있다. 이들의 주된 생활 전략은 과도한 감각, 고통, 감정 또는 혼란을 피하는 것이다.

반면에 시상과 RAS가 별로 열려 있지 않은 사람들은 감각 정보가 덜 흐르거나 강도가 낮다. 시상의 수도꼭지가 많이 닫혀 있는 사람들은 세상이 너무 조용하다고 느낀다. 그들에게는 감각 자극이 적게 전달되므로 놀람 반응을 활성화하려면 훨씬 더 극적인 사건이 필요하다.

이들은 보고, 듣고, 맛보고, 느끼는 감각이 별로 생생하지 않다. 이들은 세상 속으로 자신을 던지는데, 수도꼭지가 열려 있는 사람들에게는 당황스러울 정도로 과감할 때도 있다.

시상과 RAS의 수도꼭지를 거쳐 사고하고 경험하는 피질에 도달하려면 강한 감각 자극이 필요하므로 이러한 사람들은 밝은 빛, 강한 색채, 큰 소리, 강렬한 촉감 또는 강한 맛에 압도되지 않는다. 오히려 강렬한 감각 자극을 통해 평소에는 다소 멀게 느껴졌던 세계와 잠시나마 더 가깝고 친밀하게 접촉할 수 있어서 이러한 경험을 즐긴다.

누구나 이 스펙트럼의 양극단에 속하는 사람들을 알고 있을 것이다. 자극을 갈망하는 닫힌 수도꼭지형 사람들은 파티를 즐기고, 무대에 서는 것을 좋아하며, 스카이다이빙이나 롤러코스터에 열광하고, 친구들이 놀랄 만큼 매운 음식을 잘 먹는다. 감각적 입력이 넘쳐나는 열린 수도꼭지형 사람들은 도서관 같은 조용한 공간, 소규모 모임, 부드러운 맛을 선호하며 미술이나 클래식 음악 같은 정교한 예술을 감상하는 경향이 있다. 그들은 수도꼭지가 닫혀 있는 사람들을 촌스럽다거나 자기애가 강하다고 쉽게 무시할 수도 있다.

물론 이 두 극단 사이에 있는 사람들도 있다. 이들에게는 세상이 생생하지만 고통스럽지는 않다. 이들은 충분히 만족할 만한 감각적 입력이 있으므로 더 많은 자극을 갈구하지도 않고, 감각적 입력에 압도되어 물러날 필요를 느끼지도 않는다. 이런 사람들은 '정상'으로 간주된다.

지금까지 살펴본 시상과 RAS의 작용은 인간의 기본적인 욕구 및 ADHD와 어떤 관련이 있을까?

'살아있음'을 느끼려는 인간의 기본적 욕구

심리학자 에이브러햄 매슬로는 욕구의 단계를 설명하면서 인간 행동에 대해 주목할 만한 관점을 제공했다. 그는 이렇게 지적했다. "인간은 뭔가를 원하는 동물이며 짧은 시간 동안을 제외하고는 완전한 만족 상태에 도달하기란 거의 불가능하다."

매슬로는 우리의 가장 기본적인 욕구는 생존하는 것, 항상성을 유지하는 것이라고 썼다. 우리에게는 물, 음식, 적절한 영양, 배설, 체온 유지가 필요하다.

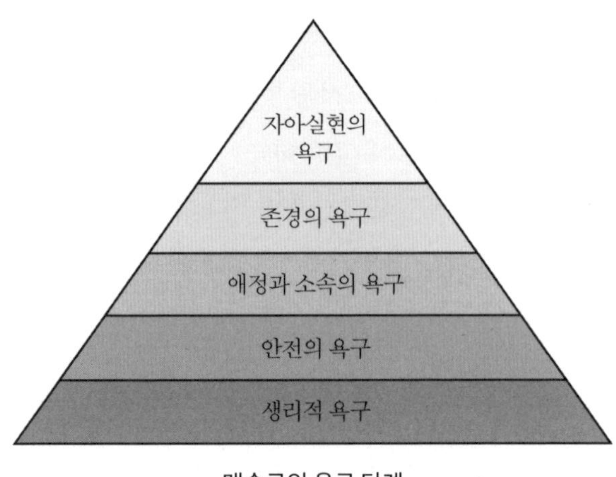

매슬로의 욕구 단계

두 번째는 안전의 욕구다.

이러한 기본적인 신체적 욕구가 충족되면 우리는 세 번째 욕구를 추구한다. 그는 이를 사랑과 소속감의 욕구라고 정의했다. 이것이 충족되면 우리는 자존감과 지위를 추구하기 시작한다. 그리고 마지막으로 이러한 모든 신체적, 정서적 욕구가 충족되면 어떤 이들은 영적 욕구라고 부르고 매슬로는 자아실현의 욕구라고 부르는 것을 추구한다.

프로이트, 아들러, 스키너, 그리고 다른 심리학자들은 우리가 신경증으로 정의하는 행동 중 많은 것들이 실제로는 기본적인 욕구를 충족시키려는 잘못된 시도이거나 기본적인 욕구가 충족되지 않은 결과라고 지적했다. 하지만 매슬로의 심오한 통찰력은 심리학 분야에 혁명적인 영향을 미쳐 인본주의 심리학이라는 새로운 학파를 만들었다. 그는 굶주리는 사람이 왜 자신의 사회적 지위에는 별로 신경 쓰지 못하는지 보여주었다. 예를 들어, 1980년 나는 굶주리는 난민들을 위한 급식 센터와 병원을 세우는 것을 도우려고 우간다 북부의 기근 지역을 방문했다. 그들은 외모에 별로 신경 쓰지 않았을 뿐만 아니라 낯선 사람 앞에서 옷을 입고 있어야 할 필요성을 못 느끼는 것처럼 보이는 이들도 많았다.

나는 시상과 RAS에 대한 현대의 지식과 ADHD 연구성과가, 매슬로가 그의 욕구 단계에 포함하지 않은 기본적인 인간의 욕구를 우리에게 보여준다고 믿는다. 나는 이것을 '살아있음을 경험하고 싶은 욕구, 자신이 살아있다는 것을 느끼고자 하는 욕구'로 정의한다.

1637년, 르네 데카르트는 '나는 생각한다, 고로 나는 존재한다'라고 썼다. 그러나 많은 이들은 단순히 생각하는 것만으로는 '고로 나는 존재한다'라는 현실을 창조하기에 충분하지 않다.

'고로 나는 존재한다'가 실현되려면 우리는 살아있음이라는 사실을 경험해야 한다. 그런데 살아있음을 느끼려는 이 기본적인 인간적 욕구를 충족시키는 기준은 사람들의 성향에 따라 다르다.

어떤 사람들은 태어나면서부터 살아있음을 느끼려는 욕구를 충족한다. 그들의 시상과 RAS는 끊임없이 세상을 경험할 수 있도록 활짝 열려 있다. 매일같이 추수감사절 저녁 식사를 하는 것처럼 그들은 평생 충만함을 느낀다. 그러나 시상의 수도꼭지가 상대적으로 닫혀 있는 사람들은 시상이 정한 기준선을 주기적으로 뛰어넘어 올라와 살아있음을 느끼게 해주는 바깥 공기를 가득 들이마셔야 한다. 그들의 삶은 자극을 끊임없이 추구하는 특징이 있고, 매일 살아있음을 느끼고 싶은 기본적인 욕구에 시달린다.

이것은 '기본적인 인간의 욕구'로 분류될 수 있고, 프로이트가 1933년 이드에 대해 다음과 같이 썼을 때 처음으로 근접해서 포착했다. '우리는 이미지를 통해 이드에 더 가까이 다가가서 그것을 혼돈, 들끓는 흥분의 도가니라고 부를 수 있다. (……) 이러한 본능은 그것을 에너지로 채우지만, 그것은 체계도 일관된 의지도 없고, 쾌락 원칙에 따라 본능적 욕구를 채우려는 충동만 있을 뿐이다.'

살아있음을 경험하고 싶은 욕구가 이드와 같다는 말은 아니다. 그러나 나는 프로이트가 평상시 깨어 있는 의식 아래 있는, 추진력과 동기를 부여하는 숨겨진 힘을 탐구하며 이 욕구에 거의 도달했다고 생각한다. "나는 운전할 때 빠른 속도로 달리는 걸 좋아해요. 살아있다는 느낌이 더 강해지니까요"라고 말할 만큼 충분히 자기 인식을 하는 사람은 매우 적다.

프로이트와 몇몇 사람들은 이런 행동이 무의식적인 죽음의 충동을 보여준다고 보았다. 이런 종류의 행동을 다른 방식으로 설명할 수는 없을까? 무의식적인 죽음의 충동이라는 아이디어는 흥미롭고 의심할 여지 없이 가끔은 사실이지만, 사람들이 매운 음식, 시끄러운 음악, 현란한 색상, 거친 섹스, 기타 다양한 자극적인 경험을 추구하는 것을 설명하지는 못한다. 사람들이 자신을 죽이려고 과도한 자극을 추구하는 것이 아니라면 그들의 목표는 무엇일까?

어쩌면 그것은 삶의 욕구일지도 모른다. 하루 중 잠시라도 깨어나서 자신이 살아있음을 느끼고자 하는 욕구.

이전에 정의되지 않았던 인간의 욕구를 이러한 행동의 근거로 보는 것은 건강하고 자극이 많은 활동과 자기 파괴적으로 자극을 추구하는 행동을 이해하는 데 새로운 열쇠를 제공한다. 두 경우 모두 생동감을 추구한다. 전자의 경우, 스카이다이빙, 대중 강연, 판매, 정치 같은 활동을 하거나 보조교사, 응급실 의사로 일하는 것처럼 적절한 방법을 통해 살아있음을 느낀다. 그러나 후자의 경우 어떤 이유로든 적절한 경로가 차단된 상황에서 폭력, 약물 복용, 도박에 빠지거나 다수의 파트너와 성관계를 갖는 등 파괴적인 방법에 의존하게 된다.

그런데 이것이 ADHD와 다른 변이들을 더 잘 이해하는 데 어떤 도움이 될까?

ADHD와 송어

플라이 낚시를 해본 사람이라면 누구나 물 표면에서 곤충을 먹는 물고기의 행동을 잘 알고 있을 것이다. 잔잔한 연못이나 개울에 작은 벌레가 날개가 젖어서 붙들리면 표면이 흔들린다. 곤충이 날개를 들어 올리려고 애쓰면서 작은 물결이 일어난다. 그때 갑자기 수면이 갈라지며 물고기가 솟아올라 입을 열고 공기를 한껏 빨아들이며 벌레를 문다. 그런 다음 다시 수면을 뚫고 물속 깊은 곳으로 사라진다.

마찬가지로 ADHD를 앓고 있는 사람들은 시상과 RAS의 기준이 설정한 표면을 주기적으로 뛰어넘어 약간의 생동감을 얻으려고 종종 과잉행동을 한다.

예를 들어, 한 아이가 이미 알고 있거나 별 관심이 없는 주제를 다루는 수업에 앉아 있다. 아이의 시상과 RAS는 많은 정보를 받아들이지 못하고, 세상은 회색으로 멀어져 간다. 뇌에서 '고로 나는 존재한다' 부분인 사고 피질은 헐떡이며 벌레를 향해 뛰어오르고 한껏 공기를 들이마시고 싶어 한다. '그 감각을 느끼고 싶어. 그러면 내가 살아있음을 알 수 있을 거야.'

그 충동은 압도적이다. 기본적인 인간의 욕구가 충족되지 않아 뭔가 일어나야 한다. 뇌에서 '수면을 가르고 뛰어올라!'라고 소리친다.

그래서 아이는 몸을 앞으로 기울여 앞 학생의 포니테일 머리를 잡아당기거나, 크게 트림을 하거나, 종이 쪼가리를 뭉쳐 옆 학생에게 톡 던진다. 조용했던 교실이 한순간에 생생한 현실로 되살아난다.

어른이라면 엉뚱한 농담을 하거나, 교통 체증이 심할 때 새치기하거나, 자기 사업을 시작할 수도 있다.

주의 산만, 충동성, 자극 추구 또는 위험 감수라는, ADD와 관련된 세 가지 기본 행동을 이런 맥락에서 재구성할 수 있다.

ADHD는 여기에 아이가 학교에서 보여준 과잉행동이라는 네 번째 유형의 행동을 추가한다.

주의 산만

아이의 주의 산만함, 즉 주변 상황을 세밀히 살피는 성향은 뇌가 생동감의 경험에 자신을 여는 방식이다.

선생님은 계속해서 웅얼웅얼 수업을 이어가고, 아이는 주의가 산만해졌다. 주변을 둘러보니 앞의 학생은 포니테일로 묶은 머리를 다듬고 있고, 옆자리 학생은 수업에 집중하고 있다. 누구도 아이에게 주의를 기울이지 않는다.

만약 이 아이가 약간의 자제력을 배우고 상상력이 풍부하다면, 몸을 움직이는 대신 공상에 빠져들어 생생한 내면세계를 만들어낼 것이다. 하버드 의대의 정신과 의사 존 레이티는 사회적 조건화 및 남성의 뇌와 여성의 뇌의 차이 때문에 소녀들이 이러한 '내면적 산만함' 범주에 해당하는 경우가 더 흔하다고 지적한다.

공상에 빠지거나 몸을 움직이는 것은 주의가 산만해진 결과다. 아이의 뇌는 깨어나기 위해 새로운 감각 정보를 찾고 있다.

충동성

여기서 우리는 기본적인 인간의 욕구를 다루고 있으므로 ADHD가 인지 과정, 탈억제 또는 전두엽과 관련이 있다고 설명하는 학술적인 접근은 부차적이다.

정말 배고픈 사람은 어떤 결과가 닥칠지 생각하지 않고 덥석 음식을 움켜쥔다. 나는 1980년 그것을 배웠다. 동료와 내가 물품을 운반해온 차의 트렁크를 열었을 때, 나는 조금 전까지 온순했던 청소년들과 할머니들에게 거의 짓밟힐 뻔했다. 질병이나 영양실조로 거의 움직일 수 없었던 사람들이 갑자기 소리를 지르고 발로 차고 물고 서로를 밀치고 쓰러진 사람들을 밟으며 트렁크로 달려들었다.

충족되지 않은 기본적인 생물학적 욕구가 사람들을 평소에는 생각할 수 없는 행동으로 이끄는 것처럼, 살아있음을 느끼려는 기본적인 인간의 욕구도 마찬가지다.

뇌는 '지금! 지금! 지금 당장 필요해. 내가 살아있는지 확인하고 싶어!'라고 소리친다. 아이는 결과를 따져볼 겨를도 없이 수업을 방해하는 행동을 한다. 연인은 점점 더 강렬해지는 키스를 멈추고 피임 도구를 찾을 겨를이 없다. 직장 상사를 자신이 어떻게 생각하는지 솔직하게 그 상사에게 토로한다. 지인에게 배우자의 사생활에 대한 소문을 기어코 얘기하고야 만다.

반응하고 응답을 얻는다. 세상을 뒤흔든다. 즉각 결정하고 행동한다. '지금 당장, 깨어나!'

불안 또는 위험 감수

권위자들 대부분은 ADHD의 세 번째 주요 증상을 불안이라고 언급하지만, 이제 많은 이들은 위험 감수 또는 '높은 자극을 추구하는 불안한 탐색'으로 본다.

불안의 전형적인 증상은 자극 추구이며, 위험 감수도 정확히 같은 욕구를 채운다. 사실 자극 추구와 충동성을 합치면 거의 완벽한 '위험 감수'의 정의가 된다.

방정식은 간단하다. 위험이 클수록 아드레날린이 더 많아진다. 그리고 아드레날린과 가까운 친척들은 시상과 RAS가 가장 예민하게 감지하는 신경전달물질들이다.

우리는 끊임없이 위험을 감수하는 사람들을 보며 고개를 젓는다. 루이스와 클라크가 적대적인 원주민, 질병, 야생 동물, 겨울과 굶주림이라는 위협에도 불구하고 미국의 야생 지역을 지도로 제작하려는 긴 항해를 어떻게 계속할 수 있었을까? 16세기와 17세기에 유럽을 떠난 사람들의 10%가 항해 중 사망했는데도 미국의 초기 정착민들은 어떻게 대서양을 가로지르는 배를 기꺼이 탈 수 있었을까? 매일, 매시간 긴급 상황이 발생하는 응급실에서 간호사와 의사가 계속 일할 수 있는 이유는 무엇일까? 경찰관들은 왜 거리에서 목숨을 걸고 일할까? 전투기 조종사는 왜 위험한 임무에 참여할까? 왜 어떤 이들은 혼외정사를 하거나 무분별한 성관계를 할까? 왜 누군가는 매운 음식 먹기에 도전할까?

사람들이 이런 행동을 하는 이유는 당연하게도 기본적인 욕구를 충족시키기 위해서다. 강한 자극을 경험하는 것은 생존과 항상성 유지를 제외한 그 어떤 것보다 더 기본적이고 본능적인 욕구인 살아있음을 느끼고자 하는 욕구를 일깨운다. 이 욕구는 매슬로의 욕구 단계에서 안전의 욕구보다 아래에 위치하며, 숱한 사냥꾼들이 스릴을 추구하기 위해 위험에 뛰어드는 이유다. 작가 앙드레 지드는 1924년 일기에 '어떤 이들은 오직 모험을 통해서만 진정한 자신을 찾을 수 있다'라고 썼다.

이는 강박적인 도박꾼이나 성적으로 문란한 사람, 반복해서 범죄를 저지르는 사람이 부정적인 결과를 경험한 후에도 계속 같은 위험을 감수하는 이유도 설명해 준다. 기업가와 실험적인 예술가의 뇌에서도 같은 생화학 작용이 일어난다.

"위험은 모든 것을 달콤하게 한다." 19세기 작가 알렉산더 스미스는 이렇게 말했다. 쿠바 미사일 위기 당시 핵 위협에 당당하게 맞서고 대통령 재임 중에도 여러 여성과 바람을 피우는 등 위험 감수 성향이 강했던 존 F. 케네디는 1961년 연설에서 "남자라면, 용감한 남자라면, 어떤 위험도 견딜 수 있다"라고 말했다.

ADHD에 각성제를 처방하는 이유

과잉행동을 하는 아이들에게 중추신경 자극제(각성제)를 주면 안정된다는 사실은 잘 알려져 있다. 얼핏 보면 기이한 이 현상은 '역설적 효과'라고 불린다.

하지만 앞서 설명한 '시상, RAS 모델'에 따르면, 과잉행동을 하는 아이들은 뇌가 자극에 가장 굶주린 아이들이다. 이들의 시상과 RAS는 일반인보다 더 많이 닫혀 있으므로 뇌에 자극이 덜 들어온다. 그들의 뇌는 깨어나고 자극을 받기를 간절히 원하기 때문에 의자에서 뛰어내리거나 무분별하게 큰 소리로 말하면서 자극을 얻으려고 한다. 그들은 지루한 교실이나 현대 사회의 안락한 생활이 해결해 주지 못하는 기본적인 욕구를 지니고 있다.

리탈린에서 암페타민, 카페인, 코카인에 이르기까지 각성제는 시상의 수도꼭지를 열어준다. 이러한 약물은 RAS가 더 활발하고 더 적극적으로 피질에 각성 신호를 보내도록 한다. 물 밖으로 뛰어오르는 물고기를 예로 들면, 이런 약물은 사람의 의식을 수면 위로 끌어올려 계속 밝은 세상에서 자극을 느낄 수 있도록 한다. 그러면 더 이상 무리하게 수면 위로 뛰어오를 필요성을 느끼지 않게 된다.

인간의 기본적인 욕구, 살아있음을 느끼고자 하는 욕구가 충족된 ADHD 학생은 더 이상 주변에서 흥미로운 것을 찾아 헤맬 필요가 없다. 시각, 청각, 촉각, 미각이 한층 더 민감해져서 자극을 많이 받아들이므로 더 이상 자극을 찾아 주의가 산만해지지 않는다. 자극을 많이 느끼게 되어 살아 있음을 경험하려는 욕구가 충족되었으므로, 이제는 조용히 앉아 수업에 집중할 수 있다.

한편, 각성제를 복용하면 기본적인 욕구가 충족되지 않는 데서 오는 근본적인 추진력을 느끼지 못한다. 이제 머릿속에 떠오른 생각을 바로 실천하기 전에 전두엽으로 보내 신중하게 사고한 후 행동할 수 있게 된다. 시상과 RAS가 열려 있으면 주변의 자극을 쉽게 받아들이므로 더 이상 지루하지 않다. 그러므로 앞 학생의 포니테일 머리를 잡아당기는 것 같은 부적절한 행동을 할 가능성이 작아진다.

약을 먹으면 자극을 추구하는 행동이 자신과 주변 사람들에게 불편한 상황을 만들 수도 있음을 알게 된다. 전에는 기분이 나아지게 해주거나 살아있음을 느끼게 해주던 것들이, 이제는 너무 과도한 자극을 주어 불편해진다. 그래서 위험을 감수하던 행동 방식에서 벗어나 학교와 가족, 세상이 요구하는 '평범한' 시민으로 정착할 수 있게 된다.

ADHD에 대한 이러한 관점은 미루기나 집착 같은 행동도 설명해 준다. 미루기와 집착은 인위적인 위기를 만듦으로써 아드레날린 수치를 높여 살아있음을 더 생생하게 느끼게 해주는 행동 방식이기 때문이다.

ADHD의 징후

매슬로의 욕구 단계에 '살아있음을 경험하려는 욕구'를 배치하면 사람들이 이 욕구를 충족하는 다양한 방법을 이해할 수 있다. 매슬로는 사람들이 욕구의 한 단계에만 머물러 있는 경우는 드물고 여러 단계에 동시에 머무른다고 지적했다. 그러나 우리에게는 삶의 문제를 처리하는 주요 지점이 있다. 수도꼭지가 닫힌 사람의 경우, 주로 머무르는 그 지점이 원초적인 욕구, 살아있음을 느끼고 싶은 욕구로 물들게 된다.

어떤 이들은 거주할 곳을 마련하려고 필사적으로 애쓰고 어떤 이들은 사랑받기를 간절히 바란다. 어떤 이들에게는 매슬로의 욕구 단계에서 꼭대기에 있는 자아실현의 욕구가 강한 동력으로 작용할 것이다.

시상의 수도꼭지가 폐쇄형인지 개방형인지 알면 그 사람이 자신의 욕구를 어떻게 표현하거나 행동으로 발산할지 어느 정도 예측할 수 있다. 사랑을 갈구하는 폐쇄형 사람들은 이성에게 주의를 빼앗기고 충동적인 결정을 내리고 모험을 할 것이다. 한편 자아실현을 갈구하는 폐쇄형 사람들은 집단에서 집단으로, 스승에서 스승으로, 새로운 경험과 통찰력을 추구하기 위해 도약할 것이다. 이 논리는 어떤 욕구나 행동에도 적용할 수 있다.

반면에 수도꼭지가 열린 사람들은 욕구를 충족하려고 뭔가를 추구할 때 더 신중할 것이며, 자극적인 상황이나 열정적인 인간관계에 빠질 가능성은 작을 것이다.

매슬로가 간과했을지도 모르는 인간의 기본 욕구에 대한 개념을 심리치료사인 조지 린에게 얘기했을 때 그는 이렇게 말했다. "매슬로의 욕구 단계에 살아있다고 느끼고 싶어 하는 욕구를 추가하는 것은 정말 일리 있다고 생각해요. 제가 맡은 ADHD 아이들의 부모님들이 자녀가 학교에서 느끼는 분노에 대해 제게 말씀해주신 것들을 설명해 줍니다. 그 분노는 기본적인 욕구가 질식당하고 굶주린 데 대한 반응일지도 모릅니다."

자신의 삶에서 이런 경험을 한 적이 있는 사람이라면, 특히 시상과 RAS가 폐쇄적인 사람이라면 누구나 직관적으로 이해할 수 있을 것이다. 이러한 아이들과 어른들의 핵심 자아는 사회가 그들의 개성을 뭉개고 정해진 틀에 맞추려는 것에 본능적으로 저항할 것이다.

타고났는가, 학습되었는가

시상과 RAS의 기본 설정이라는 맥락에서 산만함, 충동성, 위험 감수성을 논의하는 것은, 이러한 행동이 우리 뇌에 장착되어 있으므로 약물이나 수술이 아니면 바꿀 수 없다는 결론으로 이어질 수도 있다.

하지만 주의 깊게 살펴보면 그렇지 않음을 알 수 있다. 시상의 기본 설정은 특정 행동을 가장 쉽게 습득할 수 있는 조건이지만, 그 자체로 그러한 행동의 원인이 되지는 않는다.

시상의 수도꼭지가 닫혀 있는 아기는 자극을 찾기 위해 방 안을 둘러본다. 이러한 산만한 행동은 아기가 침대 위에 매달려 있는 모빌을 볼 때 보상을 받고, 산만할 때 어떻게 보상을 받을 수 있는가에 대한 정보가 뇌에 형성된다.

마찬가지로, 아기가 자극의 필요성을 느끼고 충동적으로 손을 뻗어 꽃병을 잡으려고 하다가 바닥에 떨어뜨려 깨뜨릴 때, 엄마의 반응과 깨지는 소리·모양에 대한 감각 또한 일종의 보상이다. 집안 곳곳을 기어 다니고 고양이를 손가락으로 콕콕 찌르고 식탁보를 잡아당기는 등 위험을 감수하는 행동은 점점 더 흥미로운 자극을 만들어내며, 아이에게 자신이 살아있음을 느끼고자 하는 기본적인 욕구를 충족해준다.

반면에, 시상의 수도꼭지가 활짝 열려 있는 아기는 그냥 침대에 누워 손가락을 가지고 노는 것만으로도 만족할 수 있다. 그 부드러운 자극만으로도 피질은 자신이 살아있음을 확인하는 정보로 가득 차고, 산만하거나 충동적이거나 위험한 행동을 배우지 않게 된다. 아기는 정반대의 교훈을 배운다. 적은 자극으로도 만족하는 아기에게 꽃병이 깨지는 사건은 너무나 압도적이고 불쾌한 자극이 될 수 있다.

ADHD와 가장 관련 있는 행동들은 기본적인 욕구를 충족하기 위해 학습된 것이지만, 유전된 뇌의 화학적·구조적 차이에 따라 쉽게 학습할 수도 있고 어렵게 익힐 수도 있다. 이러한 뇌의 차이, 즉 서로 다른 시상 설정값은 수렵이나 농경 사회에서 가장 유용한 신경화학 유형에서 유래를 찾을 수 있다.

이것이 신경학적 설정이며 동시에 기본적인 욕구를 충족하기 위해 학습된 방법이기도 하다는 것은 1989년 굿맨과 스티븐슨이 수행한 쌍둥이 연구를 통해 명확히 입증되었다. 이 연구에서는 127쌍의 일란성 쌍둥이와 111쌍의 이란성 쌍둥이를 대상으로 과잉행동을 조사했다. 과잉행동이 순전히 생물학적 요인에 의한 것이라면 일란성 쌍둥이는 100% 일치할 것으로 예상할 수 있다. 단순히 학습된 것이라면 일란성 쌍둥이가 둘 다 과잉행동인 비율은 공유한 환경에서 약간 증가하는, 일반 인구집단에서 발견되는 범위에 속할 것이다.

연구 결과, 쌍둥이 중 한 명이 과잉행동 진단을 받은 이란성 쌍둥이의 경우 두 쌍둥이 모두 과잉행동인 비율은 33%였다. 하지만 일란성 쌍둥이의 경우에는 51%까지 치솟았다. 과잉행동의 배경에는 선천적인 측면과 양육 측면이 둘 다 있음을 알 수 있다.

이러한 행동은 학습된 측면이 있으므로, 욕구 충족을 위해 새롭고 다양한, 더 적절한 방법을 학습하도록 해야 한다는 결론으로 이어진다.

매슬로가 기본적 욕구를 간과한 이유

1968년 사망하기 전 이루어진 매슬로의 마지막 인터뷰에서 〈사이콜로지 투데이 Psychology Today〉의 메리 해링턴 홀은 그의 삶과 성격에 관해 물었다. 그는 아버지가 15세의 나이에 히치하이킹으로 러시아에서 유럽을 가로질러 미국에 도착한 이야기를 자랑스럽게 들려주었다. 그리고 자신은 1학년 때 법과대학을 중퇴했는데, 한 가지 주제를 공부하기보다는 '모든 것'을 공부하고 싶었기 때문이라고 했다.

1992년 이 인터뷰를 다시 소개하며 〈사이콜로지 투데이〉의 에드워드 호프먼은 매슬로가 '기질적으로 안절부절못하고 늘 활동적'이었으며, 심장 질환으로 집에서 요양해야만 했을 때는 '거의 참을 수 없을 정도로 고통스러워했다'고 묘사했다.

홀이 "자신을 어떻게 설명하시겠습니까? 당신은 누구입니까?"라고 물었을 때, 매슬로는 "나는 새로운 땅을 일구고, 그 땅을 떠나는 사람입니다. 쉽게 지루해집니다. 뭔가를 새로 발견할 때 가장 큰 스릴을 느낍니다"라고 답했다.

그렇다면 에이브러햄 매슬로는 비교적 수도꼭지가 닫혀 있는 사람이었을 것이다. 인터뷰에서 그는 자극을 찾고, 충동적으로 행동하고, 위험을 감수했던 삶의 순간들을 열렬한 태도로 이야기했다. 그가 인간 본성에 대해 과감한 새로운 이론을 내놓은 것 자체가 큰 위험을 감수하는 일이었다고 말할 수도 있을 것이다.

막 출현한 신경정신의학이 인간의 욕구를 이해할 수 있는 실마리를 제공하기 전이었으므로, 매슬로는 자신의 추진력이 단순히 자아실현의 욕구나 인지적 욕구(미적 욕구, 알고 이해하려는 욕구)를 만족시키려는 탐구라고 가정했을 것이다.

그는 성에 대한 자신의 초기 연구에 대해 논의하며, 자신이 새로운 작업에 파묻혀 있는 동안 근본적인 문제를 간과하는 경향이 있음을 인정했다. 그는 수년 동안 인간의 성 문제를 광범위하게 연구했으며 많은 이들이 그를 이 분야의 권위자로 여겼다. 그는 마지막 인터뷰에서 당시를 회상하며 이렇게 말했다. "어느 날 갑자기 나는 내가 살아있는 모든 남자만큼 성에 대해 많이 알고 있다는 것을 깨달았습니다. 지적인 의미에서요. 문서로 기록된 모든 것을 알고 있었고, 새로운 사실들을 발견해서 기뻤고, 치료도 병행했습니다. '킨제이 보고서(미국인들의 성적 행동에 대한 대규모 사례 조사 연구를 종합한 보고서)'가 나오기 약 10년 전이었습니다. 그때 갑자기 웃음이 터졌죠. 나는 위대한 성 연구자였지만, 단 하나의 예외를 제외하고는 발기한 남근을 한 번도 본 적이 없었습니다. 그것이 나를 상당히 겸손하게 만들었죠."

매슬로가 욕구 단계에서 살아있음을 느낄 필요성을 생략한 또 다른 이유는 그의 가장 열정적인 연구가 '자아실현' 단계에 이른 사람들에 대한 것이었기 때문이다. 인구의 1%에 불과한 이 사람들은 다양한 수준의 인간적 욕구를 거쳐 자아실현 욕구가 삶의 주된 동력이 된 사람들이었다. 그들은 심리학자들이 기능 장애로 간주하는 사람들과는 거리가 멀었다.

그러나 감옥에 있는 사람이나 학교에서 낙제한 사람, 수개월 이상 한 직장이나 한 배우자와의 결혼을 유지할 수 없는 사람 등 기능 이상을 보이는 사람들에 관한 연구에서, 우리는 살아있음을 경험하려는 인간의 기본적 욕구를 가장 생생한 형태로 발견하게 된다.

이 사람들은 자신의 욕구를 더 높은 차원으로 표현하는 법, 이 에너지를 새로운 화학물질이나 새로운 심리학 이론, 새로운 분야에 대한 탐구로 변환하는 법을 배우지 못했기 때문에 가장 원시적이고 원초적인 형태로 보여준다. 이런 사람들이 자아실현 욕구 단계의 사람들보다 훨씬 더 큰 인구 비중을 차지하고 있는데도 매슬로는 이들을 간과했다. 따라서 매슬로가 이 기본적인 인간적 욕구를 간과한 것은 이해할 수도, 예측할 수도 있었던 일이다.

해결책

ADHD 아이와 성인이 나쁜 충동에 휘둘리는 것이 아니라 타고난, 충족되지 않은 기본적 욕구를 해소하려고 할 뿐이라는 것을 깨닫게 되면, 우리는 그들의 곤경을 더 많은 연민과 이해심으로 바라볼 수 있다.

우리는 교실, 직장, 집, 관계 등에서 이들의 삶에 더 많은 자극과 다양성을 제공할 방법을 찾을 수 있다.

9

부모의 흡연이 아동기 문제 행동을 유발하는가

어떤 알려지지 않은 힘이 인간을 지배하는가?
그들의 운명은 어떤 미약한 원인에 달려 있는가!
볼테르 『세미라미스 Semiramis』(1748)

이 질문은 내가 증상이 심각한 ADHD 아동의 부모 네 명과 함께 영국의 시골 술집에 앉아 있을 때 처음 떠올랐다. 그들은 각자 담배에 불을 붙이면서(1990년대였다) 아이들이 문을 발로 차고, 창문을 부수고, 형제자매를 주먹이나 칼로 찌르고, 부모와 선생님들에게 폭력을 행사했다는 끔찍한 이야기를 들려주었다. 미국 중산층 ADD·ADHD 아동 사이에서는 보기 드문 통제 불능의 사나운 아이들이었다.

왜 그럴까? 나는 궁금했다. 왜 영국의 중산층 아동들이 내가 보았던 미국 중산층 아동들보다 훨씬 더 폭력적인 것처럼 보일까?

때때로 우리는 너무 익숙해져서 바로 눈앞에 있는 것을 알아차리지 못한다. 나는 영국 전역, 독일, 그리고 미국에서는 특히 가난한 동네와 원주민 보호구역의 부모들로부터 비슷한 이야기를 들었다.

내 폐가 주변의 담배 연기 때문에 고통스럽게 비명을 지르는 동안, 내 마음속에는 수많은 비슷한 이야기들과 그 이야기를 들려준 부모들이 떠올랐다. 나는 공기 중의 연기를 바라보며 부모들이 담배를 손에 들고 앉아서 유별난 자식들에 대해 얘기해 주었던 적이 얼마나 많았는지 생각했다.

'가장 폭력적인' 아이들의 부모 중 흡연자는 몇 명이나 될까 궁금했다. 내 마음이 목록을 훑어보기 시작했다. 내 기억으로는 다수인 것 같았지만 기억이란 종종 매우 가변적이다. 아마도 담배 연기가 내게 주는 고통이 내 지각에 영향을 미쳤을 것이다.

부모의 흡연과 아동 폭력 사이에 연관 관계가 있을까?

흡연과 아동의 폭력에 연관성이 있다면, 그 이유는 무엇일까? 흡연하는 부모가 낮은 사회경제적 계층인 경우가 더 많고, 그 계층에서는 자녀를 훈육하기 위한 체벌이 더 용인되기 때문일까? 아니면 아이들이 간접흡연으로 니코틴에 중독되어 니코틴 금단 증상을 보이는 것일까?

그 술집에 앉아 있을 때, 이런 질문들이 내 머릿속을 스쳐 지나갔다. 나는 초조해지기 시작했다. 심장을 자극하는 니코틴을 흡입하면서 코와 폐가 불타오르고 맥박이 고동쳤다.

당시 나는 니코틴이 지금까지 인간에게 알려진 약물 중 가장 중독성이 강하다는 것을 알고 있었다. 니코틴은 헤로인보다 중독성이 강한데, 중독성이 다섯 배 이상 강하다는 연구 결과도 있다. 크랙 코카인보다 더 중독성이 강하고, 알코올보다도 훨씬 더 중독성이 강하다. 모든 알코올 중독자 자조 모임, 즉 '익명의 알코올 중독자들(Alcoholics Anonymous, AA)' 모임에 참석한 모든 흡연자를 통해 니코틴이 알코올보다 얼마나 더 중독성이 강한지 알 수 있다. 연기로 니코틴을 흡입하면 주사할 때와 거의 같은 속도로 혈류와 뇌에 도달하므로 흡연자는 헤로인 사용자처럼 극도의 황홀감을 즉시 느끼게 된다. 이것이 니코틴 중독자들이 니코틴 껌을 꺼리는 흔한 이유 중 하나다. 니코틴 껌은 갈망을 없애지만, 혈류에 수백 배 더 느리게 도달하기 때문에 '황홀감'을 주지 않는다.

나는 또한 니코틴이 중추신경계에 영향을 미치는 가장 강력한 약물 중 하나라는 것을 알고 있었다. 니코틴은 암페타민이나 리탈린보다 훨씬 더 강력하다.

담배는 포식성 곤충을 죽이는 살충제로 가공할 정도로 강력하게 중추신경계를 자극하는 성분을 지닌 식물이다. 담배에서 정제된 니코틴은 아주 효과적인 살충제로서 어떤 곤충이든 중추신경계를 교란해 경련을 일으킨다. 담배가 농약으로 더 많이 사용되지 않는 주된 이유는 인간에게 너무 위험하기 때문이다. 피부에 순수 니코틴 세 방울만 떨어뜨려도 성인 남성이 사망하는 데 채 10분도 걸리지 않는다. 니코틴 기반 살충제는 현재 전 세계 벌의 '군집 붕괴 장애(Colony Collapse Disorder)'와 관련이 있다고 추정된다.

어린 시절의 행동과 부모의 흡연 사이에 연관성이 있는지 궁금해서 자료를 찾아보았다.

내가 찾은 첫 번째 자료는 1992년 7월 15일 〈미국의학저널American Journal of Medicine〉에 실린 기사 '니코틴과 중추신경계: 흡연의 생물행동 효과'였다. 이 기사에서 연구자들은 니코틴이 중추신경계 전체의 상태를 근본적으로 조정하고 변형하는 신경 조절 약물이라고 지적했다. 흡연이나 간접흡연으로 니코틴이 흡수되면 용량 의존적 신경전달물질·신경내분비 효과가 발생하는데, 여기에는 인간의 투쟁-도피 반응에 관여하는 노르에피네프린과 에피네프린의 혈중 수치가 증가하는 현상이 포함된다. ADHD와 관련이 있다고 추정되는 도파민 수치도 변화한다. 니코틴에 노출되면 많이 분비되는 호르몬과 신경전달물질에는 아르기닌, 바소프레신, 베타-엔도르핀, 부신피질자극호르몬, 코르티솔(사람이 스트레스를 받을 때 방출되는 폭력성 항진 호르몬)도 있다. 이러한 신경화학물질 중 일부는 개인이 의식적으로 조절하는 범위를 한참 벗어날 정도로 강력하게 정신에 작용한 나머지 '뇌간 수준'에서 행동을 바꾼다. 이게 어떤 것인지 금연을 시도한 적이 있는 흡연자라면 자세히 말해줄 것이다.

시작부터 흥미로웠다. 나는 검색 범위를 좁혀 ADHD에 한정하지 않고 파괴적이거나 폭력적인 '나쁜 행동'과 부모의 흡연 사이의 상관관계를 구체적으로 찾아보았다.

그 결과는 충격적이었다.

1979년 하버드의과대학과 로체스터대학교에서는 14세에서 22세 사이의 청소년 1만2천 명을 대상으로 흡연이 태아와 아동에게 끼치는 영향을 파악하기 위해 전국적인 설문조사를 실시했다. 매년 후속 인터뷰가 진행되었고 1986년 이들에게는 4세에서 11세 사이의 자녀가 2,256명 있었다. 그 시점에서 아이들의 행동을 평가한 결과, 흡연자의 자녀는 비흡연자의 가정에서 태어나거나 그런 가정에 사는 아이들보다 극도로 파괴적인 행동을 할 가능성이 40~50% 더 높다는 사실이 밝혀졌다. 연구자 배리 주커만은 다년간에 걸친 대규모 연구 결과를 의사들을 위한 권위 있는 학술지 〈아동 건강 경보 Child Health Alert〉 1992년 9월호에 발표했다.

흥미롭게도 주커만의 역학 데이터에 따르면 임신 중 흡연은 자녀의 극단적인 행동을 유발할 가능성이, 자녀가 흡연자 부모와 같은 집에 사는 것만큼 높지는 않은 것으로 나타났다. 이 연구에 따르면 간접흡연은 아이들의 극단적인 행동의 '원인'으로 보기에 충분한 후보였다.

이 연구를 다룬 또 다른 보고서가 1992년 〈소아과 보고서의 아동 건강 소식 Pediatric Report's Child Health Newsletter〉에 게재되었다. 보고서에서는 이 연구를 수행한 학자들이, 아이들이 흡입하는 니코틴의 양과 문제 행동의 심각성 사이에 용량 의존적 상관관계가 있다는 것을 확인할 정도로 세심한 주의를 기울였다고 지적했다. 연구진은 하루에 한 갑 이상 담배를 피우는 어머니의 자녀는 다른 어머니에 비해 행동장애가 심한 자녀를 낳을 가능성이 두 배나 높지만, 하루에 한 갑 미만을 피우는 어머니는 이러한 유형의 자녀를 낳을 가능성이 1.4배에 불과하다는 점을 지적했다.

처음에 이런 자료를 접했을 때는 일반적으로, 특히 미국에서는 저소득층에서 흡연율이 높기 때문이 아닐까 하는 생각이 들었다. 내가 살던 애틀랜타 교외의 중상류층 거주 지역에서는 담배를 피우는 부모를 단 한 명도 보지 못했으므로 흡연은 낮은 계층의 상징으로 여겨졌다. 1990년대 영국을 비롯한 유럽에서는 흡연이 사회적으로 광범위하게 받아들여지고 있었다. 또한 ADHD 지원 모임에 참여하는 사람들의 자녀들 사이에서 심각한 문제 행동을 보이는 아동은 미국보다 영국에서 훨씬 더 많았다.

이 연구를 수행한 저자들은 '아니오'라고 분명하게 답했다. 연구진은 계급, 소득, 생활양식, 다른 약물 사용, 심지어 식습관까지 세심하게 고려해서 연구를 진행했다. 오직 아이들 곁에서 담배를 피우는 것이 그들의 폭력적이고 파괴적인 행동을 예측하게 해주는 단일 변수였다.

나는 이 초기 하버드 연구를 확증하는 수많은 연구를 발견하고 놀랐다. 그중 하나는 1992년 저명한 의학 학술지 〈소아과학 Pediatrics〉에 발표되었다. 이 연구에서 와이츠먼과 그의 동료들은 엄마의 흡연과 자녀의 문제 행동 사이에 분명한 상관관계가 있음을 발견했다. 그들은 이 연관성이 '통계적으로 매우 유의미하다'고 썼는데, 이는 연구자들 특유의 표현으로서 보통 사람들이 쓰는 말로 바꾸면 '매우 강력한 연관성이 있는 것 같다!'는 뜻이다. 이 연구가 발표된 후 1년 뒤, 이번에는 데이비드 퍼거슨과 다른 두 명의 과학자가 역시 〈소아과학〉에 또 다른 연구를 발표했다. 이들은 뉴질랜드에서 12년간 흡연자 어머니의 자녀를 연구했으며, 비슷한 계층, 소득, 생활양식의 엄선된 비흡연자 그룹과 비교했다. 아동 1,265명을 대상으로 한 이 연구에서는 성별, 인종, 가족 규모, 출산 연령, 어머니의 교육 수준, 사회경제적 지위, 생활 수준, 어머니의 정서적 반응, 다녔던 학교 수, 중요한 사건, 양육자 교체, 부모의 불화, 부모의 약물 사용 이력, 부모의 범죄 이력 등 나쁜 행동의 원인이 될 수 있는 다른 변수들을 체계적으로 배제했다.

연구팀은 임신 중 흡연과 아이의 품행 장애 및 주의력 결핍 장애 사이에 명백한 연관성이 있다는 사실을 발견했다.

다른 연구들에서도 이러한 사실이 입증되었다.

Fried and Watkinson, 『신경독성학 및 기형학 Neurotoxicology & Teratology』, 1988.

McCartney, 「태아기에 담배 연기에 노출된 학령기 아동의 중추 청각 처리 Central Auditory Processing in School-age Children Prenatally Exposed to Cigarette Smoke」, *Neurotoxicology & Teratology*, 1994.

Richardson and Tizabi, 「니코틴 처리된 쥐의 자손들의 과잉행동: 중뇌변연계 및 흑질선조체 도파민 경로의 역할

Hyperactivity in the Offspring of Nicotine-treated Rats: Role of the Mesolimbic and Nigrostriatal Dopaminergic Pathways」, *Pharmacology and Biochemistry of Behavior*, 1994.

Sexton and Fox, 「태아기 담배 노출: 3세 인지 기능에 미치는 악영향 Prenatal Exposure to Tobacco: Ill Effects on Cognitive Functioning at Age Three」, *International Journal of Epidemiology*, 1990.

Wakschlag and Lahey, et al., 「남성 자손의 품행 장애 위험 증가와 관련된 임신 중 흡연 Maternal Smoking during Pregnancy Associated with Increased Risk for Conduct Disorder in Male Offspring」, manuscript submitted for publication.

Weitzman and Gortmaker, et al., 「어머니의 흡연과 아동의 행동 문제 Maternal Smoking and Behavior Problems of Children」, *Pediatrics*, 1992.

Bertolini and Bernardi, 「태아기 담배 연기 및 니코틴 노출이 쥐의 임신, 새끼의 발달 및 회피 행동에 미치는 영향 Effects of Prenatal Exposure to Cigarette Smoke and Nicotine on Pregnancy, Offspring Development, and Avoidance Behavior in Rats」, *Neurobehavorial Toxicology*, 1982.

Cotton, 「담배 흡연은 코카인 섭취보다 태아 발달에 더 해로울 수 있다 Smoking Cigarettes May Do Developing

Fetuses More Harm than Ingesting Cocaine」, *Journal of the American Medical Association*, 1994.

Fried and Gray, 「태아기에 담배에 노출된 6세 아동의 주의력 관련 행동 후속 연구 A Follow-up Study of Attentional Behavior in Six Year Old Children Exposed Prenatally to Cigarettes」, *Neurotoxicology & Teratology*, 1992.

이러한 연구는 이전의 연구를 확증했을 뿐만 아니라 쥐와 다른 동물에서도 같은 효과가 나타났음을 보여줌으로써 사회경제적 요인을 제거했다. 쥐와 개에서 연구자들은 연기에 '수동적으로' 노출되면 신경전달물질 기능이 변화하고(Cotton, 1994; Slotkin, 1992), 과잉행동과 운동 활동이 증가하며(Richardson and Tizabi, 1994), 학습 효율과 능력이 저하된다는 사실을 발견했다(Bertolini 등, 1982). 인간의 경우, 니코틴 노출은 출생부터 10대에 이르기까지 아이들의 인지 능력을 심각하게 손상할 수 있으며, 노출 기간이 길고 정도가 심할수록 손상이 더 심각하다는 것을 보여주었다. 이러한 연구 중 일부는 특히 품행 장애에 초점을 맞추었고, 가정 내 간접흡연 노출이 아동의 폭력적인 행동과 관련이 있다는 일관된 결과를 보여주었다.

그리고 확실히 사냥꾼은 농부보다 니코틴 중독에 더 취약한 것으로 나타났다. 2009년 〈뉴욕 과학 아카데미 연보 Annals of the New York Academy of Sciences〉에 발표된 'ADHD와 흡연: 유전자에서 두뇌, 행동으로'에서 연구자 매클렌던과 콜린스는 초록의 서두를 이렇게 시작한다. 'ADHD와 흡연은 가장 흔하고 비용이 많이 드는 정신건강 문제이자 행동 문제다. 이 두 가지 문제가 동시에 발생하는 비율은 예상을 훨씬 뛰어넘는다.'

이 효과가 발생하는 메커니즘은 현재로서는 알려지지 않았다. 그러나 담배 연기가 적어도 뇌의 두 부위를 동시에 자극하는 것으로 알려져 있다. 담배 연기는 '스트레스 호르몬'인 코르티솔의 생성을 자극해 아드레날린, 에피네프린 및 기타 '분노', '투쟁 또는 도피' 관련 호르몬과 신경전달물질의 대량 분비를 유도하며, 흡연자가 고용량으로 흡입하는 경우 '황홀감'을 느끼게 하는 엔도르핀의 생성도 자극한다.

그런데 흡연자는 뇌의 두 부분이 모두 자극을 받지만, 간접흡연을 하는 아이는 코르티솔 생성을 자극하기에 충분한 니코틴만 섭취하게 되고, 그 양은 엔도르핀을 생성할 만큼은 아니다.

흡연자라면 누구나 직관적으로 아는 사실이다. 평소 하루에 20개비에서 40개비씩 피우다가 하루에 한두 개비만 피울 수 있다면 어떤 기분일까? 아이들이 간접흡연으로 흡입하는 양과 비슷한 적은 양의 니코틴만 매일 섭취하면, 쉽게 화가 나고, 예민해지고, 짜증이 나고, 불안감에 휩싸이게 된다.

이와 관련된 수많은 연구자료를 읽으면서 나는 아이들의 간접흡연이 대중 매체에서 더 많이 다루어지지 않는 현실에 놀랐다. 만약 아이가 집에서 대마 연기에 노출되는 경우, 당국에서는 상당한 우려를 표명할 것이 분명하다. 크랙 코카인도 마찬가지다. 하지만 니코틴은?

내 머릿속에 작가로 일하며 수많은 잡지에 기고하던 시절이 떠올랐다. 거의 모든 잡지가 담배 회사로부터 연간 수십만 달러, 때로는 수백만 달러에 달하는 광고료를 받았다. 어떤 잡지가 그런 광고주의 손을 물 수 있을까?

오직 〈소아과학〉 같은 의학 학술지에만 담배 광고가 게재되지 않았던 것 같다.

2부

농부의 세계에서 살아남고 번영하려면?

⑩

ADHD 성인을 위한 생존 지침

사람들은 불가능해 보이는 지점까지
아이디어를 발전시킨 후 의욕을 잃는다.
그러나 그곳은 낙담해서 주저앉을 지점이 아니다.
토머스 에디슨

1부에서 일반적으로 ADHD는 결함도 장애도 아니며, 사냥꾼이나 전사 또는 보초가 뛰어난 성공을 거둘 수 있게 해주고, 농부나 회계사라면 일을 망칠 수도 있는, 유전된 일련의 기술, 능력, 성향이라는 점을 이야기했다. 그렇다면 이 강력한 사냥꾼의 기술에 어떻게 장애라는 꼬리표가 붙었을까?

역사적으로 인간 사회에서는 이해할 수 없는 행동이나 기준에서 벗어난 행동을 하는 사람들을 열등한 존재로 간주했다. 미국에서는 17세기부터 19세기까지 아메리카 원주민과 아프리카 노예가 인간인지에 대한 논쟁이 있었다. 사람들이 문화주의의 개념을 얼마나 극단적으로 받아들이는지 잘 보여준다. 제2차 세계대전 시기의 일본계 미국인이나 오늘날의 신체장애인은 '우리 같은 사람이 아니'라고 여겨지곤 한다.

이런 현실에서 사냥꾼 아이들이 농부를 위한 학교에 입학했다가 실패했을 때, 무엇이 문제인가에 대한 의문은 뻔한 결론으로 이어졌다. 일부 아이들은 우등으로 졸업하기 때문에 학교의 잘못일 수는 없다는 논리였다. 자금이 부족하고 업무가 과중한 전형적인 현대 학교 시스템의 작동 방식이다. 그러나 호러스 맨부터 루돌프 슈타이너까지 여러 교육학자가 지적했듯, 이 논리가 꼭 맞는다고 볼 수는 없다.

순수한 수렵인 사회는 지구상에 거의 남아있지 않으며, 남아있는 수렵 사회도 산업화한 세계에서는 주요 문화로 번성하지 못했다. 현대의 직업 대부분은 정시에 출근해 정해진 시간 동안 정해진 일을 하고, 정시에 퇴근해 휴식을 취하고 다음 날을 준비하는 농부의 사고방식을 요구한다.

우리의 학교도 농부의 생활 방식대로 만들어졌다. 아이들은 조용히 책상에 앉아 선생님의 수업을 듣고 교과서를 본다. 옆에서 킁킁거리는 아이는 무시하고, 책상 위 물건들로 장난치면 안 되고, 교과서 너머 다른 곳을 쳐다보면 안 된다.

쉽게 지루해지는 똑똑한 사냥꾼에게 이것은 고문이다! 실패를 위한 처방전이다.

학교가 예산 부족으로 어려움을 겪고 교실의 규모가 계속 커지면서 주의가 산만해지는 학생들도 늘어나고 있다. 한 학급의 학생 수가 15명이라면 ADHD 아동 한 명이 있다 해도 교사가 직접 해결하기 어려운 문제가 적을 것이다. 하지만 교사가 과중

한 업무에 시달리고 교육 예산은 부족한 상황에서 사냥꾼 아동은 점점 더 주목받고 있다. 그 결과 ADHD 아동이 급증한 것처럼 보인다.

그래서 사냥꾼 아이들은 성적이 좋지 않고 지루해하고 말썽을 부린다. 선생님은 그 아이들에게 뭔가 문제가 있다고 생각한다. 그에 따라 새로운 '장애'가 발견되었다.

사냥꾼들의 집중력이 짧은 것은 사실이다. 그러나 왕성한 호기심, 환경에 대한 지속적인 탐색, 창의성, 폭넓은 관심 등으로 짧은 집중력을 보완한다. 만약 우리의 학교와 직업 세계가 이러한 특성을 잘 활용하도록 조직된다면, ADHD는 정반대의 극단적인 농부 성향처럼 의학적인 질환 목록에서 제외될지도 모른다.

하지만 불행하게도 이런 세상은 실현 가능성이 극히 낮다. 고용주들은 사냥꾼을 수용하기 위해 기업을 바꾸려 하지 않을 것이다. 사냥꾼에게 더 적합한 직업이 많은데도 말이다. 또한 미국에서만 수백만의 학생들이 농부처럼 행동하도록 리탈린을 복용하는데도 학교 당국이 머지않은 미래에 교육 시스템을 바꿀 가능성은 매우 낮다.

그렇다면, 농부의 세계에서 어른 사냥꾼은 무엇을 해야 할까?

가장 쉽고, 가장 확실하며, 가장 스트레스가 적은 해결책은 사냥 기술을 활용하는 직업을 찾는 것이다. 경찰관, 사립 탐정, 작가, 기자, 비행기 조종사, 첩보원, 군의 전투 요원, 디스크자키, 영업사원, 컨설턴트, 그리고 다양한 분야의 기업가 등 사냥꾼의 자질이 필요한 직업은 아주 많다. 내가 아는 가장 행복한 사냥꾼 중 한 명은 미시간 북부의 숲에서 사냥으로 생계를 유지하는 노인이었다. 그는 다섯 명의 아내를 만나고 헤어졌지만, 덫과 총과는 절대로 헤어지지 않았다.

전문적인 자격을 취득하기 위한 교육과정을 수년간 이수할 수 있다면 사냥꾼에게도 많은 기회가 있다. 변호사는 사냥꾼인 경우가 많고, 농부 성향의 성실한 법률사무원을 고용한다. 의학 분야에서는 수술과 외상 치료 분야가 흥분과 도전을 갈망하는 사냥꾼들을 끌어들이는 것 같다. 사업 분야에서는 특히 사냥꾼의 주요 특성인 창의력과 위험 감수가 주로 요구될 때, 사냥꾼이 농부의 보좌를 받아 훌륭한 고위 임원이 되는 경우가 많다. '허스트 신문제국'을 건설한 언론사주 윌리엄 랜돌프 허스트나 경제지 〈포브스〉 발행인 맬컴 포브스의 전기에서 그런 예를 찾아볼 수 있다. 같은 이유로 케네디 전 대통령처럼 사냥꾼으로 보이는 정치인들도 많다. 언론인 윌리엄 F. 버클리가 사냥꾼은 아닐지도 모르지만, 그의 자서전 『오버드라이브 overdrive』는 사냥꾼에게 흔한, 자극과 새로운 경험에 대한 사랑을 확실히 구현한 사람의 생애를 훌륭하게 묘사한 책이다.

점심 식사 직후에 연설이 있어서 오전 내내 여유가 있다. 나는 20분에 딱 맞춰 연설해야 한다. 나는 주제를 살펴보고 익숙한 자료를 바탕으로 준비하는 데 걸리는 시간(가령 30분?)을 계산한다. 나는 이런 종류의 마감 시간에 쫓기면 특별한 집중력을 발휘할 수 있다는 것을 알게 되었다. 서류 가방을 공략할 시간이 남아있다.

_버클리 『오버드라이브』 100쪽

농부의 직업을 가진 사냥꾼이라면, 그 세계에서 성공할 확률을 높이기 위해 간단한 행동 변화를 시도할 수 있다.

- **작업 중심으로 시간을 조직한다.** 사냥꾼은 짧은 시간 동안 고도의 노력과 집중력을 발휘하는 경향이 있다. 따라서 먼저 큰 작업을 작은 구성 요소로 나누는 것이 좋다. 해야 할 일들을 분류한다. 자세한 내용은 다음 장에서 설명한다.
- **집중력을 훈련한다.** 명상 같은 기법이 오래전부터 활용되었고, 사냥꾼들은 종종 명상에 매력을 느낀다. 잠깐의 침묵은 방해 요소를 차단하고 긴장을 풀기 때문이다. 많은 농부들은 일하는 동안 라디오를 켜놓는 것 같은 지속적인 자극을 갈망하지만, 이러한 방해 요소는 많은 사냥꾼들이 생산적으로 일하는 것을 거의 불가능하게 한다.

  사냥꾼들이 주위의 자극에 산만해지는 성향을 완전히 없애도록 자신을 훈련할 수는 없을 것이다. 이것은 사냥꾼의 생존 기술로 타고난 것이기 때문이다. 그러나 경험에 따르면 특정 주제나 작업, 특정 시간에 더 강력하게 주의를 집중하는 방법을 배우는 것은 가능하다. 초월명상에 관한 문헌을 찾아보면 이러한 연구 결과가 차고 넘친다. 많은 사냥꾼이 처음에는 명상이 어려웠지만, 습관을 들인 후에는 생활의 중요한 요소가 되었다고 말한다.

종교적이든 비종교적이든 명상에 관한 책과 강좌는 수없이 많고, 많은 사냥꾼들은 명상이 도움이 되었다고 이야기한다. 묵주 명상을 하루에 10분 이상 1~2주 해본 가톨릭 신자에게 물어보라. 내가 인터뷰한 사람들은 묵주 명상을 통해 자신의 마음과 주의력이 어떻게 작동하는지 새로운 통찰력을 얻었고 다른 일들에 대한 집중력도 강화되었다고 말했다.

티베트 불교 승려들이 가르치는 기법을 위파사나 또는 '마음챙김'이라고 한다. 자신의 마음을 관찰하고 주의가 흐트러질 때 자신을 붙잡는 것을 의미한다. 하루에 10분 동안 벽이나 멀리 있는 나무 등에 시선을 집중하며 앉아 있다가 생각이 떠오를 때마다 '생각 중'이라고 자신에게 말한다. 다른 생각이 떠오를 때마다 알아차리면 어떤 의지력이나 강제적인 기법보다 더 강력하게 주의를 다시 원래의 대상에 집중할 수 있다. 몇 주간 매일 연습한 사냥꾼들은 이 마음챙김 기술을 업무와 일상생활에 적용할 수 있었다고 말했다.

뇌파를 측정하는 센서를 부착한 명상 EEG(electroencephalography) 뉴로피드백 헤드밴드 '뮤즈(Muse)' 같은 제품은 저렴한 비용으로 명상을 익히고 심화할 수 있는 유용하고 강력한 도구다.

단어를 그림으로 변환하는 법을 배우는 것도 이런 훈련의 일종이다. 앞서 언급한 청각 처리 문제는 종종 사냥꾼들에게 심각한 문제가 되지만, 한편으로는 그들이 스스로 훈련해 극복할 수 있는 문제이기도 하다. 대화할 때 사물을 머릿속에 그려보는 연습, 해야 할 일의 목록을 시각화하는 연습, 약속한 것을 실행하는 자신의 모습을 상상하는 연습을 한다. 그리고 사람들이 말할 때 집중하는 연습을 한다. 주의 깊게 듣는다.

- **때때로 스마트 기기에서 벗어나거나 최소한으로만 의존한다.** 사냥꾼의 가장 큰 특징 중 하나는 지속적인 주의 분산과 자극에 대한 욕구다. 많은 사냥꾼들이 끊임없이 자극하며 주의를 분산시키는 스마트폰에 중독된다.

  2018년 중반, 애플은 새로운 애플워치 4를 출시할 예정이었고 내가 가장 자주 이용하는 항공사는 버전 3을 마일리지로 결제할 수 있는 파격적인 할인 혜택을 제공했다. 마일리지로 저렴하게 구매할 수 있었고 호기심도 생겼다. 몇 달 지나면 흥미를 잃게 될 또 하나의 장난감이 될 거라는 가벼운 마음으로 주문했다.

  애플워치를 사용하며 나는 놀라운 사실을 발견했다. 나는 전화, 이메일, 문자 메시지를 애플워치로 간편하게 주고받을 수 있었다. 그러나 강박적으로 뉴스를 확인하거나 주사위 놀이를 끝없이 하는 등 전에 즐기던 거의 모든 작업이 불가능해졌다. 시계를 받은 둘째 날에는 깜빡하고 스마트폰을 집에 두고 왔다. 그때 내가 스마트폰에 얼마나 중독되어 있는지 깨달았다. 그리고 끊임없이 나를 자극하는 장난감 없이도 사람들과 연락하는 데 지장이 없다는 사실도 깨달았다. 몇 달 후부터는 여행할 때가 아니면 스마트폰을 거의 소지하지 않게 되었고, 일주

일에 수십 시간이나 '현재에 집중하는' 시간을 되찾았다.

기술을 배격하지 않고도 기술에 덜 의존할 방법이 있다는 점을 지적하기 위해 이 경험을 공유한다. 몇몇 친구들은 스마트폰을 폐기하고 문자와 통화만 가능한 폴더폰으로 교체했다. 그중에는 이메일 기능이 있는 것도 있다. 다른 친구들은 스마트폰에서 색상을 제거하는 옵션과 앱을 사용하거나 모든 게임 및 뉴스 앱을 체계적으로 삭제했다. 많은 부모들이 같은 이유로 자녀의 스마트폰을 스마트워치나 폴더폰으로 교체한다.

현실을 단순화해서 얘기하자면, 스마트폰은 사냥꾼들을 '지금, 여기'에서 끊임없이 멀어지게 하고 자신과 주변 사람들로부터 단절시키는 전자 수프 속으로 그들을 던져버린다.

- **가정과 직장에서 해야 할 일을 구체적인 목표들로 바꾼다.** 사냥꾼은 목표 지향적이다. 일단 하나의 목표에 도달하면 새로운 열정과 활력으로 또 다른 목표를 향해 나아간다. 일을 '그저 잘 견뎌내면 된다'는 식의 고된 의무로 여기지 말고 세부적인 단기 목표들로 쪼갠다.

  이번 주에는 마케팅 계획을 작성한다. 계획을 여러 조각으로 나누고 한 번에 하나씩 실행한다. 목록의 업무를 하나하나 새로운 프로젝트로 여기고, 남은 것들을 하나씩 해치우며, 프로젝트 단위로 성공을 '사냥'한다.

  다음 주나 다다음 주를 미리 걱정하지 않는다. 모든 목표를 단기 프로젝트로 나누고, 하나씩 달려든다. 연말이 되면 거의 의식하지도 않았지만 이미 연간 목표를 달성했음을 알게 될 것이다.

- **'주의가 흐트러지지 않는 구역'을 만든다.** 헨리 데이비드 소로는 글을 쓰려고 한적한 월든 호숫가로 이사했다. 작업 공간과 시간을 정리하고 나만의 월든 호수를 만들자. 문을 닫고, 라디오를 끄고, 사람들에게 즉시 전화를 받지는 못할 거라고 양해를 구하고, 한 번에 한 가지 일을 하자. 주의가 흐트러지지 않는 구역에서 하루 한 시간만 보내도 작업량을 두 배까지도 늘릴 수 있을 것이다.

자극을 갈구하고 산만함에 활력을 얻는 사냥꾼으로서는 이런 조언이 처음에는 낯설게 느껴질 수 있다. 자신이 그저 한 시간 동안 놀고 있다고 다른 사람들이 생각할까 봐 실행에 옮기는 것을 두려워할 수도 있다. 하지만 업무 중에 시도해 본 많은 사냥꾼들은 이것이 금세 강력하고 규칙적인 습관이 되었으며 동료들도 대개는 별로 신경 쓰지 않았다고 한다.

한 ADHD 성인은 법학대학에 다닐 때, 주의가 산만해지지 않는 곳에서 일주일 동안 쌓인 숙제를 해치우려고 매주 토요일 호텔 방을 빌렸다고 한다. 이 습관은 그가 학업을 마치는 데는 매우 효과적이었다. 그러나 변호사로 일하기 시작했을 때, 그는 사무실의 어수선한 분위기 때문에 뭔가 의미 있는 일을 아무것도 할 수 없었다. 멀리 떨어진 자리의 사무원이 펜을 떨어뜨리면 그는 그 소리에 정신이 팔려 주의가 산만해졌다. 그는 주변을 끊임없이 탐색하는 사냥꾼의 기질을 누르려고 리탈린을 선택했다. 하지만 개인 사무실을 요청하고 문을 닫는 선택지도 가능하지 않았을까? 물론 불행히도, 일부 직장에서는 빈둥거릴 여지를 준다고 보아 개인 공간을 되도록 허용하지 않는다.

방해 없는 구역을 만드는 또 다른 방법은 매일 업무가 끝나면 책상을 치우고 생활 공간을 깨끗하고 정돈된 상태로 유지하는 것이다. 이것은 많은 사냥꾼이 채택한 생존 기술이다. 지저분한 책상이나 집은 방해 요소가 너무 많아서 그런 공간에서는 한 가지 일에 집중하는 것이 거의 불가능하기 때문이다. 일을 시작할 때 책상 위에 널려 있는 뭔가에 시선이 가고, 또 그 옆에 있는 다른 서류를 뒤적이다 보면 어느새 원래 하려던 작업에서 한참 벗어나게 된다.

내가 인터뷰한 성인 사냥꾼 대부분은 흥미롭게도, 주변이 완전히 조용하거나 주의를 산만하게 하는 가사가 없는 음악을 들을 때만 집중이 필요한 일을 할 수 있다고 얘기했다. 가정이나 일터에서 악기로만 연주한 음악을 틀어야 한다고 요구하는 것은 농부 배우자나 직장 동료를 당황하게 할 수 있지만, 사냥꾼은 그것이 자신의 성격 특성을 나타내는 신호임을 즉시 알아차린다.

- **매일 운동한다.** "최소한 일주일에 4일은 달리기를 해야, 일할 때 제대로 집중할 수 있어요." 광고 대행사의 영업 임원이 최근에 내게 이렇게 말했다. 그는 30분에서 1시간 정도 유산소 운동을 하면 리탈린을 복용하는 것만큼이나 뇌가 '조정'된다고 말한 사냥꾼 중 한 명이다.

이 부분에 관한 학술 연구는 아직 보지 못했지만, 사람들이 들려준 수많은 사례를 통해 몇 킬로미터를 빠르게 걷는 것 같은 일상적인 운동이 뇌의 혈류를 증가시키거나 어떤 식으로든 사냥꾼의 집중력을 증진하는 방식으로 체내 화학 물질을 변화시킨다는 것을 알 수 있다. 생물학적으로 사냥에 적합하게 설계되었다면 매일 '먹이를 쫓아 달리는 것'은 사냥꾼의 뇌가 더 원활하게 작동하는 데 필요한 호르몬과 신경전달물질을 자극하거나 방출하게 할 것이다.

- **자신이 잘하는 일을 알고 그 일을 계속한다.** 농부의 직업은 피한다. 나는 컨설턴트로 일한 지 30년이 넘었는데, 성공적인 기업가들은 농부 유형도 많았지만, 대부분은 사냥꾼 유형이었다. 기업가의 정의 자체가 사냥꾼의 성격 유형과 거의 같다.

반면에, 나는 좌절한 사냥꾼 기업가들도 많이 만났다. 대개 다음과 같이 상황이 전개된다.

1. 사냥꾼 기업가가 훌륭한 사업 아이디어를 생각해 내고 그것을 개발하는 데 몇 달 또는 몇 년간 매달린다. 사업이 성장하고 번창하기 시작한다.
2. 몇 년 후, 창업자의 책임이 모든 일을 조금씩이라도 하고, 사업의 모든 측면을 알고, 모든 직원의 일에 직접 개입하는 단계에서 중간 관리자 단계로 전환되어야 하는 규모에 도달한다. 이때 신생기업이 회사의 체계를 갖추게 되는데, 보통 조직이 6~15명의 인

원으로 확장될 때다.

회사가 성장하는 이 시점에, 사업에 착수하게 했던 사냥꾼의 기술은 회사 대표로서는 걸림돌이 된다. 지금 필요한 것은 견고하고 꾸준하게, 신중하게 계획해서 관리하는 능력이다. 사냥꾼에게는 본래 없는 기술이다. 그 결과 회사가 흔들리기 시작하고, 관리가 제대로 안 되는 상황에서 필요한 지원을 못 받는 직원들의 불만이 쌓이지만, 회사는 새로운 아이디어에서 새로운 아이디어로 옮겨가며 그중 어떤 것도 현실에 뿌리내려 굳건해지지 못한다.

대부분의 소규모 기업은 이런 식으로 망하게 된다. 이유는 간단하다. 사냥꾼은 창업에 유리하지만, 대개 회사를 잘 운영하지는 못한다.

많은 사냥꾼들이 창업한 회사를 계속 직접 운영하는 실수를 저지르는 것은 비극이다. 사업이 확장되는 이 시점에 필요한 일은 유능한 농부를 중간 관리자로 데려와서 그 농부에게 운영을 맡기는 것이다. 이 모델에서 사냥꾼 기업가는 창의적인 컨설턴트가 되고, 영업 같은 전통적인 사냥꾼의 역할을 맡고, 회장이 되거나 새로운 프로젝트에 뛰어든다.

이런 난관을 성공적으로 헤쳐나간 몇몇 회사들은 농부와 사냥꾼의 파트너십에 기반하고 있었다. 농부와 사냥꾼이 동업했거나 정반대 성향의 부부가 회사를 운영하는 경우였다.

사냥꾼 기업가가 장기적으로 성공하고 싶다면 좋은 농부를 고용하고, 책임과 권한을 위임하고, 간섭하지 않는 법을 배워야 한다. 어렵고 직관에 반하는 일로 보이지만, 이렇게 해야 성공의 기반을 탄탄히 다질 수 있다.

어떤 회사들은 특히 판매 분야에서 사냥꾼과 농부를 일부러 팀으로 짝지어 놓는다. 사냥꾼은 밖에 나가 사업을 따내고, 농부는 서류 작업과 후속 조치를 진행한다. 전형적인 예로 농부 비서가 없다면 완전히 길을 잃어버릴 사냥꾼 임원을 들 수 있다.

이 책을 준비할 때 나는 이 장의 내용을 성공적인 기업가이자 컨설턴트인 사냥꾼 친구에게 보내주었다. 그는 이메일로 아래와 같은 소감을 밝혔다.

자기 분야에서 뛰어난 수많은 사냥꾼이 경영에는 형편없다고 확신해. 나도 그중 한 명이지. 내 목숨이 달려 있다 해도 예산 책정, 인사 평가, 사원 육성 같은 농부의 일을 내가 잘할 수 있을지 의심스러워. 나는 아주 훌륭한 선생님과 함께 수년간 노력했지. 나는 성공하고 싶었고 열심히 노력했지만, 그런 일들이 싫었고 실패하고 말았어. 끔찍했지.

맡은 일은 잘하지만 관리 능력은 부족한데 더 큰 부서의 관리자가 되는 방식으로만 승진할 수 있는 회사에 다닌다면 크게 좌절할 수밖에 없어. 대조적으로 일부 회사에서는 이제 조직 관리와 운영에는 능숙하지 않거나 관심이 없어도 특정 업무에 뛰어난 직원들이 있다는 것을 알고 있어. 이런 회사들은 업무 특성에 따라 관리자가 되지 않고도 높은 자리까지 승진할 수 있도록 하지.

사냥꾼 앤드류 카네기가 미국에 이민 왔을 때 그의 주머니에는 채 2달러도 안 되는 돈밖에 없었지만, 세상을 떠날 때는 미국에서 가장 부유한 사람 중 한 명이었다. 그는 묘비에 '자신보다 똑똑한 사람들을 어떻게 다뤄야 하는지 알았던 사람이 여기에 잠들다'라는 글귀를 남겼다.

⓫

충동을 통제하려는 사냥꾼의 분투

나는 유혹을 제외한 모든 것에 저항할 수 있다.
오스카 와일드 『레이디 윈더미어의 부채』(1892)

이 사회에서, 또한 개인적 삶에서 성공하려는 사냥꾼들에게 심각한 걸림돌이 되는 ADHD의 특성은 충동성과 갈망이다.

그런데 이 두 가지 특성은 적절히 조절하면 일부 사냥꾼이 우리 사회에서 엄청나게 성공하는 비결이 되기도 한다. 통제할 수 있다면, 이러한 추진력은 기관을 설립하고 사업을 시작하고 책을 쓰고 예술 작품을 창작하며, 국가와 회사와 개인적 삶을 완전히 새롭고 멋진 방향으로 이끄는 창의적인 아이디어로 이어진다.

그러나 통제 불능일 때, 충동성과 갈망은 사냥꾼을 자기 파괴나 감옥으로 몰고 갈 수도 있다. 그리고 이 두 가지 특성은 서로

밀접하게 연관되어 있다.

충동성은 일할 때 빠른 결정을 내리고 많은 데이터를 빠르게 분류해서 결론에 도달하는 능력으로 나타난다. 문제는 사냥할 때 필요한, 에너지의 폭발적인 분출이 충동적인 결정에도 작용한다는 것이다. 단순한 상황에서는 성공으로 이어질 수 있는 "와! 그래, 그걸 하자"라는 결정이 복잡한 사업의 세계에서는 종종 재앙으로 이어진다. 자연은 에너지의 폭발로 사냥을 신속하게 마무리하도록 설계했지만, 그것이 현대 사회에서 충동적인 결정으로 이어지면, 사냥꾼은 새롭고 때로는 위험한 방향으로 돌진하곤 한다.

일부 사냥꾼들은 자신의 충동성이 자산이 될 수 있는 업무 환경을 스스로 조성한다. 토머스 에디슨은 자신의 시간과 작업 방향을 완전히 통제했다. 그는 전구를 발명하기 위해 만 가지 이상의 방법으로 시도했다고 한다. 성공한 사냥꾼들에게 흔한 직업인 전문 작가들 상당수도 영감이나 아이디어가 떠오를 때 '폭발적인 작업'을 할 수 있도록 자신의 일정을 유연하게 조절할 수 있어야 한다고 말한다.

반면, 농부 유형의 직업이 있거나 학교에 다니는 사냥꾼에게는 충동성이 문제가 될 수 있다. 성공적인 사냥꾼들은 몇 가지 기술로 충동성을 극복한다.

- **농부와 파트너가 된다.** 사냥꾼과 농부의 조합은 서로의 세계관과 일하는 방식에서 근본적인 차이를 인식하지 못하면 두 사

람 모두에게 실망스러울 수 있다. 하지만 서로의 차이를 인식하고 있다면 이러한 파트너십은 성공을 위한 확실한 처방이 되곤 한다.

사냥꾼은 보통 팀에서 가장 눈에 띄는 존재로서, 창의적인 천재성과 새로운 아이디어로 사업에 활력을 불어넣고 혁신적인 방식을 시도하며 새로운 방향을 시험하는 선두 주자다. 농부는 사냥꾼의 아이디어가 실현 가능한지 시험하는 한편 사냥꾼이 궤도를 이탈하지 않고 맡은 일을 수행하도록 지원하는 이중의 역할을 한다. 두 사람 모두 상대방의 장단점을 잘 파악하고 각자의 역할에 충실하면 이렇게 구성된 팀은 크게 성공할 수 있다.

안타깝게도 사냥꾼은 농부보다는 다른 사냥꾼에게 끌리는 경우가 많다. 사냥꾼 둘이 만나면 서로를 이해하고 에너지를 공유하면서 새로운 아이디어에 함께 열광하며 작업에 뛰어들 수 있다. 하지만 궤도에서 이탈하지 않도록 느리고 꾸준한 노력을 기울여 과제를 진행하며 지원과 보완 작업을 해내는 농부가 없다면, 사냥꾼과 사냥꾼 파트너십은 종종 통제 불능 상태가 되어 충돌하고 불타오르기도 한다.

한편 두 명 이상의 농부로만 구성된 팀은 때때로 아무것도 얻지 못하는 것처럼 보인다. 사업을 개시했으나 앞으로 나아가는 데 필요한 불꽃이 튀지 않아 결국 사라진 회사들이 무수히 많다. 구성원들 모두 너무나 신중하고 체계적이며 새로운 아이디어에 심취하기보다는 먼저 평가하고 재단해버리기 때문이다. 모든 가능성을 상세하게 검토하지만, 불이 붙는 것은 없다.

- **모든 결정을 하루 연기한다.** 주변에 사냥꾼의 충동성을 말리고 균형을 잡아줄 농부가 없는 경우, 간단한 기술을 적용해서 '내면의 농부'를 만들 수 있다. 결정을 내일로 미루는 것이다. '익명의 알코올 중독자들 모임(AA)'의 지침과 12단계 프로그램은 마치 어려움을 겪는 사냥꾼을 위해 맞춤 제작된 것처럼 보일 정도로 잘 들어맞는다. 회복 중인 알코올 중독자나 약물 남용자가 가장 먼저 배우는 기본적인 기술 중 하나가 바로 하루만 결정을 늦추는 것이다. 1일은 약한 수준의 충동이 사라지는 데 걸리는 시간으로, 사냥꾼이 즉각 결정을 내리지 않고 하루만 미루는 습관을 들이면, 충동적인 결정 중 상당수가 시간의 흐름 속에서 저절로 녹아버린다.

  다시 말해, 미루는 법을 배워야 한다는 뜻이다.

  극단적인 농부의 자연스러운 특성인 '생각해 보겠다'는 명목으로 결정을 미루고 미루는 행동은, 흥미롭게도 사냥꾼을 가장 화나게 하는 것들 중 하나다. 그렇더라도 사냥꾼이 익혀야 할 유용한 기술이다.

  아이디어나 결정해야 할 것들을 적어두고, 다음날까지 기다렸다가 조치한다.

  한 사냥꾼은 대학 시절 여자친구에게 쓴 편지를 보내기 전에 항상 밤새 서랍에 넣어두었다고 얘기해주었다. 다음 날 편지를 보면 종종 거기 담긴 충동적인 생각을 좀 더 부드럽게 다듬어야 할 때가 있었다. 이런 습관 덕분에 그는 여자친구와의 관계에 문제가 생길 가능성을 최소화할 수 있었다.

- **일을 작은 조각으로 나눈다.** 농부들이 사냥꾼에게 느끼는 가장 큰 불만 중 하나는 수많은 일을 시작하지만 끝내는 일은 하나도 없다는 것이다. 이 문제는 충동성에서 비롯되는데, 충동적으로 새로운 프로젝트를 시작하지만, 곧 새로운 충동 때문에 그 프로젝트를 포기하고 다른 새로운 프로젝트에 몰두하게 된다. 그렇다면 사냥꾼이 뭔가 중요한 일을 이루는 데 필요한 끈기를 어떻게 얻을 수 있을까?

  몇 년 전, 나는 소설가로 성공한, 오랜 친구의 집에 찾아갔었다. 전형적인 사냥꾼인 그는 평생 수십 개의 직업을 거쳤고, 대부분 짧은 기간 동안 매우 성공적으로 일하다가 완전히 소진되어 다른 일을 시도하려고 일을 그만두곤 했다. 그는 여러 배우자를 거쳤고, 스무 번 가까이 이사했다. 그는 소설을 쓰기 시작했고 몇 년이 흐르자 좋은 수입을 올리게 되었다.

  나는 7~8cm 두께로 그의 책상 위에 쌓여 있는 종이 더미, 곧 출판사에 보낼 새 소설의 원고를 바라보며 "어떻게 이렇게 할 수 있지? 어떻게 지치지 않고 A4 500장을 써낼 수 있어?"라고 물어보았다.

  건강식품 이야기가 나올 줄 알았는데, 그의 답을 듣고 깜짝 놀랐다. "하루에 다섯 장."

  "뭐?" 답이 너무 단순해서, 농담하는 건 아닌지 궁금했다.

  "간단해. 하루에 다섯 장씩 쓰면 100일, 약 3개월이 지나면 소설 원고가 완성돼. 그다음 하루에 열다섯 장씩 고쳐 쓰면 한 달이 더 걸리지. 그러면 1년에 장편소설 세 권을 쓸 수 있어."

"다섯 장을 쓰는 데는 몇 시간 걸려?"

그는 손바닥이 위로 향하도록 했다가 뒤집었다. "상황에 따라 달라. 아침에 일어나자마자 글을 쓰기 시작해. 오전 10시까지 다 쓴 다음 아침을 먹고 종일 책을 읽거나 놀기도 하고, 자정이 되어서야 끝날 때도 있고. 다섯 장을 다 쓰기 전까지는 절대 잠자리에 들지 않기로 했지."

그 대화 이후, 나는 어느 정도 사냥꾼 기질이 있는, 성공한 다른 작가들 상당수도 거의 같은 얘기를 한다는 것을 알게 되었다. 에디슨과 테슬라는 세상을 바꾼 발명품들을 만들 때 이 원칙에 따랐다. 수많은 사업가와 직장인도 이 원칙에 따른다. '큰 프로젝트를 잘게 쪼개서 한 번에 하나씩 해치우라'는 데일 카네기의 기본 원칙은 지금도 사냥꾼들에게 유용한 조언이다.

갈망과 충동성은 동전의 양면과도 같다. 사냥꾼들은 단것, 섹스, 흥분, 약물, 술, 성공, 장난감 등에 대한 강한 충동과 욕구를 느낀다고 토로하곤 한다. 일부 농부들은 사냥꾼들의 이러한 갈망을 이해하지 못한다. 그들은 오르가슴 직전의 순간에만 그렇게 강한 갈망을 느끼기 때문이다. 하지만 많은 사냥꾼은 매일 매일 갈망을 안고 살아가며, 종종 자기 파괴적인 방향으로 치닫는다.

교도소 수감자 중 사냥꾼 비율이 높다는 사실은 충동에 욕구가 결합하면 얼마나 위험한지 증명한다. 특히 어린 사냥꾼들은 자신의 행동이 장기적으로 어떤 결과를 초래할지 완전히 무시하고 무엇을 원하든 무조건 그것을 '얻어내거나', '지금 당장' 뭔가를 하려는 충동에 휘둘리곤 한다. 이는 아마도 사냥꾼들이 경험하는 시간의 탄력성과 관련이 있는 것으로 보인다. 만족을 위해 기다려야 하는 시간이 영원처럼 느껴지기 때문이다. 사냥꾼 유전자의 영향을 깊이 받은 사람은 미래가 영원히 오지 않을 것처럼 느끼므로 오늘의 행동이 어떤 결과를 초래할지 걱정하지 않는다. 당연하게도 이런 습성은 재앙으로 이어질 수 있다.

판매 분야에는 물건을 가장 팔기 쉬운 대상은 다른 판매원이라는 오래된 격언이 있다. 이 말은 대개 옳다. 판매원은 사냥꾼이 타고난 직업 중 하나다. 사냥꾼이 뭔가를 사게 하려면 사냥꾼의 욕망을 자극하기만 하면 된다. 사냥꾼은 원래 충동구매자다.

사냥꾼은 특히 청소년기에 위험한 행동을 할 가능성이 크다. 약물, 담배, 알코올을 시도할 가능성이 크고 중독될 가능성도 크다. 비행기에서 뛰어내리거나 번지점프를 하거나 잘 모르는 사람과 침대에 뛰어들 가능성이 크다.

일부 사냥꾼들은 무언가를 끊임없이 갈망하는데, 그 갈망은 잠깐이라면 모르지만, 그 이상은 절대 만족시킬 수 없다. 열정적으로 뭔가에 몰두하지만 금세 지쳐버린다. 그들은 항상 자신과 세상을 실험한다.

사냥꾼이 갈망을 조절할 수 있는 두 가지 기술을 소개한다.

- **지나갈 때까지 기다린다.** 갈망은 너무나 강렬해서 명백하게 잘

못된 결정도 하게 만든다. 하지만 음식, 섹스, 최신 스마트폰이나 새 자동차에 대한 갈망을 몇 시간만 참아도 그냥 사라지는 경우가 많다.

- **갈망의 방향을 바꾼다.** 프로이트는 '자유롭게 떠다니는 리비도'에 대해 이야기했다. 사랑에 빠졌을 때 우리는 특정 대상을 사랑한다고 여기지만, 사실 우리가 경험하는 것은 사랑 그 자체이며, 상대방은 사랑을 경험하게 해주는 수단일 뿐이다. 다시 말해, 욕망은 외부가 아닌 우리 내부에 있으며, 애착이 있다고 느끼는 하나의 대상뿐만 아니라 다른 대상들을 향할 수도 있다. 사냥꾼들은 동시에 여러 목표를 추구하는 경우가 흔하다. 둘 이상의 목표가 있는 사냥꾼이 B라는 목표에 대한 갈망이 생길 때, 원래 추구하던 A라는 목표에 계속 집중하면 B에 대한 갈망이 무시해도 될 정도로 충분히 줄어들 시간을 벌 수 있다.

다시 말해, 갈망과 정면으로 싸우기 어렵다면 일정 시간 다른 데 신경을 쓴다. 시간이 흐르면 갈망이 저절로 사라지는 경우가 많다.

⓬

사냥꾼과 함께하는 학부모, 교사, 관리자라면?

위대한 일은 강점이 아니라 인내로 이루어진다.
하루에 세 시간씩 힘차게 걷는 사람은
7년 안에 지구 둘레와 같은 길이를 걷게 될 것이다.
새뮤얼 존슨 『아비시니아의 왕자 라셀라스 이야기』(1759)

나는 한 대형 소매점 체인에서 컨설턴트로 일한 적이 있다. 고용 정책에 대해 논의하던 중 한 임원으로부터 이런 말을 들었다. "우리는 지원자의 이력을 살펴봅니다. 직장을 자주 옮기는 사람은 채용 대상에서 제외합니다. 최소 4년 이상 한 직장에 머물지 못하는 사람은 채용하지 않습니다."

이것은 직원 교육에 막대한 비용이 들고 사냥꾼의 기술을 업무에 활용하지 않는 소매업체에서는 상식이다. 계산하는 것 이상의 큰 역할은 기대하지 않고 창의성과 주도성은 그다지 요구되지 않는다.

한편, 뉴욕주의 한 대형 여행사를 대상으로 교육을 진행했을 때, 그 여행사 사주는 이렇게 말했다. "내근직 예약 담당자는 보통 5년 이상 근무하는 반면, 외근을 주로 하는 영업사원은 어떤 이유에서인지 2년 정도면 다른 일을 찾아 떠납니다."

그 사주는 이를 문제라기보다는 기본적인 현실로 받아들였다. 물론 새로운 영업사원을 영입하고 교육하고 빠르게 적응시키는 데는 어려움이 따랐다. 하지만 우수한 영업사원들은 이러한 비용을 감당할 만큼 실적을 내므로 사주는 기꺼이 그 비용을 낸다고 했다.

이 두 가지 예는 직무와 성격 유형을 일치시키는 것이 얼마나 중요한지 잘 보여준다. 농부는 매장 점원에 더 적합하고, 사냥꾼은 영업사원에 더 적합하다. 그리고 사냥꾼이 오래 일하지 않더라도 고용주는 잦은 이직에 따른 비용이 부담스럽지 않을 만큼 사냥꾼에게서 충분한 업무 성과를 끌어낼 수 있는 경우가 많다. 실제로 영업 중심 조직 상당수는 영업사원의 높은 이직률을 고려하고 사업 계획을 수립한다.

그러나 높은 이직률을 고려하는 것 외에도 사냥꾼들이 잠재력을 충분히 발휘하려면 업무구조 면에서 세심한 조율이 필요하다. 몇 가지 간단한 지침을 소개한다.

- **측정 가능한, 단일한 단기 목표로 기대치를 정의한다.** 이렇게 하면 사냥꾼들이 커다란 일을 작은 부분으로 나누고 단기 집중력을 발휘하는 데 도움이 된다. 예를 들어 이번 달에 매출을 10% 늘린다는 목표 대신 하루에 콜드 콜(cold call, 사전 약속 없이 임

의로 고객을 방문하거나 전화하는 것) 10건을 한다는 목표를 세우는 것이다. 목표가 구체적이고 명확하며 측정 가능할수록 달성 가능성이 커진다. 그리고 가능하면 한 번에 하나의 우선순위만 설정한다.

- **일일 평가 시스템을 만든다.** 사냥꾼의 시간 감각은 농부와 상당히 다르고, 사냥꾼에게 하루는 긴 시간이다. 매일 사냥꾼과 업무 미팅을 하거나 일일 보고서를 작성하게 하면 사냥꾼이 목표를 달성하거나 더 나아가 초과 달성할 확률이 높아진다.
- **장기 보상이 아닌 단기 보상을 제공한다.** 농부는 2년 동안의 성과가 목표를 초과하면 받게 될 특별 휴가를 상상할 수 있지만, 사냥꾼에게는 이러한 보상이 너무 멀게 느껴질 수 있다. 이번 주에 목표를 달성하는 사람에게 수여할 100달러 지폐를 벽에 붙여두는 편이 사냥꾼에게는 훨씬 더 동기를 부여하는 보상이 될 수 있다.

  그렇다고 해서 사냥꾼에게 장기적인 목표와 보상을 정의하거나 제공하지 말아야 한다는 뜻은 아니다. 어쨌든 장기적인 보상보다는 단기적인 보상과 측정 가능한 단기 성과가 사냥꾼에게 훨씬 더 큰 효과를 발휘한다.
- **사람 중심이 아닌 시스템 중심의 직장, 가정, 학교 환경을 조성한다.** 사냥꾼들은 만성적으로 정리를 어려워하므로 적절하게 구조화된 업무 시스템이 있으면 길을 잃지 않고 업무를 완수하는 데 도움이 된다. 이러한 시스템은 하루를 단위로 업무, 성과, 목표, 자가 측정의 기준이 있어야 한다. 예를 들어 영업사원의

경우 매일 콜드 콜 횟수, 후속 전화 횟수, 고객 서비스 전화 횟수를 기록할 수 있다. 영업사원은 업무를 마칠 무렵 이 양식을 작성하며 자신이 제대로 하고 있는지 확인할 수 있다. 영업 업무 지침에 '신규 고객을 유치하기 위해 매일 최소 10회 이상 콜드 콜을 해야 한다', '기존 고객에게는 한 달에 한 번씩 전화를 걸어야 한다'고 명시하기도 한다.

학교와 가정에서 사냥꾼을 가르치고 양육하는 법

오랫동안 우리 학교 시스템은 '특별한' 아이들의 수요에 맞추기 위해 수많은 프로그램을 실험해 왔다. 매우 영리한 학생들이 종종 겪는 지루함과 자극의 필요성을 해결하기도 했고, 의욕이 없어 보이는 아이들에게 동기를 부여하는 방법을 모색하기도 했다. 또 다른 사람들은 '문제아'의 행동장애를 개선하기 위해 노력했다.

하지만 지금까지 공교육 모델 외의 프로그램에서 ADHD 아동 또는 사냥꾼 아동에게 적합한 교육방식을 모색하는 시도는 거의 없었다. ADHD는 '장애' 또는 '질병'으로 여겨졌으므로 논리적인 처방은 약물 치료였다.

그래서 오늘날 수백만의 사냥꾼 아이들이 농부 교실에 앉아 약물을 복용하고 있다. 1975년 미국 상원 증언에 따르면 과잉행동 처방 약물을 복용하는 아동은 200만 명 이상이었다. 수십 년

이 흐른 지금, 대부분의 전문가들은 그 수가 두 배 이상 증가했다고 보며, 네 배로 증가하는 것도 상상하기 어려운 일은 아닐 것이다.

사냥꾼 유형의 아이들 다수는 지능이 평균 이상이므로 20~30%의 시간만 주의를 기울이면서도 그렇지 않은 척해서 학업을 이수한다. 그래서 조직력과 끈기에 대한 요구가 일반적인 대처 전략이나 지능으로 시스템을 따돌리는 능력을 초과하는 중학교나 고등학교에 도달할 때까지 ADHD가 발견되거나 진단되지 않는 경우가 있다.

사냥꾼이 과제에 계속 집중하도록 하는 다양한 시스템을 쉽게 구현할 수 있다. 중요한 점은 단순히 농부 중심 교실에서 성공하지 못했다는 이유만으로 '똑똑한' 아이들을 대상으로 한 교육이 ADHD 사냥꾼에게 제한되어서는 안 된다는 점이다. 재능 있는 아이들 대상의 특별 수업 대부분은 프로젝트 및 경험 기반이므로 창의성을 발휘할 기회가 더 많거나 정보를 작은 단위로 잘라 흡수하기가 더 쉬우므로, 일반교실에서 실패한 사냥꾼이 탁월해질 기회를 제공하기도 한다.

사냥꾼 아이들이 학교에서 성공하는 데 도움이 되는 몇 가지 간단한 시스템은 다음과 같다.

- **주간 성과표를 만들고 매일 확인한다.** 매일 아동의 성과를 교사와 부모가 표시한다. 숙제를 제출하거나 제출하지 않는 등 긍정적, 부정적 결과를 기록한다. 아동이 준수해야 할 시스템을

만들면 ADHD 아동이 과제를 하고 시간을 잘 지키도록 하는 데 도움이 된다.

- **추가 학점을 위한 특별 프로젝트를 장려한다.** 앞서 언급했듯 사냥꾼 아이들은 특별 프로젝트에서 좋은 성적을 거두고 있다. 이러한 프로젝트는 그들에게 자신의 성향에 맞는 방식으로 학습할 수 있게 해주고, 지루한 숙제를 꾸준히 하지 못하더라도 높은 점수를 받을 기회를 제공한다.
- **그들을 '장애가 있는' 사람이 아니라 사냥꾼이나 파수꾼으로 분류한다.** 꼬리표의 효과는 강력하다. 꼬리표는 우리가 자신과 세상, 그리고 세상에서 우리가 있는 위치를 보는 패러다임을 만들어낸다. '나는 누구인가?' '어디에 속해야 할까?'를 어른들보다 훨씬 더 많이 고민하는 아이들에게 "너는 결핍과 장애가 있어"라는 꼬리표를 붙이는 것은 긍정적이기보다는 부정적인 효과를 발휘하기 쉽다.

이 책은 ADHD를 바라보는 새로운 모델, 아이들의 자존감과 잠재력을 훼손하지 않는 새로운 패러다임을 제시한다.

"너는 장애가 있어"라는 말은 아이에게 다른 사람보다 잠재력이 적다고 말하는 것이다. 너는 문제를 일으킬 것이고, 자신의 실패를 탓할 변명거리가 있다고 말하는 것이다. 이러한 메시지는 전혀 건설적이지 않다. ADHD는 자존감을 유지하는 방식으로 표현할 수 있다.

ADHD는 특정 사회와 과제에 더 맞는 적응 메커니즘과 성격 특성의 집합이다. 아이에게 그 아이의 특성이 어떤 영역에는 잘 맞지만 어떤 영역에서는 어려움을 겪을 수 있다고 말하고, 그 어려움을 극복할 방법을 제시하면 대개 자존감이 높아진다. 이 책에서 지적했듯, 사냥꾼들에게는 매우 큰 장점이 있다. 따라서 사냥꾼 아이들에게 그들의 독특한 장점을 강조하고 나중에 인생에서 성공할 수 있는 성격적 특성을 키우고 개발할 수 있도록 해야 한다.

- **'재능 있는' 어린이를 위한 프로그램을 다시 생각한다.** 애틀랜타 지역 학교에는 '똑똑한' 어린이를 위한 타겟(Target)이라는 프로그램이 있다. 타겟 프로그램은 교실 중심이기보다는 프로젝트 중심이다. 현장학습을 하고, 공부하는 원리를 배우기 위해 실험을 한다. 이 프로그램은 의자에 앉아서 듣기보다는 직접 참여하는 것을 강조한다.

  이것은 ADHD 사냥꾼 아이에게 완벽한 교육 모델이다.

  그러나 아이러니하게도 똑똑한 사냥꾼 아이들이 타겟 프로그램에 들어가기는 어렵다. 선발 기준이 성적이기 때문이다. 일반적인 농부 교실에서 그들의 성적은 대개 별로 좋지 않다.

  또 하나의 아이러니는 일반 교실에서 뛰어난 농부 아이들 중 일부가 타겟 프로그램에서는 어려움을 겪는다는 것이다. 그들은 사냥꾼 아이들만큼 경험 기반 학습에 적합하지 않고, 농부 교실에서 가장 성취도가 높다. 여기에 간단한 진실이 있다. 사람마다 적합한 학습법이 다르다는 것이다.

  농부 교실에서 성취도가 우수한 농부 아이는 사냥꾼 교실에 배정되고, 농부 교실에서 성취도가 낮은 사냥꾼 아이는 사냥꾼에게 잘 맞는 타겟 프로그램에 선발되지 못하는 현실이다.

당연히 해결책은 학생의 현재 학업 성취도가 아니라 학생에게 어떤 학습법이 적합한지 고려하는 것이다. 전통적인 교실 상황에서 잘 배우는 아동은 그대로 남는다. 높은 수준의 자극, 소규모 학급, 경험 기반 학습 환경이 필요한 아동은 이에 맞는 프로그램에 배치한다.

- **약물치료를 신중하게 결정한다.** ADHD 아동에 대한 약물치료는 논란의 여지가 있다. 나중에 약물 남용자가 될 위험이 가장 큰 사람들에게 혼란한 메시지를 전달할 수 있다.

  또한 약물의 장기적인 부작용에 대한 매우 현실적이고 정당한 우려가 있다. ADHD 치료에 사용되는 모든 약물은 뇌의 신경전달물질 수치, 특히 세로토닌과 도파민 수치를 변화시킨다. 이렇게 달라진 신경전달물질 수치는 뇌가 새로운 신경 수용체를 성장시키거나 약물로 인한 '비정상적인' 수치를 보상하기 위해 자체 신경전달물질 생성 수치를 조절하는 보상 메커니즘을 유발할 수 있다는 증거가 있다(16장 참조).

  파킨슨병, 알츠하이머병 같은 질환은 신경전달물질 수준과 관련이 있으므로 일부 의학 문헌에서는 ADHD 치료를 받는 어린이가 나중에 그런 질환에 걸릴 위험이 더 클 수 있다는 우려를 표명한다. 각성제나 진정제를 장기간 사용하면, 다른 약물에 대한 갈망이나 중독이 발생할 수 있다는 추가적인 우려도 있다.

반면, 맞춤형 프로그램이나 지원 시스템이 없는 상황에서라면 ADHD 아동이 약물을 복용하지 않는 것이 문제가 될 수 있다. 이를 보상할 뛰어난 지능이 없다면, 많은 아이들이 학업을 포기하고 중퇴하게 된다. 이러한 맥락에서 볼 때, 약물 치료의 잘 알려지지 않은 장기적 위험은 학교에 적응하고 성적이 향상되는 단기적 이점으로 상쇄된다고 할 수 있다.

흥미롭게도 ADHD로 진단받고 공립학교에서 낙제한 아이들이 사립학교에서는 우수한 성적을 거두는 경우가 흔하다고 많은 부모들이 이야기한다. 작은 교실, 구체적인 목표 설정, 개개인에 대한 더 많은 관심, 프로젝트 기반 학습은 사립 초등학교와 중등학교에서 꽤 흔한 교육방식이다. 이러한 교육 시스템은 사냥꾼 아이가 학업에서 성공하기 위해 반드시 약물이 필요하지는 않다는 것을 보여주었다.

하지만 불행히도 대부분의 공립학교는 사냥꾼에게 적합한 교육 환경을 실현할 자원이 부족하다. 이 상황은 ADHD에 대한 정보가 세금을 내는 일반 대중, 학부모, 교육 당국에 더 많이 알려질수록 바뀔 수 있다. 아무것도 하지 않을 때, ADHD 아동이 학교에서 실패하고 인생에서 실패하면서 학교와 사회가 감당하는 비용은 사전 예방 프로그램을 도입하는 경우보다 더 크다.

ADHD를 자연의 적응적 특성으로 보는 새로운 관점

'장애' 관점의 특성	'사냥꾼' 관점의 특성	반대되는 농부의 특성
산만하다.	주변 환경을 끊임없이 살핀다.	쉽게 주의가 흐트러지지 않는다.
주의 지속 시간은 짧지만, 장기간 특정 과제에 깊이 몰두할 수 있다.	순식간에 상황을 감지하고 추격에 뛰어들 수 있다.	꾸준하고 믿음직한 노력을 기울인다.
계획적이지 않고 조직적이지 않다. 충동적(즉흥적인 결정)	유연하고 전략을 빠르게 바꿀 준비가 되어 있다.	조직적이고 목적의식이 있다. 장기 전략이 있고 그것을 고수한다.
왜곡된 시간 감각(뭔가를 할 때 시간이 얼마나 흐르는지 모름)	지치지 않는다(지속적인 추진력이 있지만 특정 목표를 추진하고 있을 때만 그렇다).	시간과 타이밍을 의식한다. 제때 일을 끝내고 속도를 맞추고 인내심이 있다.
참을성이 없다.	결과 지향적이다(현재의 목표에 가까워지고 있는지 예민하게 감지한다).	참을성이 있다(가치 있는 일은 시간이 걸린다는 것을 안다. 기다릴 의향이 있다).
단어를 개념으로 능숙하게 변환하지 못하고, 그 반대도 마찬가지다. 읽기 장애가 있을 수도 있고 없을 수도 있다.	시각적, 구체적으로 사고한다. 단어가 없더라도 구체적인 목표를 또렷하게 본다.	당장은 보이지 않는 목표를 추구하는 능력이 훨씬 더 뛰어나다.
지시를 따르기 어려워한다.	독립적이다.	팀 플레이어
백일몽을 꾼다.	일상적인 업무를 지루해한다. 새로운 아이디어, 흥분, '사냥'에 동기가 부여된다.	집중한다. 후속 조치에 능숙하고 세부 사항을 처리하는 등 업무 전반을 잘 관리한다.
결과를 고려하지 않고 행동한다.	리스크를 감수하고 위험에 맞서는 의지와 능력이 있다.	조심한다. 뛰어들기 전에 확인한다.
사회적 품위가 부족하다.	"결정을 내려야 할 때 세세하게 챙길 시간이 없다!"	지역사회 가치를 창출하고 지원한다. 무엇이 지속되어야 할지 조율한다.

⓭

학습하고 주의를 기울이기

실제 순간을 살아라. 이 순간만이 삶이다.
틱낫한 『마음챙김의 기적』(2016)

ADHD 꼬리표가 붙은 사람이라면 누구나 수렵채집인의 일상적 경험을 잘 알고 있을 것이다. 숲이나 정글을 걷는 사냥꾼은 '열린 마음' 상태다. 모든 곳을 주시하고 먹을 수 있는 것, 위협이 될 수 있는 것, 어떤 식으로든 쓸모가 있을 만한 것들을 살펴본다. 주의가 산만해지면 끊임없이 정보가 들어오는데, 그중 일부는 생존 가능성에 도움이 될 수도 해가 될 수도 있다.

교실에 앉아 있거나 교재로 공부하는 사냥꾼은 비슷한 경험을 하지만, 그 경험은 훨씬 덜 유용하다. 예를 들어, 책을 읽을 때 사냥꾼은 갑자기 뭔가에 흥미를 느끼거나 괴로워하거나 산만해지고, 다음 순간 정신적으로, 때로는 육체적으로 교실 반대편에 있다. 산만해지고 다른 생각이 끊임없이 솟아올라 장시간 눈앞의 과제에 꾸준히 집중하는 것이 거의 불가능하다.

리탈린이나 포칼린 같은 각성제를 가끔 저용량으로 사용하는 것의 이점 중 하나는 집중력을 높이고 다른 생각이 자꾸 떠오르는 것을 억제한다는 것이다. 그리고 어떤 이들은 시간이 지나면서 약물에 기대어 공부하는 법을 배우고, 그 새로운 기술을 약물을 사용하지 않는 시간에 적용할 수 있다고 보고한다. 하지만 각성제를 사용하는 대부분의 사람들은 집중하는 기술을 익혀 점차 약물에서 벗어나기보다는 약물 없이는 집중하지 못하는 상태에 머무른다.

학습은 사냥꾼들을 매우 좌절하게 할 수 있다. 특히 농부 동료들이 얼마나 쉽게 조용하고 꾸준하게 책이나 강연에 집중할 수 있는지 알아차렸을 때 그렇다. 그들은 주변의 산만함을 계속 무시하며, 적어도 다른 사람이 보기에는 마음속 대화나 갑자기 떠오르는 생각으로 흐트러지지 않는다.

점점 더 많은 학교와 방과 후 수업에서 사냥꾼에게 집중하고 주의를 기울이는 방법을 가르치고 있지만, 이러한 수업은 대개 학습 요령과 전략에 치중하는 것 같다. 예를 들면 다음과 같은 것들이다. 전체 장을 읽기 전에 장의 첫 페이지와 마지막 페이지를 읽는다. 기억술과 엉뚱한 그림을 사용해 기억한다. 공부할 장소를 고정한다. 한 시간 동안 집중해서 공부하지 말고 몇 시간마다 15분 단위로 나누어 공부한다. 공부한 내용을 익히자마자 다른 사람에게 말해본다. 교재에서 공부한 부분을 낱장으로 뜯어서 침대 옆 벽에 붙이고 잠자리에 들기 전과 깨어났을 때 복습한다. 혼자라면 큰 소리로 요약해본다. 숙면한 후 복습한다……. 나는 『ADD 성공담』에서 이러한 내용을 많이 다루었고, 모두 도움이 된다.

그러나 사냥꾼들이 농부의 뇌처럼 지시에 따라 작동하도록 뇌를 훈련할 수 있다면 어떨까?

근육을 훈련하는 것과 같다고 생각해보자. 예를 들어, 우리 대부분은 자전거를 타는 법을 안다. 하지만 우리 모두는 인생에서 자전거를 탈 줄 모르는 시기가 있었다.

우리가 자전거를 타는 것만큼 뭔가에 능숙해지려면 필요한 네 단계가 있다. 개념을 파악하면 쉽게 이해할 수 있다.

우리는 의식하진 못하지만 아주 무능한 상태에서 시작했다. 어렸을 때, 우리는 사람들이 자전거를 타는 것을 보고 '쉬워 보이네. 누구나 할 수 있어. 나도 쉽게 할 수 있을 거야'라고 생각한다. 우리는 문자 그대로 우리가 모른다는 것을 모른다. 우리는 자전거를 타는 법을 모르지만, 그것을 깨닫지 못한다.

하지만 우리는 자전거를 타다가 자신이 실제로는 자전거를 전혀 탈 줄 모른다는 것을 금세 깨닫는다. 자전거를 타는 것은 어렵다! 그리고 넘어져서 무릎에 상처가 나면 아프다! 이런 경험을 통해 우리는 무의식적 무능에서 의식적 무능으로 옮겨간다.

그런 다음 친구나 부모나 형제가 우리를 위해 자전거를 뒤에서 잡고 보도에서 밀어주며 흔들리지 않게 안정시켜준다. 우리는 세심한 주의를 기울이며 조금씩 자전거 타는 기술을 익혀나

간다. 우리는 의식적으로 유능해진다. 즉, 주의를 기울여 기술을 배우고 연습한다.

이렇게 몇 주 이상 연습하다 보면, 우리는 자전거에 올라타서 옆 자전거에 탄 친구와 대화를 나누며 페달을 밟을 수 있다. 더 이상 자전거 타는 일에 주의를 기울일 필요가 없다. 이 마지막 단계를 무의식적 유능이라고 한다. 뭔가에 능숙해지면 더 이상 그것을 의식할 필요가 없다.

이것을 공부나 직장 환경 또는 집중이 필요한 어떤 상황에 적용하더라도, 의식적인 유능을 넘어서는 사냥꾼은 거의 없다. 주의를 기울이고 내부적이든 외부적이든 방해 요소를 무시하는 데 성공하더라도, 사냥꾼은 자전거를 탄 지 일주일이 채 안 된 사람처럼 여전히 그 과정에 노력을 기울여야 한다.

문제는 우리가 집중력이라는 자전거를 타다가 넘어질 때는 즉각적인 피드백을 받지 못한다는 것이다.

자전거를 타면 우리는 문자 그대로 즉각적인 피드백을 받는다. 너무 많이 흔들리면 자전거가 넘어진다. 충분히 빨리 페달을 밟지 않으면 또 넘어진다. 핸들을 안정적으로 잡지 않으면 역시 땅에 넘어진다. 넘어지지 않더라도 많이 흔들리면 즉각적인 피드백을 받아 오류를 즉시 바로잡는 데 도움이 된다.

그러나 공부는 즉각적인 피드백을 통해 학습이 촉진되는 효과를 얻기 어렵다.

교실에서 우리는 적어도 약간 늦게 피드백을 받기는 한다. 주의가 산만해져서 갑자기 일어나거나 말을 하면 선생님과 반 전체가 알아차리고, 그러면 우리는 바로 앉거나 입을 다물게 된다.

혼자 공부할 때는 이런 즉각적인 피드백이 없다. 많은 사냥꾼은 공부가 잘되려면 주변에 다른 사람들이 있어야 한다는 것을 알게 된다. 그들은 사냥꾼들이 갑자기 딴 데 정신이 팔리더라도 뛰어오르거나 큰 소리를 내거나 돌발행동을 할 수 없다고 느끼도록 거기 있는 것이다. 그런 행동을 하면 갑자기 주변 사람들과 어울리지 않게 보일 것이기 때문이다. 그래서 카페와 도서관은 사냥꾼들로 가득 차 있다. 그런 공간에서 사냥꾼들은 주변 사람들의 웅웅거리는 소리와 시선을 의식하며 의자에 앉아 책에 집중할 수 있다.

혼자 공부할 때는 집중하지 못하는 사냥꾼의 약점이 고통스럽게 드러난다. 평균적인 사냥꾼은 절반 이상의 시간을 내면의 방해 요소에 대처하는 데 쓰면서 진이 빠지는 경험을 하게 된다.

뇌를 훈련하라

1960년대 비틀스와 마하리시는 초월명상을 서양 세계에 가져왔고, 그 약속 중 하나는 젊은이들이 더 나은 학생이 되는 데 도움이 되리라는 것이었다. 그 후 20년 동안 수백 건의 동료 심사 연구에서는 규칙적으로 명상을 하는 사람들이 혈압이 좋아지고 성적이 좋아지는 등 모든 면에서 발전했다고 기록했다.

초월명상은 새로운 것이 아니었다. 기본적인 명상 기술은 다양한 형태로 모든 종교와 많은 세속적 자기계발 시스템에 내재해 있다. 어쨌든 초월명상은 1960~70년대에 크게 유행했고, 이후로 미국과 유럽의 영적, 인지적 추세의 주류가 되었다.

기본적인 명상 기술은 호흡에 주의를 기울이는 것이다. 우리는 호흡을 멈추지 않기 때문에 호흡은 주의가 딴 데로 쏠릴 때 다시 주의를 기울이도록 피드백을 주는, 흔들리는 자전거 앞바퀴 같은 외부 신호를 제공한다.

반면 초월명상은 '만트라 명상'이라고 알려진 방식인데, 머릿속에서 '옴' 같은 소리를 계속해서 반복한다. 만트라나 특정 소리를 끊임없이 반복하는 과정은 뇌와 정신이 시간이 지남에 따라 차분하게 집중하고 스트레스와 산만함을 줄이는 능력을 키우도록 훈련한다.

농부들은 물 위의 오리처럼 편안하게 명상을 하지만, 사냥꾼들은 주의가 쉽게 산만해져서 오래 명상을 수행하지 못한다. 능숙해지려면 몇 달 또는 몇 년이 걸릴 수도 있다. 사냥꾼의 마음은 자신이 산만해졌음을 느끼기도 전에 5분 동안 끊임없이 이어지는 생각의 기차에 휩쓸릴 수도 있다.

사냥꾼이 이런 문제를 극복하는 방법 중 하나는 주문을 외우는 것이다. 사람들과 함께 10분에서 1시간 동안 큰 소리로 주문을 외우는 것은 마치 스타벅스에 앉아 있는 사냥꾼이 주변 사람들의 눈에 보이지 않는 영향과 압박으로 과제에 집중하는 것과 비슷한 원리다.

하지만 이 방식도 여전히 외부 피드백에 의존한다. 사냥꾼이 자신의 뇌를 훈련해서 농부처럼 쉽고 자연스럽게 집중하는 법을 배울 수 있다면 어떨까?

이를 위해서는 즉각적인 피드백을 얻을 수 있어야 한다.

EEG 뉴로피드백

1924년 독일의 정신과 의사 한스 베르거는 뇌가 측정 가능하며 끊임없이 변하는 전기 신호를 생성한다는 것을 발견했다. 그의 초기 연구는 1960년대 조 카미야가 주로 뇌파의 특정 주파수와 강도를 측정하고 치료사나 고객에게 다양한 종류의 피드백을 제공하는 장치를 널리 보급하는 데 직접적으로 기여했다.

1980년대 후반에서 1990년대 초반쯤 나는 로브 칼의 브레인 컨퍼런스에서 조 카미야와 배리 스터먼을 만났다. 점심 식사 중 스터먼은 원숭이와 고양이의 뇌를 훈련하면 신경 손상과 경련을 유발하는 약물이 신경계에 침범해도 두 종 모두 더 강한 회복력을 나타냈다고 말했다. 내가 그곳에서 만난 조엘 루바는 간질과 ADHD에 EEG 뉴로피드백을 활용하는 방안에 관해 광범위한 연구를 수행하고 발표했다.

나는 그 컨퍼런스와 또 다른 컨퍼런스에서 EEG 뉴로피드백의 효과에 관한 연구 결과를 보고 깊은 인상을 받아 직접 훈련 프로그램에 참여했다.

EEG 뉴로피드백의 핵심은 '피드백'이다. 자전거의 앞바퀴가 안정성과 도로 상태에 대한 즉각적인 피드백을 제공하는 것처럼, 컴퓨터로 뇌파를 추적한 다음 피험자에게 즉각적인 피드백을 제공해서 바람직하거나 바람직하지 않은 상태가 되는 시점을 스스로 알도록 '훈련'한다.

이러한 정보를 즉각적으로 피드백하면 근육을 단련하듯 마음 근력을 개발하는 데 필요한 신속한 자극-반응을 얻을 수 있다. 빠른 피드백을 통해 두뇌를 훈련하는 속도가 급격히 빨라진다. 또한, 자신의 뇌파에 집중하는 법을 배우면서 필요할 때 집중하고 필요할 때 이완하는 능력을 삶의 다른 부분에도 적용할 수 있다.

이 훈련법은 매우 효과적이어서, 예를 들어 안과 의사들이 30분간 8회의 EEG 뉴로피드백 훈련을 받았을 때 봉합 기술이 측정 가능한 방식으로 일관되게 평균 26% 향상되었다. 2010년 〈신경과학 저널〉에 발표된 동료 심사 연구에 따르면 알파 주파수 EEG 뉴로피드백 훈련을 단 한 번만 해도 뇌가 학습하면서 물리적으로 변화하는 '신경 가소성' 반응이 나타났다고 한다. 연구진은 '30분 동안 자발적으로 뇌 리듬을 조절하는 것만으로도 피질 내 기능에 지속적인 변화를 유도할 수 있다'고 설명했다.

수백 건의 연구에 따르면 EEG 뉴로피드백이 집중력을 향상시키고 학습 능력을 개선해 불안과 우울증을 완화하는 데 도움이 된다는 사실이 밝혀졌다. 요즘에는 이러한 정보를 온라인에서 쉽게 찾아볼 수 있다.

수십 년 전부터 오늘날까지 임상 환경에서 사용되는 EEG 시스템의 문제점은 크고 투박한 컴퓨터와 센서 시스템에 몸을 연결해야 하며, 비용도 상당히 많이 든다는 점이다. 전도성 접착 소재를 사용하여 두피에 전극을 붙인 다음, 훈련이 끝나면 샤워를 해서 접착 성분을 제거해야 한다. 몹시 번거롭기도 하고 임상의가 개입해야 하므로 비용도 많이 든다.

뮤즈

2003년 신경과학에 주목하던 한 그룹은 커다란 컴퓨터, 의료진, 전극 없이도 일반인이나 청소년이 집에서 EEG 뉴로피드백 자가 훈련을 할 수 있는 기기의 수요를 인식했다. NLP(신경 언어 프로그래밍, Neuro Linguistic Programing) 교육을 받은 심리치료사 아레일 가르텐과 그녀의 동료인 인지신경과학자 트레버 콜먼은 4개의 이마 센서 전극과 2개의 귀 위 센서가 있는 블루투스 연결형 경량 헤드밴드 뮤즈(Muse)라는 장치를 발명했다.

이들은 2014년 약 250달러의 가격에 뮤즈를 출시했다. 이후 여러 명상 기기가 출시되었지만, 현재까지는 뮤즈가 가장 사용하기 쉽다. 또한 뮤즈는 집중력 향상, 불안 감소, 정신적 유연성 향상으로 이어질 수 있는 기본적인 명상 기술을 가르치는 데 가장 직접적으로 초점을 맞춘 기기다.

메이요 클리닉에서는 수술이나 항암 치료 전에 암 환자들의 불안감을 줄이는 데 뮤즈를 사용하고, 빅토리아대학과 뉴욕대학에서는 청소년들에게 학습 방법을 가르치는 데 뮤즈를 사용하는 연구가 진행 중이다. 2017년 〈신경과학의 미개척 분야 Frontiers in Neuroscience〉에서는 뮤즈 EEG 기기에 대한 초기 평가자료를 발표했는데, 이 기기가 기존의 크고 투박한 뇌 훈련 시스템과 거의 같은 방식으로 작동한다는 사실을 보여주었다.

현재 진행 중이거나 막 완료된 연구 논문 중 일부가 뮤즈 웹페이지에 요약되어 있다. 초기 연구 결과에 따르면 뮤즈는 일부 영역에서 컴퓨터·임상 기반 뇌파 검사만큼 효과적이며, 불안과 집중력 문제를 해결하기 위한 약물 치료에 필적할 정도였다.

뮤즈를 사용하려면 안경을 쓰듯 헤드밴드를 이마에 착용하기만 하면 된다. 그런 다음 블루투스 이어폰을 스마트폰에 연결하고 무료 뮤즈 앱을 열면 스마트폰이 뮤즈 기기에 자동으로 연결된다. 그러고 나서 편안한 자세로 앉아 명상을 시작한다.

해변, 사막, 열대우림 등의 소리를 선택한 후 눈을 감고 앉아서 듣는다. 마음이 호흡이나 만트라에 집중하면 바람, 비, 폭풍 같은 날씨 소리가 줄어들고 작은 새들이 지저귀는 소리가 들린다. 그러면 뇌가 편안하고 집중된 상태에 도달했다는 것을 알 수 있다.

머릿속이 복잡해지면 폭풍우 치는 소리가 다시 들리며 새는 사라진다. 피드백이 100분의 1초 이내에 일어나기 때문에 마음과 뇌가 거의 즉각 반응해 빠른 학습이 가능하다.

뮤즈 앱은 그래픽 디스플레이로 각 세션을 추적하므로 시간이 지남에 따라 학습과 두뇌 활동이 어떻게 향상되는지 확인할 수 있다. 이 책을 쓰면서 인터뷰한 수많은 사람들이 뮤즈를 사용하고 나와 비슷한 경험을 보고했다. 몇 달만 정기적으로 사용하면 눈에 띄는 변화가 나타난다. 집중력이 향상되고, 필요할 때 차분하고 명상적인 상태에 들어가기가 쉬워진다.

뮤즈 같은 첨단 기기를 사용하든, 임상의와 함께 뇌파 훈련 장치를 사용하든, 명상 강좌에서 또는 친구들과 정기적으로 명상을 하든, 이러한 종류의 두뇌 훈련은 실제로 효과가 있다. 그 증거는 명상이 최소한 지난 5천 년간 우리 문화와 종교의 일부로 지속되어 왔다는 것이다. 힌두교, 불교, 유대교, 이슬람교, 기독교 경전에 나타난 명상에 대한 언급을 통해 그것을 알 수 있다.

⓮

창의력과 ADHD

시의 천재성은 인간 안에서 스스로 구원을 이루어야 한다.
법과 교훈으로 성숙할 수 없고 감각과 경계로 자체적으로 성숙할 수 있다.
창조적인 것은 스스로를 창조해야 한다.
'엔디미온'에서 나는 바다로 뛰어들었고, 덕분에 푸른 해안에 머물며
어리석은 파이프를 물고 차를 마시며 편안한 조언을 듣는 것보다
해저 탐사, 흐르는 모래, 바위에 대해 더 잘 알게 되었다.
존 키츠 '제임스 헤시에게 보내는 편지'(1818년 10월 9일)

ADHD 아동과 성인을 대상으로 일하는 수많은 교사, 정신과 의사, 심리학자 및 기타 전문가들은 창의성과 ADHD 사이의 상관관계를 관찰했다.

전문가들은 창의성을 발휘하는 데 가장 필요한 성격 특성을 다음과 같이 정의한다.

- **기꺼이 위험을 감수하는 태도.** 미지의 영역에 과감하게 발을 내딛는 것은 창의적인 노력과 거의 동의어다. 피카소, 달리, 워홀, 샐린저, 헤밍웨이, 포는 모두 완전히 새롭고 독창적인 방향으로 나아갔고, 처음에는 비판을 받았다. 독창적이고 새로운

것을 시도하는 것은 위험을 감수해야 하는 일이다. 하지만 위험을 감수하는 것은 창작 과정에 필수적이며 사냥꾼의 전형적인 특징 중 하나다.

- **내재적 동기**. 창의적인 사람들은 선생님의 기대나 직장의 요구와 같은 외적 요인에 의해 동기를 부여받지 않더라도 일반적으로 강력한 내재적 동기가 있다. 그들은 개인적으로 중요한 일을 할 때 끈기 있게 달라붙고 포기하지 않는다. ADHD 자녀를 둔 부모는 숙제는 15분 이상 계속하지 못하면서도 2시간 동안 지치지 않고 기타를 연습하거나 소설에 몰두하거나 오토바이를 수리하는 자녀를 보면서 아이의 능력에 명백한 불균형이 있다고 얘기하곤 한다.
- **자신의 목표에 대한 독자적인 믿음**. 창의적인 사람들은 조롱당하고 장애물에 부딪히더라도 자신의 아이디어와 능력을 믿는다. 사르트르나 피카소는 처음에 조소를 받았다. 자신이 흥미를 느끼는 일, 즉 내재적 동기가 있는 일을 추구하는 것이 허용되면, 몇 년간 끈질기게 노력해 훌륭한 작품을 만들어내기도 한다.
- **모호함에 대한 관용**. 농부는 일반적으로 질서정연하고 구조화된 것을 선호하며 선형적이고 단계적인 방식으로 사고하지만, 창의적인 사냥꾼은 모호함에 대한 내성이 높은 경우가 많다. 주의가 쉽게 흐트러지므로 여러 방향에서 상황을 바라보고 '보통' 사람에게는 와닿지 않는 측면이나 해결책을 발견하는 경우가 많다. 주의가 산만해 학교에서 낙제한 아인슈타인

은 상대성 이론이 지루한 수학 방정식의 결과로 나온 것이 아니라고 말하곤 했다. 그보다는 다양한 자연적 힘의 모호한 본질을 생각하던 중 번뜩 떠오른 통찰에서 나왔다고 한다. 1936년 저서 『물리와 현실』에서 그는 '과학의 전부는 일상적인 사고의 개선에 지나지 않는다'고 지적했다.

마찬가지로 1923년 칼 융은 그의 저서 『심리 유형』에서 창의적인 사람들이 모호해 보이는 길에서 방황하도록 마음을 풀어놓는 능력에 관해 이야기하며 '환상을 갖고 노는 놀이 없이는 어떤 창의적인 작품도 탄생할 수 없다. 우리가 상상력 놀이에 진 빚은 헤아릴 수 없을 정도다'라고 말했다.

- **장애물을 극복하려는 의지.** 창의적인 사람들은 흔히 '레몬이 주어지면 레모네이드를 만드는' 사람들로 묘사된다. 수천 가지 비즈니스와 발명품이 창의적인 사람들의 이러한 능력에서 비롯되었으며, 종종 수십 번의 다양한 시도 끝에 탄생했다.

  '수평적' 문제 해결과 '수직적' 문제 해결이라는 오래된 모델이 있다. 수직적 문제 해결자는 막히거나 잠긴 문에 다다르면 더 세게 밀고, 두드리고, 결국에는 발로 차서라도 문을 열고야 만다. 반대로 수평적 문제 해결자는 창문이나 다른 문을 통해 집에 들어갈 수 있는 다른 방법을 찾는다. 이 차이는 세상을 바라보는 선형적 방식과 무작위적 방식의 차이를 보여준다. 창의적인 사람들은 후자의 범주에 속하는 경우가 더 많다. 이들은 보통 해묵은 과제를 극복하기 위해 새로운 방법을 고안하는 사람들이다.

- **통찰의 기술**. 창의적인 사람들은 과거에 서로 관련이 없어 보이는 사건들 사이를 연결해 현재 문제에 대한 새로운 해결책을 개발할 수 있다. 이는 전형적인 ADHD 사고 과정의 가장 중요한 특징 중 하나인 무작위적인 방식으로 사고하는 능력과 관련이 있는 것으로 보인다.
- **문제를 재정의하는 능력**. 창의적인 사람들은 문제를 같은 방식으로 생각하는 대신 종종 문제를 완전히 재구성한다. 이를 통해 그들은 문제 자체에서 해결책의 씨앗을 찾을 수 있다. 때로는 과거에 문제로 여겨졌던 것이, 사실은 완전히 다른 뭔가에 대한 해결책이라는 것을 발견한다. ADHD를 장애가 아닌 사냥꾼의 특성으로 보는 인식도 이러한 재구성의 한 예가 될 수 있다.

사냥꾼의 창의성 키우기

이 창의적 특성의 목록을 살펴보면, 마치 미국심리학회의 ADHD 진단 평가 기준을 재편집한 것처럼 보인다. 그리고 역사상 가장 창의적인 인물들의 전기를 살펴보면(에디슨을 다룬 19장 참조), 그들은 ADHD 사냥꾼과 공통점이 많으며, 실제로 ADHD로 '고통받는' 사람들이었을 가능성이 크다는 것을 알 수 있다.

한 창의적인 사냥꾼은 이 경험을 다음과 같이 묘사한다. "끊임없이 관점을 전환하는 사냥꾼의 특성은 여기서 엄청난 자산입니다. 다른 사람들이 뻔한 것들만 보는 곳에서 예상치 못한 것을 볼 수 있기 때문이죠. 마치 찾기 어려운 직소 퍼즐 조각 하나를 찾다가 뭔가 집어 들었을 때, 찾던 조각은 아니었지만 운 좋게도 예상치 못한 곳에 딱 들어맞는 것과 같아요."

안타깝게도 창의성에 필수적인 위험 감수는 학교에서 환영받지 못한다. 창의성에 관한 수많은 책과 기사를 저술한 로버트 J. 스턴버그는 학교에서 아이들이 위험을 감수하는 것은 종종 권장되지 않거나 심지어 처벌까지 받는다고 지적한다.

스턴버그는 위험을 감수하지 않는 진지한 농부 위주로 구성된 우리의 학교가, 때로는 의도치 않게 창의적인 사람과 창의적인 기술 학습을 억제하는 방식으로 조직된다고 말한다. 마찬가지로 많은 직업은 사람들에게 혁신하지 않도록 요구한다. 새로운 것들은 효과를 알 수 없고 위험이 따르며, 일반적인 기업에서는 위험 감수를 권장하지 않는다.

경험에 기반한 교육 모델은 사냥꾼의 창의성을 더 잘 살리고 육성할 것이다. 우리는 많은 사냥꾼 뇌에 장착된 창의성을 끌어낼 활동을 장려하는 공립학교 교실과 교육 시스템을 구축하는 것을 고려해야 한다.

직장에서 사냥꾼들은 창의성이 억제되지 않고 오히려 장려되는 분야로 직업이나 직무를 변경하는 것을 생각해 볼 수 있다. 예를 들어, 나는 광고 및 마케팅 산업에서 기업가로 일한 몇 년 동안, 그 분야에 끌리는 사냥꾼의 비율이 매우 높다는 것을 알게 되었다.

휴렛패커드는 1960년대에 엔지니어들이 자신의 '본질적 동기'에 따라 독자적인 연구를 추구하도록 격려하는 직장으로 유명했다. 톰 피터스와 로버트 워터먼은 『초우량 기업의 조건 In Search of Excellence』에서 휴렛패커드가 개인적인 용도나 실험을 위해 엔지니어들이 회사 비품을 집으로 가져가도록 권장했다고 썼다. 스티브 잡스와 스티븐 워즈니악은 개인용 컴퓨터에 대한 아이디어를 내놓았지만, 휴렛팩커드는 그 아이디어를 거부했고 그들은 차고에서 그것을 만들었다. 그것이 최초의 애플 컴퓨터였다. 벨 연구소도 역사적으로 엔지니어들에게 창의적 충동을 추구할 수 있는 자유를 주었다. 트랜지스터, 집적 회로, 초전도체가 그 결과였고, 세상에 혁명을 일으켰다.

창의성과 사냥꾼의 특성에 대한 이 논의에 흥미로운 사례를 덧붙인다. 나는 ADHD 진단을 받은 수많은 작가, 예술가, 대중 연설가들과 함께 리탈린 및 기타 ADHD 처방 약물에 대한 경험을 이야기했다. 많은 이들이 약을 먹으면 생활을 더 체계적으로 조직할 수 있고 업무가 더 쉬워지지만, 창의력은 말라버리는 것 같다고 말했다. 한 소설가는 지루한 교정 작업을 할 때는 리탈린을 복용하지만, 글을 쓸 때는 커피를 마신다고 했다. "커피는 공상의 나래를 펼칠 수 있게 해주고, 방황하는 마음이 새로운 아이디어를 자유롭게 연상하도록 해줘서 ADHD 증상을 더 심하게 하는 것 같아요. 리탈린은 한곳에 집중하게 해주는데, 인도에서 뱀 구덩이에 빠진 주인공이 어떻게 자신을 구출할지, 몽골의 약탈자 무리에서 어떻게 탈출할지 영감이 필요할 때는 전혀 도움이 되지 않아요."

한 직업 연설가는 이렇게 말했다. "나는 워싱턴 D.C.에서 약 100명의 편집자에게 3시간 동안 연설하기 전에 리탈린을 복용하는 실수를 저지른 적이 있어요. 보통 연설할 때는 다음에 무슨 말을 할지 미리 생각하고, 머릿속에서 개념을 그림으로 형상화하고, 말하기 전에 사례를 생각해보고, 청중이 제 말을 지루해하는지 흥미로워하는지 끊임없이 살핍니다. 하지만 리탈린이 제 혈류에 흐르면서 연설을 준비할 때 메모한 내용을 다시 들여다봐야 했어요. 몇 년 만에 처음 있는 일이었습니다. 고통스럽고 당혹스러운 경험이었죠. 사냥꾼은 훌륭한 연설가예요. 농부는 프레젠테이션 자료는 훌륭할 수 있지만, 종종 지루합니다. 주변 환경을 끊임없이 살피면서 즉각 반응하지 않기 때문이죠."

〈뉴욕타임스〉 잡지의 프랭크 볼켄버그는 서른 살에 ADHD 진단을 받고, 이후 리탈린을 복용하며 성공적인 경력을 이어온 과정을 설명하면서, 약을 먹지 않던 시절이 얼마나 즐거웠는가에 대해서도 언급했다. 그는 리탈린이 감정의 기복을 완화하고 시간 감각을 안정시키며 업무에 집중할 수 있게 해주었지만, 자발성, 유머 감각, 부조리에 대한 감각을 조금쯤 빼앗아갔다는 사실을 발견했다.

한 사냥꾼은 이 책의 제목을 '내가 산만한 게 아니라, 그냥 당신이 지루한 것뿐이야(I'm not inattentive, you're just boring)'로 제안하기도 했다.

⑮

ADHD와 수면

잠이여, 부드러운 잠이여, 자연의 부드러운 유모여!
내가 어떻게 너를 겁먹게 할까?
더 이상 내 눈꺼풀을 무겁게 하지 않고 내 감각을 건망증에 빠뜨리지 않도록.
윌리엄 셰익스피어 『헨리 4세』

어머니는 내가 낮잠을 못 자서 유치원에서 낙제할 뻔했다고 농담하곤 했다. 어머니는 세 살 이후로는 내가 낮잠을 제대로 잔 적이 없다고 했다. 내 기억으로도 시차가 크게 바뀌거나 수면제를 복용한 경우를 제외하고는 평생 낮잠을 제대로 잔 적이 없었다.

나는 밝고 창의적이며 인생에서 많은 것들을 성취했다. 끊임없는 호기심과 끝없는 에너지가 나를 여러 학문과 세계 곳곳으로 이끌었고, 그 결과 내 삶은 풍요로워졌다.

2학년 때 담임 선생님이었던 클라크 선생님은 "토미, 빈 수레는 항상 덜컹거려", "토미, 물고기도 입을 다물고 있으면 잡히지 않아"라고 말했지만, 내 자존감에 별다른 영향을 주지 않았다. 고등학교와 대학교에서 쫓겨난 것도 내게 큰 영향을 끼치지 않았다.

나는 사냥꾼의 기술을 기업가 정신에 활용함으로써 경제적으로 미국인 상위 10%의 삶을 살았다. 전 세계를 여행했고 세 자녀를 대학에 보냈고 이따금 찾아온 인생의 고비도 무사히 넘길 수 있었다. 아내 루이스와 나는 거의 50년 동안 함께 해왔고, 정말 멋진 동행이었다.

하지만 그 모든 과정에서 수면은 끊임없는 도전 과제였다. ADHD 사람들 사이에서 이것은 예외가 아닌 것 같다.

2017년 12월호 〈최신 정신의학 보고서 Current Psychiatry Reports〉에서 윈챙크와 공동 저자들은 다음과 같이 보고했다. '세 건의 연구에 따르면 ADHD 성인의 불면증 유병률은 43~80%에 달한다. (……) ADHD와 수면 문제의 관계를 설명하는 메커니즘에 대한 이해는 아직 불완전하지만, 유전적 영향과 환경적 영향이 모두 관련되어 있을 수 있다.'

2010년 〈생물학적 정신의학 Biological Psychiatry〉에 실린 반 빈(Van Veen)과 동료들의 보고서에서는 불면증과 ADHD의 연관성에 대해 측정 가능한 메커니즘을 다음과 같이 설명했다. '이전 연구는 ADHD와 잠들기 어려워하는 불면증(sleep-onset insomnia, SOI)이 있는 아동의 일주기 리듬 장애를 시사한다.'

그들은 두 번째 연구에서 40명의 ADHD 성인을 대상으로 매일 수면 호르몬 멜라토닌의 타액 수치를 측정하고 매일 밤 언제

잠드는지, 잠을 얼마나 잘 자는지, 쉽게 잠들 수 있는지, ADHD가 없는 일반 불면증 환자들과는 어떻게 다른지 등을 관찰했다.

ADHD 성인은 수면에 들기까지의 시간이 길고 수면 효율이 낮았다. ADHD와 불면증을 모두 진단받은 성인은 '건강한 대조군에 비해 수면 시작과 종료가 늦'었고 '휴식-활동 패턴에서 24시간의 진폭이 약한 것으로 나타났다'고 연구진은 덧붙였다.

사냥꾼과 잠

나는 1980년 '사냥꾼과 농부에 관한 가설'을 처음 발표했다. 산만함, 충동성, 위험 감수 등 우리가 ADHD와 연관 짓는 대부분의 행동이 공장과 교실의 세계에서는 부적응적이지만 원래 수렵채집 조상들이 지난 백만 년 동안 진화해온 세상에서는 자산이었다는 가설이었다.

오늘날에는 교실에서 모든 소리를 알아채는 능력을 '산만함'이라고 부르지만, 오랜 옛날 숲과 정글, 사바나에서는 필수적인 생존 기술이었다. 포식자가 몰래 다가오는 것을 알아채지 못한 동물은 유전자 풀에서 빠르게 도태되었고, 작은 먹이 동물의 소리에 주의를 기울이지 못한 동물은 결국 굶어 죽었다.

농부가 어떤 작물을 심을지 '충동적으로' 결정하는 것은 자살행위가 될 수 있다. 9개월 후 수확을 하고 나서야 돼지풀이 식용이 아니라는 사실을 알게 될 수도 있으니까. 하지만 숲에서 토끼를 쫓는 사냥꾼에게는 사슴이 사정거리 안에 들어왔을 때 위험과 이익을 분석할 시간이 없다.

공장이나 슈퍼마켓에서 위험을 감수하는 것은 치명적이거나 어리석을 수 있지만, 바깥에 수많은 사냥감이 있다고 생각하고 의욕에 넘치는 사냥꾼은 위험을 감수하기 싫어 동굴을 잘 떠나지 않는 사냥꾼보다 먹이를 확보할 가능성이 훨씬 더 크다.

그동안 과학이 발전하면서 이러한 가설을 대부분 입증했다. 1990년대 후반에는 도파민을 조절하는 유전자가 ADHD의 생물학적, 유전적 기초의 핵심이라고 본 내 견해가 옳았다는 것도 밝혀졌다.

그런데 원시 수렵 사회에서는 수면이 어떤 방식으로 적응적일 수 있었을까? 그리고 ADHD 성인이 탐정, 작가, 기업가 등 ADHD 친화적인 직종에서 성공할 수 있는 것처럼, ADHD의 수면 특성이 현대 사회에서 유용하게 작동할 가능성이 있을까?

분할 수면 패턴

많은 사람이 밤새 적어도 한 번 이상, 수면 중 어느 시점에 깬다. 제약업체는 이러한 사실을 잘 알고 있어서 수면제에 몇 밀리그램의 약물을 추가로 넣기 시작했다. 그래서 한밤중에 잠에서 깨는 경향이 있는 사람들도 수면제를 먹으면 깨지 않는다.

하지만 만약 밤에 잠에서 깨는 것이 정상적이고 건강한 현상이라면? 수렵채집 조상으로부터 물려받은 유전적 유산의 중요한 부분으로 수백만 년 동안 우리 조상이 생존하는 데 도움이 되었다면?

이것이 바로 2상 수면(biphasic sleep) 또는 분할 수면 이론의 배경이 되는 사고방식이다.

인간이 매일 밤 8시간 연속 자도록 프로그램되어 있지 않을 가능성은 토머스 웨어를 통해 주류 이론으로 떠올랐다. 메릴랜드주 베세즈다에서 진료실을 운영하며 국립정신건강연구소의 임상 정신생물학 분과 소속인 정신과 의사 웨어와 동료들은 인간의 광주기성, 즉 빛에 대한 노출과 계절에 따른 낮의 길이 변화가 호르몬, 수면 및 일반적인 행동에 미치는 영향을 조사했다.

"일종의 고고학, 즉 인간 고생물학입니다." 웨어는 1995년 〈뉴욕타임스〉와의 인터뷰에서 이렇게 말했다. "우리는 주변에 인공조명이 거의 없던 선사시대 인간의 호르몬, 수면, 체온 패턴이 어땠을지 살펴보고 있습니다."

그들이 발견한 것은 실로 놀라웠다.

연구진은 한 그룹의 지원자들을 외부 조명이 전혀 없는 방에서 자게 하고 매일 밤 14시간 동안 어둠 속에서 지내게 했다. 처음 몇 주 동안 피험자들은 평균 열한 시간 잤는데, 연구진은 그들이 일 중심의 미국 문화 속에서 만성적으로 부족했던 잠을 보충하는 것이라고 해석했다.

그러다 상황이 점점 더 흥미로워졌다.

사람들의 수면 패턴이 안정화되면서 하루 평균 여덟 시간 자게 되었지만, 특기할 점은 모두 한밤중에 한두 시간 정도 잠이 깼다는 것이었다. 한밤중에 깨어 있는 시간을 포함하면 밤새 평균 아홉 시간이나 열 시간 동안 침대에 누워 있으면서 결과적으로 여덟 시간 정도 잤다.

이러한 연구는 버지니아 공대 역사학자 로저 에커치로 거슬러 올라간다. 2001년, 에커치는 '우리가 잃어버린 수면: 영국 제도의 산업화 이전 잠'이라는 제목의 논문을 〈미국 역사 리뷰 American Historical Review〉에 발표했다. 이 논문은 등유든 전기든 인공조명이 널리 사용되기 전에는 사람들이 한밤중에 한두 시간씩 깨어 있는 것이 일반적이었음을 입증하는, 소설과 실화를 아우르는 광범위하고 근거가 확실한 문헌이 존재한다는 것을 알려주었다. 예를 들어 세계 최초로 밤에 거리를 밝힌 도시는 1667년의 파리였다.

중세 사람들은 한밤중에 단지 잠이 깨어 있었던 것만이 아니라 그 시간에 다양한 활동을 했으며, 그러한 활동에는 각각 이름과 의식이 있었다. 에커치는 고대 의학서, 개인 일기, 소설을 포함한 문학, 심지어 중세의 법정 기록과 호메로스의 『오디세이』에 이르기까지 '분할 수면 패턴'에 대한 500개 이상의 기록을 발견했다. 더욱 폭넓은 연구를 통해 그는 인공조명 없이 사는 현대 아프리카의 부족(특히 나이지리아에서 이런 현상을 관찰했다)에도 이러한 분할 수면 패턴이 있다는 사실을 발견했는데, 그렇다면 이는 고대 그리스나 중세 유럽만의 문화가 아닌 인간의 고유한 특성임이 분명했다.

사람들의 생활 방식과 관심사에 따라 이 '야간 각성' 시간에 종교인들은 명상이나 기도를 했고(에커치는 이 시간의 기도를 위해 쓰인 수많은 중세 기도 안내서를 발견했다), 부부는 성관계나 '한밤의 식사'를 했으며, 다른 사람들은 보름달이나 촛불, 등잔 등의 빛에 의지해 글을 쓰거나 독서를 하고 더 나아가 이웃과 만나거나 사람들을 집에 초대하는 등 다양한 활동을 했다.

수렵채집과 수면

그렇다면 우리는 왜 유전적으로 매일 밤 어둠 속에서 깨어 있도록 설계되었을까?

사냥꾼과 농부 이론과 직결된 가설이 있다. 모든 인류의 조상인 수렵채집인은 세계에서 가장 효율적인 포식자 중 하나였고 동시에 자신도 자주 먹잇감이 되었다. 사자, 호랑이, 거대 파충류, 그리고 가장 위험한 다른 인간 부족은 모두 초기 인류를 추적하고 죽이려 했다.

야생 동물 상당수는 야행성이다.

따라서 어떤 부족에 늘 한 명 이상의 사람이 깨어 있다면 그 부족은 위험에 대비할 수 있었다. '산만함, 충동성, 위험 감수'가 수렵채집인들이 더 효율적으로 식량을 수집하는 데 도움이 된 것처럼, 취약한 밤에 누군가 항상 깨어 있으면 다른 동물이나 다른 인간으로부터 부족을 보호할 수 있었다.

다시 말해, 수백만 년 전부터 진화해온 분할 수면은 인류의 생존과 성공에 도움이 되었다. 비슷한 시각에 잠이 들어도 한 사람은 한 시간 정도 후에, 다른 사람은 세 시간 정도 후에, 또 다른 사람은 다섯 시간 정도 후에 깨어나면, 밤새 누구 한 사람은 반드시 깨어 있으므로 위험을 경고하고 부족의 안전을 지킬 수 있었다.

하지만 사냥꾼 유전자가 성공적인 사냥꾼이 되는 데 도움이 되었지만, 농장과 공장의 세계에 적응하는 데는 방해가 된 것처럼, 분할 수면 또는 2상 수면 유전자는 정글이나 사바나의 위험에서 살아남는 데 도움이 되었지만 현대 사회에서는 문제가 되었다.

올빼미 유형

'일찍 자고 일찍 일어나는 것이 사람을 건강하고 부유하고 현명하게 만든다'는 벤 프랭클린의 격언을 누구나 들어보았을 것이다. 이러한 삶의 방식은 우리 중 약 40%에게는 잘 맞지만, 나머지는 그렇지 않다. 우리 중 30%는 유전적으로 늦게 자고 늦게 일어나게 되어 있다. 그리고 약 30%는 수면 방식이 매우 유연하다.

UC버클리대학 수면과학연구소 소장인 매슈 워커는 자신의 저서 『우리는 왜 잠을 자야 할까』에서 올빼미는 선택해서 올빼미가 된 것이 아니라는, 비교적 최근에 발견된 사실을 설명했다. '올빼미들은 피할 수 없는 DNA 배선 때문에 일정이 지연된다. 그것은 올빼미가 의식적으로 저지르는 잘못이 아니라 유전적으로 타고난 운명이다.' 에릭 리프는 이러한 차이가 CRY1 유전자의 차이에서 비롯되는 것으로 보이며, 부족의 일부가 늘 깨어 있어 위험을 경계하도록 보장한 사냥꾼 시대의 유산일 수 있다고 말했다.

하지만 '공장이나 학교, 직장에 가기 위해 일찍 일어나야 한다'는 개념은 우리 문화에 너무나 뿌리 깊게 자리 잡고 있어서, 유전적으로 늦게 일어나거나 반대로 '너무 일찍' 일어나는 사람들을 설명하는 새로운 '장애'를 만들어냈다. 미국수면학회에 따르면 이러한 사람들은 수면 위상 지연 장애(Delayed Sleep Phase Disorder, DSPD)와 수면 위상 선행 장애(Advanced Sleep Phase Disorder, ASPD)라는 질환을 앓고 있다.

왼손잡이가 오른손잡이의 세계에 적응하려고 하거나 사냥꾼이 농부의 세계에 적응하려고 할 때처럼, 유전적으로 올빼미로 프로그래밍된 사람이 '정상적인' 주간 근무를 하게 되면 암막 커튼부터 고용량 멜라토닌, 수면제에 이르기까지 몸을 속여 잠을 청하기 위해 온갖 수단에 의존해야 한다. 주간 근무에 적응하려고 애쓰기보다 야간 근무 일자리를 찾는다면 대부분의 문제가 해결될 것이다.

농부의 세계에서 자는 사냥꾼들

에디슨 유전자의 활성도가 높은 사람들이 수면 중에 겪는 문제가 있다. 마리아 포포바는 브레인피킹(Brain Pickings) 웹사이트에 쓴 글에서, 토머스 에디슨 자신이 이 문제를 잘 보여준 예라고 언급했다. '어렸을 때 불면증 균을 접종받은 것이 분명하다'고 쓰기도 했던 그는 밤에 네댓 시간 이상 자는 일이 거의 없었고 발명이나 독서로 밤을 새우는 경우가 많았으며 짧은 낮잠으로 이를 만회했다고 한다.

그의 낮잠은 전설적인 수준이었다. 집은 물론 작업장이나 공장마다 간이침대가 있었다. 1921년 워런 하딩 대통령, 타이어 제조사 창업주 하비 파이어스톤과 함께 소풍을 즐기던 에디슨은 하딩과 파이어스톤이 잔디 의자에 앉아 대화를 나누는 동안, 꽃밭에 베개를 베고 누워 낮잠을 잤다. 이 사진은 인터넷에서 쉽게 찾을 수 있다.

토머스 에디슨은 초등학교도 졸업하지 못할 정도로 ADHD가 심했지만, 산만함에서 비롯된 창의성의 표본이었을 뿐만 아니라 수면 문제로 시달리는 사냥꾼의 화신이기도 했다.

성공한 사냥꾼들이 공유해준, 그리고 일부는 나도 적용해 보았던 몇 가지 기술을 소개한다. 사냥꾼의 생리에 맞지 않는 이 세계에서도 충분히 잠을 잘 수 있게 해주는 기술들이다.

- **앵커링(anchoring, 닻 내리기).** 치료사나 수면 클리닉에서 시행하

는 대부분의 수면 요법의 핵심이다. 앵커는 신체에서 특정 반응을 유발하는 NLP(신경 언어 프로그래밍)의 개념이다. 좋아하는 음식 냄새를 맡으면 침이 고이고 배고픔을 느끼는 것처럼, 우리 모두에게는 평생 쌓아온 수백 가지의 특정 '앵커'가 있다.

앵커는 어떤 것과 다른 것을 연결하는 경험에 반복적으로 노출된 결과 나타난다. 사람의 발소리가 나면 먹이가 나타난다는 것을 반복해서 경험한 개는 발소리만 들어도 침을 흘리게 된다는 '파블로프의 개'가 가장 잘 알려진 예인데, 이러한 현상은 우리 삶에서 광범위하게 관찰된다. 다른 사람, 장소, 사물 또는 상황에 대한 노출은 의식적이든 그렇지 않든 예측 가능한 반응으로 이어진다.

예를 들어, 내가 어렸을 때 부모님은 지하실에 2만 권이 넘는 책을 소장하고 있었다. 당시 우리집은 침실이 세 개, 욕실이 하나였으며 남자애만 넷이었다. 아홉 살 무렵, 이층 침대를 쓰며 동생과 같은 침실에서 자는 것이 지겨워졌을 때 아버지는 아래층 서재 한구석 공간에 책장으로 벽을 만들어 나만의 침실로 쓰도록 허락했다. 침대에 누우면 도서관 냄새, 헌책 냄새가 났다. 어린 시절, 우리 가족은 대부분의 주말을 구세군과 굿윌스토어에서 소장할 만한 헌책을 찾아다니며 보냈다. 할머니는 미시간주 뉴웨이고에서 골동품 가게를 운영하셨고, 나는 여름에 그곳에서 지내곤 했다. 지금도 중고서점이나 중고품 가게, 도서관에 들어가면 어린 시절로 되돌아간 것 같은 기분이 든다.

우리에게는 이러한 큰 닻뿐만 아니라 수백 개의 작은 닻도 있다. 특정 음식은 오래된 영화나 TV 프로그램, 음악, 음식점, 장소, 사람을 떠올리게 하고 그때의 감정을 불러일으킨다.

따라서 수면 요법의 목표는 침대를 단순한 공간에서 수면을 위한 강력한 닻으로 바꾸는 것이다.

방법은 아주 간단하다. 잠을 잘 때만 침대에 눕는다. 밤에는 정말로 졸릴 때까지 의자에 앉아 책을 읽거나 다른 일을 한다. 잠이 쏟아지면 그때 잠자리에 든다.

한밤중에 잠에서 깨면 의자나 소파로 가서 독서를 하거나 졸릴 때까지 다른 일을 한다. 여기서 중요한 것은 다시 자려고 노력하지 않는 것이다. 다시 잠들기 위해 노력하는 것은 잠이 오지 않게 하는 확실한 방법이다. 억지로 잠을 청하려 하지 말고 몸이 알아서 피곤하다는 신호를 보내도록 내버려 두면 다시 잠자리에 들 수 있다. 몇 주간 연습이 필요할 수도 있다.

아침에 잠이 깨면 바로 침대에서 일어난다. 침대에서는 잠만 잔다.

- **규칙적인 생활**. 가능한 한 매일 같은 시간에 일어나고 같은 시간에 잠자리에 든다. 주말에도 마찬가지다. 이렇게 하면 수면의 질이 좋아진다. 우리 문화에서는 주말에 늦게 자고 늦게 일어나는 경향이 있지만, 수면 문제가 있는 사람들이 주말에 수면시간을 바꾸는 것은 장기적으로나 단기적으로나 비생산적이다.
- **어둡고 조용한 방에서 잔다**. 상온보다 낮은 온도에서 자는 것도

건강한 수면을 위한 상식이다.

- **침대에서 시계가 보이지 않게 모두 치운다.** 직관적이지 않은 것처럼 보일 수 있지만, 인위적인 시간과 분으로 나누어 밤을 숫자로 인식하는 것이 대부분의 불면증 환자들이 가장 집착하는 부분이다. 시계를 없애는 것이 이 장 전체에서 가장 유용한 조언일 수 있다.
- **무거운 담요.** 자폐아에게 주로 사용되는 방법이지만, 많은 사냥꾼들도 무거운 담요가 수면에 도움이 된다고 얘기한다. 5~10kg 정도의 금속 또는 돌 구슬이 내장되어 몸을 묵직하게 감싸주는 담요를 온라인에서 흔히 찾을 수 있다.
- **반추**(rumination). 사냥꾼들이 잠들기 전에 가장 극복하기 어려운 것 중 하나다. 반추는 걱정과 불안의 사촌으로, 주로 미래에 일어날 고통이나 재난에 관한 생각에 집착하는 것이다. 해결책을 생각하거나 덜 위협적인 맥락을 찾아내지 않고 부정적인 생각을 강박적으로 되풀이한다.

  우리는 보통 과거에 저지른 일을 바탕으로 미래에 일어날 수 있는 끔찍한 일을 예측하므로 죄책감이나 수치심, 당혹감 등이 섞여 있는 경우가 많다. 잠을 자려고 할 때, 다음날 일어날지도 모를 재난에 대해 반추한다. 잠이 부족한 상태에서 일하다가 실수하거나 출퇴근길에 운전하다가 잠이 들어 사고를 낼지도 모른다는 걱정에 사로잡히는 것이다.

  인지 행동 치료는 반추를 다루기 위해 여러 기본적인 NLP 기법을 채택했고, 대부분 효과가 있다.

첫 번째는 내면의 자기 대화로 반추 자체를 중단하는 것이다. 잠을 충분히 자지 못해 내일 아침 영업 프레젠테이션을 망칠까 봐 걱정되기 시작하면 머릿속으로 이렇게 말한다. '잠깐만! 이 정도는 극복할 수 있어. 전에도 피곤하거나 잠이 부족한 때가 있었지만, 결과가 나쁜 적은 거의 없었어. 프레젠테이션 직전에 거울을 보며 '나는 완전히 깨어났어. 정신이 맑아' 이렇게 자신에게 말하는 오래된 클로드 브리스톨의 혼잣말 기법을 사용할 수도 있어. 종일 효과를 발휘하지는 못하더라도 중요한 순간은 넘길 수 있어.'

반추를 끊는 데 가장 중요한 부분은 잠자리에 들어 내면과 대화할 때 자신의 내적 목소리를 듣는 방식을 바꾸는 것이다. 우리가 점점 더 흥분할수록 마음속 목소리가 커지고 과격해지며 생각이 많아진다. 그러다 보면 어느새 공황 반응과 비슷한 어조로 혼잣말을 하게 된다.

방금 머릿속으로 말했던 바로 그 문장을 반복하되 다르게 말해본다.

예를 들어 다음과 같은 전형적인 불면증 환자의 내적 대화를 살펴보자. '7시에 일어나야 하니까 8시간을 채우려면 11시까지는 잠이 들어야 해. 벌써 10시 30분인데 아직 잠이 오지 않아. 늦게 잠들어도 알람이 울리면 잠이 부족한 상태에서 억지로 일어나야겠지. 내일 아침에는 프레젠테이션을 해야 하는데 망치면 어떡하지?'

이제 NLP 기법을 시도한다. 단어를 바꾸는 대신 내면의 목소리 톤을 한 옥타브 낮추고, 느린 영화를 보듯 천천히 말하고, 단어 사이에 길게 공백을 두어 음량을 부드럽게 조절한다. 단어는 추상적인 표현에 불과하지만, 음량과 어조는 뇌의 배선과 직접적으로 연결되므로 이러한 변화는 마법처럼 효과를 발휘한다. 한번 시도해 보면 놀라운 효과를 경험할 것이다.

사람들은 자신의 수면 부족이 직장이나 사회생활에 부정적인 영향을 끼칠 것이라 염려하지만, 실제로는 거의 아무도 눈치채지 못하며 업무 성과가 눈에 띄게 저하되는 경우는 별로 없다는 사실을 상기할 수도 있다. 일부러 수면시간을 줄여보고 다음 날 누군가 눈치채는지 살펴보면, 수면을 방해하는 가장 흔한 형태의 반추를 끊을 수 있는 새로운 도구를 얻게 될 것이다.

반추를 중단하는 또 다른 방법은 침대에 누워 눈을 감고 문제 해결에 몰두하는 것이다. 나는 30여 년 전 첫 소설을 쓸 때, 잠자리에 누워 소설의 발단, 전개, 위기, 절정, 결말까지 머릿속에 소설의 흐름을 그려보려고 하다가 그 복잡함에 압도되어 포기하고 잠이 들곤 했다. 수년 동안 나는 가장 최근에 본 TV 프로그램이나 영화의 내용을 요약하려고 시도하는 것만으로도 같은 효과가 나타난다는 것을 발견했다. 거의 항상 뇌가 '그만 포기할게요! 잠이나 자야겠어요!'라는 반응을 보였다.

반추를 중단하는 현대적인 방법으로 팟캐스트를 들을 수도 있다. 나는 매일 3시간 동안 라디오 쇼를 진행하기 때문에 뉴스를 놓치면 안 되고 과학도 내 프로그램에 포함되므로 보통

BBC 데일리 팟캐스트나 수많은 훌륭한 과학 팟캐스트 중 하나를 듣는다. 팟캐스트에 흥미를 느끼면서 머릿속 잡념이 사라진다. 그러면서 뇌도 작동을 멈추고, 다음 날 일어나면 팟캐스트의 처음 5~10분 정도 내용만 기억난다.

반추는 책 한 권에 담을 만한 주제인데, 과도하거나 일상적인 반추는 우울증 및 공황 장애와도 관련이 있다. 특히 밤에 반추하는 습관을 끊는 것은 이 두 질환을 치료하는 데 가장 효과적인 방법으로 알려져 있다. 잠자리에 들 때 반추하는 습관을 끊으면 잠들기 쉬워지고 전반적인 정신건강이 좋아진다.

- **최면**. 밀턴 에릭슨은 20세기 중반에 가장 유명한 최면술사 중 한 명이었으며, 그의 연구는 리처드 밴들러와 존 그라인더의 신경 언어 프로그래밍(NLP)에서 큰 비중을 차지한다. 그의 아내 베티는 밀턴이 '베티 테크닉'이라고 부르는 것을 생각해 내어 자신과 다른 사람들을 잠재웠다. 이것은 수면으로 이끄는 아주 단순한 자기 최면 기법이다.

  베티의 시스템은 우리의 세 가지 감각을 사용하며, 다음과 같이 진행된다. 먼저, 눈을 감고 침대에 누워서 감은 눈꺼풀 뒤에서 '보는' 것을 알아차린다. 몇 분간 그 상태를 유지한 후, 방이 조용하더라도 뭔가 들리는 소리로 주의를 돌린다. 몇 분 후 몸의 감각으로 주의를 돌린다. 그런 다음 잠들 때까지 이 과정을 반복한다. 일반적으로 3~7회 반복하면 잠에 곯아떨어진다.

  최면술사의 도움을 받는 것은 베티 기법보다 더 복잡한 자기 최면을 배우는 좋은 방법이다. 보통 사람도 단 몇 번의 세션으로 자기 최면을 배울 수 있다.

스마트폰에서 수면 앱 중 하나를 사용할 수도 있다. 스코틀랜드의 임상 최면 치료사 앤드류 존슨은 이러한 앱 중 가장 인기 있고 효과적인 앱을 운영하는데, 그는 가벼운 최면 유도를 통해 깊고 편안한 수면으로 안내한다.

- **뇌파를 이용한 기계.** 특정 뇌파는 특정 정신 상태와 관련이 있다. 베타파는 사고, 불안과 관련이 있고, 알파파는 때때로 '행복' 상태라고 불린다. 세타파는 우리가 잠들고 깨어날 때 경험하는 것으로 창의성과 강한 관련이 있는 것으로 보인다. 그리고 뇌의 깊고 느린 파동인 델타파는 수면과 관련이 있다.

  신경과학자들은 눈과 귀를 특정 주파수로 자극해 특정 뇌파를 유도할 수 있다는 것을 발견했다. 여러 회사에서 맞춤형 미니컴퓨터에 연결해 정상적인 수면 과정을 모방하는 주파수를 생성하는 안경과 헤드폰을 만들어 전문가와 소비자에게 제공한다.

  간질 가능성이 있는 사람은 발작을 유발할 수 있으므로 이런 기기를 피해야 한다. 하지만 건강한 일반인에게는 빨리 잠들도록 훈련하는 데 유용한 방법이 될 수 있다.

  사람들이 자신의 뇌파 피드백(주의가 산만할 때는 폭풍우 소리, 깊은 명상에 들어갈 때는 새소리)을 통해 명상을 연습하는 제품으로 앞서 언급한 뮤즈가 있다.

수면의 중요성

토머스 에디슨은 수면이 '시간 낭비'라고 확신했지만, 우리는 이제 수면이 정상적인 정신적, 신체적 기능에 필수적이라는 것을 알고 있다. 수면 중에 우리 뇌는 하루의 대사 과정을 통해 축적된 독소를 스스로 정화해 더 효율적인 기능을 발휘하도록 바뀐다. 꿈에서 우리는 하루의 활동과 기억을 통합하고 장기 기억을 형성하므로 약물이나 알코올이 수면에 영향을 끼치면 종종 장기 기억 장애가 발생하기도 한다.

요약하자면, 수면은 중요하다. 결정적으로 중요하다. 그렇지만, 불면증에 대한 불안은 불면증 자체보다 더 파괴적일 수 있다. 쉽게 잠들지 못하거나 한밤중에 깨더라도 걱정을 멈추고, 현재의 수면 패턴이 어떻든 장기적으로는 괜찮을 것이라고 안심시켜 주는 내적 대화를 해나가는 것이 중요하다.

자신의 '정상적인' 수면 패턴이 무엇인지, 그리고 그에 맞춰 무엇을 할 수 있는지 아는 것은 자고 있을 때뿐만 아니라 깨어 있을 때도 도움이 된다.

이 나라에서는 약 500만 명의 아이들이 과잉행동을 보인다고 간주합니다. 이들을 치료하는 가장 좋은 방법과 수단이 무엇인지에 대해 많은 우려와 관심이 있었습니다.

최근, 이 아이들이 학교에 가기 위해서는 특정 약물을 복용해야 한다는 사실이 소위원회에 보고되었습니다. 나는 아이들이 메틸페니데이트(리탈린, 콘서타의 주성분)를 복용해야 할지 결정을 내리는 사람들은 학교 선생님들이라는 것을 알고 있습니다. 아이가 교실에서 계속 공부할 수 있도록 약물을 투여합니다.

나는 아이가 있는 사람, 아이들을 돌보는 사람, 조카가 많은 사람이라면 누구나 아이들이 교실에서 안절부절못하고, 불안해하고, 지루해할 수 있음을 알고 있으리라고 생각합니다.

의사가 결정을 내리는 것이 아닙니다. 물론 처방을 합니다만. 자녀가 학교 수업에 참여하도록 부모가 그 약물을 투여하라고 요구하는 것은 학교 관리자입니다. 적어도 일부 지역에서는 교사가 지루해하는 아이들에게 교실에 계속 있으려면 약을 먹도록 요구할 수 있습니다.

나는 그것이 별로 희망적이거나 도움이 되는 신호라고 생각하지는 않습니다.

_에드워드 M. 케네디 상원의원(상원 보건·교육·노동 및 연금 위원회 위원장)
'과잉행동 아동의 원인에 대한 조사' 청문회 전
개회사 및 벤 파인골드와의 토론(1975)

⑯

사냥꾼과 약물

인생은 황홀경이다. 인생은 아산화질소(마취제)처럼 달콤하다.

랠프 월도 에머슨 『환상』(1857)

약물이 주의력결핍 과잉행동장애의 '치료법'일 수 있을까?

코난 도일의 『네 개의 서명 The Sign of the Four』은 셜록 홈스의 팬이라면 금세 알아볼 수 있는 주제로 시작된다.

> 셜록 홈스는 벽난로 선반에서 병을 꺼내고, 모로코 케이스에서 주사기를 꺼냈다. 그는 길고 하얗고 긴장한 손가락으로 섬세한 바늘을 조정하고, 왼쪽 셔츠 소매를 뒤로 젖혔다. 잠시 그는 무수한 찔린 자국이 점처럼 흉터로 남은, 힘줄이 굵게 드러난 팔뚝과 손목에 시선을 고정한 채 생각에 잠겼다. 마침내 그는 날카로운 바늘을 꽂고, 작은 피스톤을 누르고, 벨벳이 깔린 안락의자에 몸

을 기댄 채 만족의 긴 한숨을 내쉬었다.

"오늘은 뭐죠?" 내가 물었다. "모르핀? 코카인?"

그는 펼쳐 든 낡은 책에서 느긋하게 시선을 내게 돌렸다. "코카인." 그가 말했다. "7% 용액입니다. 한 번 시도해 볼래요?"

"아니요." 나는 퉁명스럽게 대답했다. "아직 아프간 작전을 극복하지 못했어요. 더 이상의 부담을 감내할 여력이 없습니다."

그는 미소를 지었다. "아마도 당신이 옳을 거예요, 왓슨." 그는 말했다. "나는 이게 신체에 나쁜 영향을 미칠 것으로 생각합니다. 하지만 초월적인 수준으로 정신을 자극하고 명료하게 해주어 이차적인 작용은 사소한 문제가 되어버리죠."

왓슨이 홈스의 코카인 사용에 대해 계속 불만을 토로하자, 홈스는 몇 문단 뒤에 이렇게 답했다.

"내 마음은 정체되는 것에 저항해요. 나 자신에게 문제를 주고, 일을 주고, 가장 난해한 암호문이나 가장 복잡한 분석을 던져주면, 내게 딱 맞는 상황이 되어 인공적인 자극제를 치워버릴 수 있죠. 나는 지루한 일상을 싫어합니다. 나는 정신적인 고양을 갈구해요. 그래서 특별한 직업을 선택했죠."

ADHD 사냥꾼의 문학적 원형이 있다면 그것은 바로 셜록 홈스일 것이다. 그는 주변의 모든 것을 주의 깊게 살피고 가젤처럼 우아하게 생각에서 생각으로 뛰어넘는다.

나는 최근 미국 대도시에서 열린 성인 ADHD 지원 그룹 회의에 참석했다. 정신과 의사인 연사는 청중에게 손을 들어보라고 했다.

“여러분 중 ADHD 진단을 받은 사람이 몇 명이나 되시나요?” 절반 정도가 손을 들었다.

“ADHD 치료를 위해 약물을 복용하는 분들 손들어 보세요.” ADHD로 진단되었다고 손을 들었던 사람들 대부분이 손을 들었다. “여러분 중 인생에서 한 번쯤 자가 치료를 해본 사람은 손들어 주세요.” 방에 있던 사람 중 4/5 이상이 손을 들었다. 손을 들지 않은 사람들은 주위를 두리번거렸고, 그들 역시 자가 치료를 해보았을 테지만 인정하기 두려웠을 것이라는 생각이 들었다.

정신과 의사는 자신이 의대에서 어떻게 살아남았는지 이야기했다. 그는 “의사가 되는 과정을 견디게 해준 건 블랙 뷰티(1970년대 다이어트약으로 판매된 불법적인 암페타민)였습니다”라고 말했다. “그 약물은 제 집중력과 학습 능력을 높여 주었고, 많은 의대 친구들도 그걸 먹었죠.”

역사 속 약물 사용

엄청난 집중력을 요구하는 어려운 일을 해내기 위해 약물을 복용하는 것은 새로운 일이 아니다. 1991년 이라크에 대한 ‘사막의 폭풍' 작전 동안 CNN의 뉴스 보도에 따르면 미국 공군 전투기와 폭격기 조종사는 비행 중 깨어 있기 위해 일상적으로 암페타민을 복용했으며, 제2차 세계대전 이전부터 그렇게 해왔다. 이 관행은 1992년 4월 공식적으로 중단되었다. 기록에 따르면 존 F. 케네디는 대통령으로 재임하는 동안 리탈린과 유사한 약물인 메스암페타민을 자주 복용했다.

프로이트는 수년간 코카인이 무의식의 문을 열고 '기능 장애' 사람들을 회복시켜 줄 놀라운 약물이라고 생각했다. 코카인을 직접 사용했던 프로이트는 이 약물을 칭송하는 시를 썼고, 모든 환자에게 코카인을 투여해야 한다고 제안했다. 몇 년 후, 그의 환자 중 일부가 약물 남용 및 중독 징후를 보이기 시작했을 때, 그리고 가까운 친구가 코카인이 유발한 정신병으로 자살했을 때, 그는 치료에 사용되는 약물은 사례별로 신중하게 투여해야 한다고 견해를 바꾸었다.

미국에서는 조지아주 애틀랜타의 약사 존 펨버턴이 1886년에 '만병통치약' 토닉의 공식을 내놓았다. 그는 그것이 우울증, 집중력 부족, 두통, 그리고 많은 자잘한 질병을 치료할 것이라고 주장했다. 토닉 공식은 5년 후 또 다른 약사인 아사 캔들러가 구매했고, 탄산수에 첨가해 음료로 만들었다. 세기가 바뀌면서 코카콜라는 미국, 하와이, 캐나다, 멕시코의 거의 모든 도시에서 구매할 수 있었고, 이름에서 알 수 있듯 주요 활성 성분으로 코카인이 들어 있었다. 코카인이 또 다른 각성제인 카페인으로 대체된 것은 1920년대에 들어서면서부터였다. 우리는 아주 오래전부터 약물을 사용해왔다.

발효로 생산된 알코올을 사용한 증거는 성경에 잘 기록되어 있으며, 일부 고고학자들은 인간이 문명이라고 부르는 것이 나타나기 훨씬 전부터 알코올을 사용했다고 주장한다. 다른 문화권에서는 아편, 코카, 담배 또는 대마를 선택했다. 정신과 의사 앤드류 와일은 '의식을 바꾸려는 충동'이 음식, 성관계, 안전에 대한 욕구와 마찬가지로 기본적인 인간의 욕구라고 가정하고, 어지러울 때까지 빙글빙글 도는 아이들의 놀이와 동물들이 발효 과일이나 정신 활성 식물을 찾는 경향을 이러한 본능의 예로 지적한다.

덱세드린이 1938년 처음 출시되었을 때, 이 약품을 홍보한 브래들리는 학생들이 어려운 수학 과제를 수행하는 데 도움이 되는 능력 때문에 이것을 '기적의 수학 알약'이라고 극찬했다. 낸시 레이건은 사람들이 약물에 '그냥 아니라고 말해야 한다'고 공개적으로 선언하는 캠페인을 할 때, 의사의 처방을 받긴 했지만 정신 활성 약물을 복용하고 있었다. 1992년 백악관은 조지 H. W. 부시 대통령과 제임스 베이커 국무장관이 때때로 발륨 계열의 논란이 많고 강력한 진정제인 할시온을 사용했으며, 대부분 수면제로 처방되었다고 확인했다.

가끔이라도 카페인이 함유된 커피, 차 또는 콜라를 마시지 않는 사람은 얼마나 될까? '익명의 알코올 중독자'(AA) 모임에 참석한 사람이라면 대부분의 참석자가 약물과 함께하는 삶을 살고 있음을 잘 알고 있을 것이다. 그들은 엄청난 양의 커피를 마시고,

종종 담배를 피우고, 일부는 진정제나 각성제가 포함된 처방약을 복용한다. 물론 그렇다고 해서 AA 모임 참여의 엄청난 이점이나 알코올 중독의 파괴적인 영향이 희석되지는 않는다.

인간 역사에서 약물 사용이 만연했고 관절염에서 감기에 이르기까지 모든 것을 빠르게 치료할 수 있다고 홍보하는 의약품들을 생각해본다면, 우리 문화가 ADHD라는 '장애'에 가장 먼저 한 반응이 약물을 투여하는 것이었다는 사실은 놀라운 일이 아니다.

ADHD 치료제

사냥꾼 성인들이 달갑지 않은 농장 일을 견뎌내기 위해 하루에 5~20잔의 커피를 마신다는 이야기는 ADHD 성인이나 ADHD를 전문으로 하는 정신과 의사의 모임에서 흔히 들을 수 있는 이야기다. 엄청난 양의 그다지 효과 없는 카페인을 소량의 리탈린이나 덱세드린으로 대체하면 놀라운 변화가 일어나 치료제를 복용하는 한 주의력결핍 과잉행동장애가 '치료'된다.

모든 사람에게 효과가 있는 것은 아니지만, 많은 사람에게 효과가 있다. 아내들은 약을 먹은 남편이 "몇 년 만에 처음으로 한 자리에 앉아 30분 동안 내 말을 경청하고 주의를 기울였다"는 이야기를 들려준다. 관계가 개선되고, 직장에 더 잘 적응하고, 창업주가 관리도 잘하게 되고, 문제 행동을 보이던 아이들이 좋은 학생이 된다.

심지어 일부 알코올 중독자와 마약 중독자는 처음에 '지루함을 멈추려고' 또는 '모든 입력을 끄려고' 알코올이나 약물에 대해 매력을 느끼게 되었다고 주장하지만, 리탈린이나 포칼린 치료를 시작하면 알코올이나 약물에 대한 갈망이 극적으로 줄어든다는 것을 발견한다. 아마도 이런 사람들은 ADHD 사냥꾼으로서 알코올이나 약물에 중독된 사람들일 것이다. 또한 ADHD 성인이 ADHD 치료제를 복용하면 성적 방종과 같은 충동 조절 문제를 통제할 수 있다는 일화적 증거가 늘어나고 있다.

성인 ADHD 지원 그룹의 뒷줄에 앉아 사람들이 리탈린, 포칼린 또는 덱세드린이 어떻게 자신을 구했는지 이야기하는 것을 듣다 보니, 코카인이 셜록 홈스 이야기를 쓸 수 있는 천재성을 주었다고 주장한 아서 코난 도일의 이야기와 비슷한 게 아닐까 궁금해졌다. 프로이트의 코카인 복용 환자 그룹도 비슷한 얘기를 했을까? 19세기에 리디아 핑컴의 토닉을 마신 부인 모임은? 그것은 코카인이나 아편을 함유한 수십 종의 토닉 중 하나였으며 미국에서 150년 이상 판매되었고 상원의원, 대통령, 그들의 부인들 등 사회적 지위가 높은 사람들이 소비했다. 헤로인도 처음에 기침약으로 시장에 출시되었고 수년간 시장과 약국에서 처방전 없이 살 수 있었다. 많은 사람들은 그것이 기침만이 아니라 다른 질병도 치료했다고 보고했고, 이 '특효약'은 20세기 초 교육받은 계층 사이에서 큰 인기가 있었다.

그래서 다시 이런 질문이 남는다. 약물이 주의력결핍 과잉행동장애의 '치료법'일 수 있을까?

확실히 '그렇다'고 말하는 방대한 의학적, 일화적 증거가 있다. 오늘날 리탈린은 우리 학교에 광범위하게 퍼져 있어서 리탈린을 복용하기 시작했을 때 문제 행동을 보이던 아이들이 어떻게 변화했는지 『지킬 박사와 하이드』 같은 극적인 이야기를 알지 못하는 선생님을 찾기가 불가능할 정도다.

그리고 수감자 중 ADHD 성인이 차지하는 높은 비중을 살펴보면, 이 사람들이 어렸을 때 그런 약을 먹을 수 있었다면 어떻게 되었을지 궁금해진다. 통계에 따르면 ADHD는 가난한 흑인이나 다른 소수 민족 집단보다는 중산층 백인 아이들에게 흔한 질병이다. 많은 이들은 이것이 유전적 차이가 아니라 의료 서비스와 자원에 대한 접근성의 차이일 뿐이라고 주장한다.

또한 상당수의 수감자가 수감 전에 장기간 약물을 사용하거나 남용했다는 점도 흥미롭다. ADHD를 자가 치료하려고 시도했던 것일까?

약물치료의 대안

지금까지 살펴본 바에 따르면 ADHD에 대한 약물치료는 적절해 보인다. 특히 농장 생활에 갇혀서 벗어날 방법이 없거나, 충동성이 자신이나 다른 사람에게 위협이 되는 사냥꾼에게는 더욱 그렇다.

그러나 다른 관점도 있다.

1. 사냥꾼이 농부 사회에서 사는 어려움을 해결하기 위해 약물을 사용한다.
2. 해결책은 약물 복용 빈도를 바꾸거나 늘리는 것이 아니라, 사냥꾼을 위한 일자리와 교육 환경, 생활 환경을 찾아주고, 앞서 언급한 기본적인 기술을 가르쳐서 그들이 사냥꾼으로서 성공할 수 있도록 돕는 것이다.

내가 참석했던 성인 ADHD 지원 그룹 회의에서 정말 가슴 아픈 순간이 있었다. 9개월 동안 리탈린을 복용한 후 극적인 변화, 긍정적인 결과를 얻었다는 한 남자가 일어서서 말했다. "지금 제가 당면한 문제는 분노입니다. 제가 이미 마흔이고 지금까지 인생을 낭비했다는 사실에 대한 분노입니다. 고등학교 시절 제가 ADHD라는 것을 알고 리탈린을 복용했다면, 저는 인생을 바꿀 수 있었을지도 모릅니다. 우등생으로 대학을 졸업했을지도 모릅니다. 20년 동안 10곳의 직장을 전전하지 않고, 지금쯤 성공한 전문가가 되었을지도 모릅니다. 제 인생은 완전히 낭비된 것 같아요. 잃어버린 세월을 되돌릴 방법이 없습니다." 그는 눈물을 글썽였다.

그가 제시한 패러다임은 다음과 같았다. '나는 병들고 결함이 있었지만, 그 이유를 몰랐다. 지금은 리탈린을 복용해서 치료되었지만, 내 병이 무엇인지 알지 못했던 그 모든 세월을 낭비했다.' 그리고 물론 그는 그 낭비된 시간에 대해 분노했다. 자신에게 화가 났고, 그를 제대로 진단하지 않은 의사에게 화가 났고, 그를 문제아라고 부른 학교와 선생님에게 화가 났다.

하지만 다른 패러다임도 가능하다. '나는 사냥꾼이었고, 기업가, 작가 또는 탐정이 되는 데 적합했다. 대신, 나는 농부가 되려고 20년을 보냈고, 책상에 앉아 종일 집중해서 한 가지 작업을 하는 직업을 선택했고, 그것은 재앙이었다. 더 일찍 내가 사냥꾼임을 깨닫고, 사냥꾼에게 맞는 교육기관을 선택하고, 사냥꾼 일자리를 찾았으면 좋았을 것이다. 하지만 이제 알았으니, 나는 옳은 선택을 할 수 있다!'

아마도 실제 현실은 두 패러다임 사이 어딘가에 있을 것이다. ADHD가 아닌데도 리탈린을 포함한 ADHD 치료제를 실험해 본 사람들과 이야기를 나누었고, 보통 사람들이 작업이나 프로젝트를 수행할 때도 그런 약물들이 유용하다는 것을 알게 되었다. 1938년 브래들리가 덱세드린에 대해 말한 것처럼, 프로이트가 코카인에 대해 처음에 믿었던 것처럼, 코카인이나 암페타민에 비해서는 약한 리탈린이나 포칼린 같은 각성제를 통해 대부분의 사람들이 어떤 이점을 얻을 수 있을 것이다. 우리 문화에서 흔히 사용되는 각성제인 커피처럼 말이다.

하지만, 커피 애호가들이 지적하듯이, 널리 이용하는 각성제에도 단점이 있다. 수년간 커피나 콜라를 마신 사람들은 종종 사용을 중단했을 때 두통, 무기력함, 변비 같은 심각한 금단 증상을 보고한다.

각성제를 복용하면 영향을 받는 신경전달물질이 있다. 주요 신경전달물질로는 도파민, 노르에피네프린, 세로토닌이 있다. 이 세 가지 신경전달물질(특히 도파민) 수치가 증가하면 집중 상태에서 열린 의식 상태로 전환하는 능력을 조절하는 부분인 전두엽에 영향을 미친다. 또한 시간 감각을 조절하는 부분인 기저핵과 선조체에도 영향을 미친다.

거의 누구나 삶에서 시간의 유동성을 경험한다. 사냥꾼에게는 일상적인 일이다. 농부에게는 교통사고 같은 위기 상황에서 발생한다. 아드레날린의 홍수는 다양한 신경전달물질을 대량으로 방출해 시간이 느려지는 것처럼 느껴지게 한다. 사고나 폭력 범죄를 목격한 수많은 사람들은 사건을 슬로 모션처럼 기억한다.

교실이나 사무실에서는 고도로 집중한 상태(시간이 느리게 가는 느낌이 들지 않는 상태)가 바람직할 수 있지만, 숲을 걷거나 자동차를 운전할 때는 주변의 많은 세부 사항에 주의를 기울이는 것이 중요하므로 이러한 의식 상태가 최선이 아닐 수 있다. 한 ADHD 성인은 리탈린을 복용한 상태에서 운전하다가 차선을 바꿀 때 앞차에 너무 집중해서 옆에 있는 차를 알아차리지 못하는 바람에 자동차 사고를 일으킬 뻔한 이야기를 들려주었다. 그는 "리탈린을 복용하지 않을 때는 모든 것을 알아차려요. 집안을 걸으며 불을 끄고 쓰레기를 줍고 주변을 끊임없이 살피죠. 하지만 리탈린을 먹으면 한 번에 한 가지에만 집중하게 됩니다"라고 말했다.

모든 사람은 선천적으로 이 두 가지 의식 상태 사이를 전환할 수 있는 능력이 있다. ADHD 진단을 받은 아이와 성인도 관심 있는 프로젝트를 작업할 때 주의를 집중하고 시간 감각을 가속할 수 있다. 또한 사람들이 열린 의식과 집중된 의식 사이를 전환하도록 스스로 훈련할 수 있다는 증거가 많이 있다. 이렇게 전환할 때 PET 스캔에서 뇌의 화학적 변화가 관찰되었다.

따라서 ADHD 약물 치료의 첫 번째 단점은 환자가 의식 상태를 스스로 조절할 능력을 잃기 시작한다는 것이다.

두 번째 단점은 확실하다기보다는 가능성의 문제지만, 약물을 장기간 사용하면 뇌의 화학 물질에 변화가 생길 수 있다는 것이다.

소라진이라는 이름으로 판매되는 클로르프로마진은 뇌의 세로토닌 수치를 낮추는 진정제다. 예전에는 조현병에 일상적으로 처방되었다. 환자들을 아주 수동적으로 만들었기 때문에 불행히도 그들을 통제하기 위해 부적절하고 광범위하게 사용되었다.

1981년 〈분자교정 정신의학 저널〉에서 당시 내가 운영진으로 있던 주거형 치료 시설에 입소한 12세 소년에 대해 보도했다. 이 아이는 2년간 주립 정신병원에 있었고 거의 내내 소라진을 복용했다. 우리는 그가 약을 끊게 했지만, 그 후 3년 동안 그는 주기적으로 지연성운동장애(tardive dyskinesia, TD) 발작을 일으켰다.

지연성운동장애 발작은 뇌가 소라진에 반응해 발생한다. 세로토닌 수치가 비정상적으로 낮다는 것을 감지한 뇌는 세로토닌을 더 많이 얻으려고 새로운 세로토닌 수용체를 키운다. 소라진을 제거하자 뇌는 자체 세로토닌으로 과부하가 걸렸고 발작이 발생했다. 우리는 나중에 그 소년에게는 정신질환이 없고 지능이 평균 이상이라는 사실도 알게 되었다. 그는 집에서 학대를 당했지만, 위탁 가정이 부족해서 정신병원에 '버려졌다'. 약물 없이 ADHD와 다른 정서적 문제에 대해 광범위한 치료를 받은 그는 고등학교를 우등으로 졸업했다.

지난 100년 동안 수십 건의 진통제 연구에서 같은 과정이 관찰되었다. 장기간 진통제를 사용하는 사람들은 실제로 통증에 더 민감해진다. 신체의 천연 진통제 생산이 영구적으로 감소하거나 통증 수용체의 수 또는 민감성이 증가하기 때문이다. 장기간 코카인을 투여받은 실험실 동물은 뇌의 수용체 수 또는 신경전달물질 수치에서 유사한 영구적인 변화가 관찰되었다.

일부 연구자들은 ADHD가 뇌의 도파민 수치가 낮아서 발생한다고 주장한다. 리탈린과 기타 각성제는 도파민 수치를 증가시키는데, 이것이 ADHD를 '치료'하는 방식이다. 도파민의 평소 수치는 약물을 복용한 결과 낮아질 것이다. 뇌의 보상 메커니즘이 작동해 여분의 도파민을 제거하려고 하기 때문이다. 노년기에 도파민 장애가 생기면 파킨슨병이 생기고, 메틸페니데이트(리탈린, 콘서타의 주성분)가 도파민 수치에 영향을 미치기 때문에, 장기간 복용하면 노년기에 부작용이 나타날 수 있다는 우려가 제기되기도 했다.

리탈린과 기타 각성제에 내성이 생겨 뇌에 장기적인 변화가 나타날 수 있다는 우려도 있다. 한 연구 그룹은 메틸페니데이트를 투여한 지 3주가 지나면서 혈류가 메틸페니데이트에 점점 덜 민감해졌고, 이는 약물에 반응하는 뇌 부위에서 신체적 변화가 일어나고 있음을 나타내는 것일 수 있다고 보고했다.

동물 연구에서는 메틸페니데이트, 코카인, 암페타민 간에 교차 내성이 있다는 사실도 확인되었는데, 이는 이 세 가지 물질이 모두 비슷한 방식으로 뇌에 영향을 미친다는 것을 의미한다.

각성제 사용에 따른 다른 부작용으로는 혈압 상승, 체중 감소, 간혹 탈모가 있다. 다행히도, 복용량을 신중하게 조절하면 이러한 부작용 중 어느 것도 특별히 문제가 되지는 않는 것으로 보인다. 일부 전문가들은 메틸페니데이트가 아이의 성장에 영향을 미칠 수 있다는 우려를 표명했지만, 아직 증거가 부족하고 결론을 도출하기에는 너무 이르다. 뇌하수체에서 사람성장호르몬(HGH)을 생성하는 것은 주로 수면시간에 일어나는 것으로 보이며, 이때 혈류에서 메틸페니데이트 수치가 가장 낮다.

1980년대 사이언톨로지교와 제휴한 한 단체가 리탈린 처방에 대해 공격적인 캠페인을 시작하면서 이러한 우려 사항 중 많은 부분을 제기했다. 정신과 의사들은 사이언톨로지교가 정신의학을 경멸한다는 이유로 이 단체가 제기했던 우려를 무시하곤 한다.

그러나 이 문제는 의학적으로 확실하게 입증되지 않았다. 리탈린은 1950년대부터 사용되었고, 체내 반감기가 비교적 짧으며, 비교적 안전하다고 여겨지지만, 장기간 복용하는 사람들에 대한 잘 통제된 연구는 수행되지 않았다. 성인 ADHD가 정신과 전문의들 사이에서 일반적으로 인정되기 시작한 지 불과 30년 정도밖에 되지 않아 성인의 리탈린 복용에 관한 장기 연구는 아직 수행되지 않았다.

따라서 현재로서는 위험을 진정으로 평가하기 어렵다. 그러나 카페인, 담배, 알코올 금단현상이 얼마나 강력할 수 있는지를 고려하면, 이처럼 우리 사회에서 정상적이고 일반적으로 받아들이는 약물과 비교했을 때 리탈린은 오히려 무해한 편이라고 볼 수도 있다.

마지막 질문은, 특히 학생들에게 있어서, 리탈린이 학습 보조제인지, 아니면 농부 학교 환경에서 학습을 어렵게 만드는 행동 문제를 보완하는 방법일 뿐인지에 대한 것이다.

리탈린을 복용하면 아이의 성적이 향상된다는 연구 결과는 많다. 하지만, 이는 리탈린이 학습에 도움이 된다는 것을 증명하지는 못한다. ADHD 아이의 학습을 어렵게 만드는 교육 환경의 문제를 보완하는 것일 수 있다.

일부 권위자들은 사람들이 집중된 의식 상태와 열린 의식 상태 사이를 끊임없이 오갈 때 가장 빠르게 가장 잘 배운다고 본다. 즉, 집중된 상태에서 세부 정보를 받아들이고, 열린 상태에서 그 정보를 자유롭게 결합해 뇌의 다양한 기억의 고리에 연결한다. 이것이 사실이라면 의식을 집중된 상태로 만드는 리탈린은 학습 그 자체에는 거의 도움이 되지 않거나 오히려 학습 능력을 낮출 수도 있다.

행동 지향적인 프로젝트 기반의 커리큘럼을 통해 사냥꾼에게 맞는 교육 기회를 제공할 수 없다면 리탈린이 ADHD 아동에게 학습 기회를 제공하는 유일한 선택지가 될 수 있다. 그러나 다시 말하지만, 이것은 아이의 실패가 아니고, 아이의 결핍이나 장애 때문이 아니다.

내가 운영한 기관과 전국의 수많은 사립학교에서 ADHD 아동이 학습 능력이 부족하지 않다는 사실이 반복적으로 입증되었다. 과밀학급 대신 소규모 학급, 1시간 수업이 아닌 20~30분 단위 수업, 시각적 보조 도구, 다양한 체험 학습을 결합하면 리탈린이나 다른 약물이 없더라도 ADHD 사냥꾼 아동에게 효과적인 학습 환경을 제공할 수 있다.

아이보다 자신을 더 잘 이해하고, 약물을 언제 복용하고 언제 끊을지 더 잘 아는 성인 사냥꾼이라면, 리탈린, 포칼린, 덱세드린의 가용성이 커피나 알코올의 가용성과 유사할 수 있다. 성인은 자신의 필요에 따라 커피와 알코올을 섭취할 수 있다. 농부의 일을 해야 하는 사냥꾼이 필요할 때 각성제를 복용하면 효과를 볼 수 있을 것이다.

주기적 약물 사용

사냥꾼은 새로운 행동 패턴을 개발하기 위해 3~12개월 동안 리탈린이나 포칼린을 사용한 다음, 약물 사용을 중단하거나 대폭 줄이는 선택을 할 수도 있다. 리탈린이나 포칼린을 시도한 몇몇

ADHD 성인은 "충격적이었다. 다른 사람들이 그런 식으로 집중할 수 있다는 걸 전혀 몰랐다"고 말했다. 시간이 흐르면서 많은 이들은 약물 없이도 집중할 수 있는 기술을 성공적으로 터득했다.

약물을 사용하는 사람들에게 약물 복용 전과 후의 의식과 집중력의 명백한 차이를 지적하는 것이 좋다. 이 차이를 인식하면 약물을 사용하지 않을 때 집중하는 법을 배우는 데 도움이 된다. 자전거를 처음 배울 때 보조 바퀴의 도움을 받는 것과 유사하다. 자전거를 타는 데 익숙해지면 보조 바퀴를 버릴 수 있다.

대체 요법

ADHD 대체 요법에 대한 논쟁은 최근 주변적인 건강식품 출판물에서 주류 언론으로 옮겨갔다. ADHD 치료 방법으로 허브, 동종요법, 비타민, EEG 뉴로피드백에 대한 기사가 대중매체에 점점 더 많이 실리고 있다. 많은 사람들이 이러한 비전통적 치료법을 실험하고 있다.

- **ADHD 치료에 도움이 되는 허브.** 일반적으로 신경계를 이완하거나 치유하는 데 도움이 된다고 여기는 허브에 초점을 맞춘다. 여기에는 스컬캡(Scutelleria lateriflora), 발레리안(Valeriana officinalis), 홉(Humulus lupus), 블루 코호시(Caulophyllum thalictroides), 블랙 코호시(Cimicifuga racemosa), 카모마일(Anthemis nobilis), 레이디스 슬리퍼(Cypripedium pubescens)가 포함된다. 생강(Zingiber officinale)이나 감초(Glycyrrhiza glabra) 같은 각성제 성분의 허브를 추천하기도 한다.

허브를 고용량으로 복용하면 독성이 있거나 부작용이 있을 수 있다. 지금까지 엄격한 검증 과정을 거쳐 ADHD 치료제로 인정된 허브는 없다.

- **동종요법**. 생명의 자연치유력을 활용한 치료법. 동종요법 치료사들은 아직 과학이 밝혀내지 못한 현상들을 지적하면서 그들의 치료법이 지금은 설명할 수 없는 미묘한 에너지와 함께 작용한다고 주장한다.
- **비타민과 식품 보충제**. 1912년 생화학자 캐시미어 풍크와 프레더릭 G. 홉킨스가 비타민 이론을 발전시킨 이래, 비타민은 건강과 관련된 논의에서 중요한 주제가 되었다.

  ADHD와 관련해 가장 많은 관심을 모은 식품 보충제는 콜린이다. 콜린은 뇌에서 직접 신경전달물질 아세틸콜린으로 전환된다. 최근 여러 연구는 아세틸콜린 수치가 높으면 기억이 향상되고 주의 지속 시간에도 이점이 있음을 시사했다. 콜린은 영양 보충제로 제공되며 달걀노른자, 밀 배아, 통곡물, 콩, 시금치, 고구마, 레시틴에서 가장 높은 농도로 발견된다.
- **EEG 뉴로피드백**. 2014년 이전에는 1~3만 달러 정도의 다소 복잡한 기계를 사용했다. 이 장치는 다양한 뇌파의 상대적 강도를 모니터링한다. EEG 장치에 부착된 모니터나 컴퓨터 화

면 앞에 앉아서 EEG 전극을 머리에 대고 있으면 뇌파를 측정할 수 있고, '집중 인식' 뇌파 수준을 높이는 동시에 '주의 산만' 뇌파의 강도를 낮추도록 뇌를 훈련할 수 있다. 지금은 300달러 이하의 가격에 뮤즈라는 가정용 EEG 헤드밴드를 살 수 있다.

관련 연구에서는 이 기술이 ADHD 행동과 관련된 많은 문제를 훈련해서 없앨 수 있다고 주장하며, 15~30분 동안 지속하는 세션이 30~50회 정도 필요하다고 한다.

과학계에서는 허브, 비타민, 동종요법의 효능에 대해서는 거의 관심이 없다. 어떤 이들은 그 이유가 이런 치료법은 큰 수익을 안겨주는 산업이 될 수 없기 때문이라고 주장할 것이다. 반면에 EEG 뉴로피드백 기기는 여러 과학 연구의 주제가 되고 있다. 이러한 장치가 실제로 사람들이 ADHD 방식으로 행동하지 않도록 뇌를 훈련하는 데 도움이 된다면, 당연히 기계 없이도 그렇게 훈련할 수 있지 않을까?

EEG 뉴로피드백에 대한 최종 평가가 내려지면, 그것은 단순히 앞서 언급한 명상과 집중 기술의 효과에 대한 검증이 될 수 있다.

최근의 발견을 돌아보면, 어떤 한 가지 치료법이 완전한 성공을 보장하리라고 주장하기는 어렵다. 리탈린, 포칼린 같은 약물 치료를 지지하는 사람들도 있고, 허브, 동종요법, 비타민, 식이요법, 명상, 척추 지압 또는 EEG 뉴로피드백의 이점을 주장하는 사람들도 있다.

선천적으로 사냥꾼에게 내재한 강점과 약점을 이해하는 것이 중요하다. 이를 알면 우리는 행동을 조절하고 우리의 사냥꾼 성향을 수용하거나 보완하는 새로운 삶을 만들어나갈 수 있다.

⑰

ADHD의 잠재력 해방하기

네 별을 따라간다면, 영광스러운 천국에
이르는 데 실패할 수 없을 것이다.
단테 알리기에리 『신곡』(1310)

영화와 문학에는 겉보기에는 극복하기 힘든 역경을 극복하고 평범한 사람이 거의 달성할 수 없는 수준의 성공에 도달한 사람들의 이야기로 가득하다. 예를 들어, 암과 사투하며 한쪽 다리만으로 해안가를 따라 달린 테리 폭스, 영감을 주는 글을 쓰고 장애인에 대한 세상의 관점에 혁명을 일으킨 시각 장애인이자 청각 장애인 헬렌 켈러, 메이저리그에서 뛰었던, 한쪽 팔이 없는 야구 선수 피트 그레이 같은 사람들이다.

이들이 장애를 극복하고 목표를 달성한 것처럼, 많은 사냥꾼도 주의력의 한계를 극복하고 세상과 사회에서 성공했다. 어떤 이들은 토머스 에디슨처럼 처음부터 천재적이어서 짧은 주의력의 한계를 돌파하거나, 돌아가거나, 넘어갈 수 있다.

하지만 많은 사냥꾼들은 자신이 부상당한 채 걷고 있다고 표현할 것이다.

그들은 사냥꾼의 재능을 활용해서, 동시에 사냥꾼 성향에도 불구하고 성공했다. 한쪽 팔이 없는 운동선수처럼, 그들은 사업이나 학습에서 개인적인 어려움에 직면해 있지만, 분명히 성공했다.

겉보기에 '정상'인 그런 사람들이 이 책을 읽고 자신이 ADHD 성인임을 깨닫고 전문가의 도움을 구하게 될 수도 있고, 곧 벽에 부딪힐 수도 있을 것이다.

장애는 정의상 사람이 제대로 기능할 수 없다는 것을 뜻한다. 즉, 어떻게든 손상되었다는 것이다. 따라서 성공한 사람이 진료실에 들어와서 "제가 ADHD인 것 같아요"라고 말할 때, 특히 리탈린 같은 약을 요구할 때, 의사는 "충분히 잘살고 계신 것 같은데, 무슨 문제가 있으신 거죠?"라고 반문할 수도 있다. 그 결과, 성공했다는 이유로 ADHD가 아니라고 잘못된 진단을 할 수 있다.

여기서 생각할 점은 교사, 부모, 고용주, 전문가가 ADHD인 사람이 해결해야 하는 보이지 않는 문제들을 미처 알지 못하는 경우가 많다는 것이다. 그리고 적응적 대처 전략을 개발하고 구사할 만큼 지능이 높은 사냥꾼들은 주의력 검사를 통과하고 '정상' 판정을 받을 수도 있다.

이들은 자신의 별에 도달할 잠재력, 재능, 지능을 갖추고 있다.

하지만 농부의 세계에 사는 사냥꾼으로서 그들은 절반만 성취했을 수도 있다.

"너는 이미 충분히 잘하고 있어."

최근 ADHD 아동의 부모를 위한 지원 그룹 회의에서 여러 부모가 자신들이 보기에는 아이가 ADHD인데 의사들이 치료하지 않으려 한다는 이야기를 들려주었다. 아이가 학교에서 잘하고 있는데, 뭐가 문제냐고 한다는 것이었다.

이 부모들의 눈에 문제는 자녀가 학교에 그럭저럭 적응하는 수준은 그 자녀의 지능과 잠재력을 충분히 실현하는 수준이 아니라는 것이었다. 한 부모는 아들을 평균 학급 규모가 35명인 공립학교에서 16명인 사립학교로 보냈더니, 성적이 C에서 A로 상승했다는 이야기를 들려주었다. 그 아이의 지능은 거의 천재적인 수준이었지만, 농부 공립학교 환경에서는 학습 능력이 제한되었다.

MIT 졸업 후 다양한 사업을 성공적으로 펼쳐 온 브래드는 자신이 사냥꾼이라는 것을 깨닫고 리탈린이 긴 시간 집중해야 하는 세부적인 프로젝트를 처리하는 데 도움이 될 것으로 생각했다. 그러나 정신과 의사는 브래드에게 장애를 발견할 수 없다고 말하면서 약물을 구하기 위해 ADHD 진단을 받으려 한다고 의심하고 있음을 암시했다. 브래드의 요청에 따라 정신과 의사는 주의력 검사와 기억력 검사를 했고 그는 '보통' 수준의 점수를 받았다. 그것은 그가 수년에 걸쳐 짧은 주의력의 한계를 극복하는 방법을 스스로 훈련했기에 가능했다. 고전적인 기억술을 활용해 브래드는 마음속에 엉뚱한 그림을 그리거나 사물 목록을 특정 범주로 정리해서 외웠다. 이렇게 해서 그의 '주의력 결핍'은 검사에서 드러나지 않았고 '평균' 점수를 받았다. 그는 IQ가 매우 높았지만, 지능검사가 지루해져서 딴전을 피우면 검사 결과는 종종 '평균'으로 나왔다. 낮은 점수가 나와야 하는 주의력 검사와 높은 점수가 나와야 하는 지능검사에서 그런 식으로 모두 '평균' 점수를 받곤 했다.

임상심리사와 정신과 의사는 대체로 문제를 찾도록 훈련받았기 때문에, 어떤 사람이 심각한 문제를 겪지 않는다면 도움이 필요하지 않다고 생각할 수 있다. 비용을 절감하려는 기관, 과도한 각성제 처방을 억제하려는 당국의 압력을 의식할 때 특히 그렇다.

잠재력을 충분히 펼칠 수 없는 것이 문제다

시민권 운동과 여성 운동은 우리 대부분은 엄청난 잠재력이 있지만 사회 구조에 내장된 미묘한 장애물 때문에 그 잠재력을 실현하지 못할 수 있다는 개념에 기초했다. '유리 천장', '보이지 않는 장벽' 같은 표현이 이러한 상황을 설명하는 일반적인 문구다.

마틴 루서 킹과 글로리아 스타이넘과 같은 영웅적인 사람들의 노력이 없었다면 오늘날 우리 사회는 1950년대와 마찬가지로 흑인과 여성이 맞닥뜨린 끔찍한 장벽에 대해 무지했을 것이다. 당시 기업과 정부는 '흑인들 사이에서 증가하는 불안'에 직면해 학교, 식당, 기타 공공시설에서 흑백 분리를 유지하기 위해 노력했고, 여성들은 대개 협소한 분야에서 종속적인 일을 해야 했다.

이제 ADHD 아동과 성인이 교실과 직장에서 당면한 어려움에 대해서도 정부와 교육기관에서 인식하기 시작했다. 사냥꾼 아이를 위한 교육 프로그램은 이제 학교에서 제공하는 서비스 범위에 포함되기 시작했다. 미국 교육부는 이 문제를 해결하라는 압력을 받고 있다.

사냥꾼들은 택시 운전사나 카우보이가 되기에 적합하다. 그런데 좋은 농부 파트너를 만나거나 자신의 약점에 잘 대처할 수 있는 기술을 익힌다면 뛰어난 영업사원, 형사, 컨설턴트, 정치가, 변호사, 기업가가 될 수도 있다.

ADHD 성인은 자신의 짧은 주의력을 다른 사람들이 눈치채지 못하게 위장하는 법을 익혔다. 세 사람이 같은 주의력 검사를 받는 것을 상상해보자. 컴퓨터 화면에 깜빡이는 길고 지루한 숫자의 연속을 지켜봐야 하고, 특정 숫자가 나타나면 버튼을 눌러야 한다.

첫 번째 피험자는 ADHD가 아닌 성인이다. 그는 화면을 지켜보면서 숫자가 나타나면 바로 알아차리고 버튼을 누른다.

두 번째 피험자는 ADHD가 심한 사람이다. 아무리 노력해도 집중할 수 없다. 이 사람은 일상의 과제에도 제대로 대처하지 못해 온갖 문제에 시달리기 쉽다.

세 번째 사람은 ADHD가 있지만 대처하는 법을 배웠다. 그는 오랜 경험을 통해 시험을 통과하는 기술을 익혔고, 좋은 성적을 받을 수 있었다. 그래서 자신감 있게 시험에 임한다. 숫자가 늘어나기 시작하면서 그는 주의가 딴 데로 쏠리는 것을 깨닫고, 다시 대상에 집중한다. 마치 자전거가 흔들리는 것을 알아차리고 몸을 바로 세운 채 핸들을 고정하는 것과 같다. 하지만 그렇더라도, 주의를 기울이고 좋은 성적을 거두려는 의식적 노력에도 불구하고, 계속 주의가 산만해지고 이따금 화면의 숫자를 놓치기도 한다.

첫 번째와 세 번째 사람은 비슷한 점수를 받는다. 그러나 그들의 경험은 매우 다르다. 첫 번째 사람은 별 어려움 없이 문제를 풀지만, 세 번째 사람은 끊임없이 주의가 산만해지고 그럴 때마다 자신을 다잡으며 간신히 검사를 통과한다. 그들은 매우 다른 과정을 통해 비슷한 점수를 받는다.

세 번째 사람은 주의력 검사 후, 문제가 없다는 설명을 듣고 나서 자신은 두 블록 떨어진 세탁소에 들러야 한다고 말한다. 그러고 나서 그는 차를 타고 운전하면서 세탁소를 그냥 지나쳐 버린다.

정신 나간 교수, 무질서한 천재, 경제 관념 없는 수학 마법사가 우리 안에 있을지도 모른다. 위대해질 수 있는 수많은 사람이 그냥 별일 없이 사는 데 만족한다.

적응한 사람들은 매일 수면 위에 떠 있을 수 있도록 속임수의 그물을 짰다. 마감 시간에 몰아서 일을 할 수도 있고, 카페인, 알코올, 끝없는 바쁜 루틴으로 뇌를 스스로 치료했을 수도 있다. 그리고 평범한 일상의 순간순간, 결코 자신의 삶을 장악할 수 없다는 순수한 절망감에 사로잡힐 수도 있다.

나는 의료 전문가들이 이런 형태의 주의력 문제의 특성에 눈뜨기를 진심으로 바란다. 문제에 대처하는 데 사용되는 시간과 노력을 줄이고 대신 성공 전략에 집중할 수 있다면 엄청난 잠재력이 해방될 것이다. 이미 자신의 별까지 반쯤 온 사람은 끝까지 갈 수도 있다.

⓲

농경사회의 사냥꾼 일화 모음

마음은 채워야 할 그릇이 아니라 불을 붙여야 할 나무다.

플루타르코스(서기 46~119년) 『모랄리아』

이 장에서는 사냥꾼들의 세계를 간략하게 엿볼 수 있는 일화들을 제공한다. 사냥꾼이라면 익숙한 이야기들을 발견할 것이다. 농부라면 사냥꾼 친구나 배우자, 동료의 세계에 대해 새로운 통찰을 얻을 수 있을 것이다.

이 이야기 중 일부는 슬프고, 일부는 고무적이며, 많은 이야기는 사냥꾼의 본능에 대한 지식이 농경사회와 문화에 대처하는 데 어떻게 도움이 될 수 있는지 보여준다. 많은 사냥꾼들이 자신이 사냥꾼이라는 사실을 깨닫지 못한 채 일과 인간관계에서 어려움을 겪었지만, 사냥꾼 성향을 조절하고 관리하는 방법을 배우면서 세상에 잘 적응할 수 있었다.

이 장의 내용 중 일부는 내가 직접 인터뷰한 것이다. 일부는 사냥꾼의 이야기를 내가 요약한 것으로, 길고 복잡한 대화나 인용문을 이해하기 쉽게 재구성한 것이다. 나머지는 사냥꾼들이 공개적으로 발언한 내용이나 1990년대에 내가 운영했던 CompuServe ADD 포럼의 온라인 대화를 요약한 것이다.

수많은 프로젝트를 시작하지만 완결하지 못한다

"두 번째 아내를 만나기 전까지는 아무것도 끝내지 못했어요. 고등학교를 졸업하지 못했고, 아파트에는 항상 반만 완성된 목공 프로젝트가 널려 있었고, 취미는 수십 가지였고, 직업학교 세 곳을 중퇴했습니다. 첫 결혼도 1년 만에 끝났죠.

책을 끝까지 읽은 적이 없고, 잡지도 끝까지 읽어본 적이 없는 것 같아요. 제가 똑똑하다는 것을 알았지만 항상 전망이 없는 일자리를 전전했고, 남들이 말하는 '경력'이라는 것을 쌓은 적이 없습니다.

두 번째 아내와 결혼한 후 아내는 제게 일을 벌이지만 말고 마무리하라고 요구했고, 저는 아내를 몹시 원망했습니다. 아내가 한 직장에 머물라고 강요하거나 방바닥에 벗어 던진 양말을 집으라고 재촉하면, 저는 욕설을 퍼부었습니다. 하지만 우리는 어찌어찌해서 몇 년을 함께 지냈고 그동안 아내는 제가 한 직장에 계속 머물게 할 수 있었습니다.

제가 ADHD라는 것을 비로소 알게 됐어요. 그리고 딸과 제가 세상을 보는 시각이 다르다는 사실을 깨닫게 됐죠. 그때부터 뭔가 시작하면 그 일을 마무리하려고 노력하고 세부 사항에 주의를 기울이기 시작했습니다. 이제야 그동안 제가 얼마나 힘들게 살아왔는지 깨달았어요."

한부모 사냥꾼

"저는 싱글맘입니다. 직장에 다니면서 혼자 아이들을 키우는 건 정말 힘들어요. 집은 항상 엉망이에요. 부엌을 청소하다 말고 갑자기 뭔가를 열심히 찾아다니기도 하죠. 아이가 소란을 피우면 하려던 일을 완전히 망치기도 합니다.

가끔 아이들에게 너무 화가 나서 함부로 대할 때가 있어요. 몇 번 때린 적도 있고. 제가 원하는 것은 약간의 평화와 고요뿐인데, 아이들은 계속 이거 해달라 저거 해달라 요구가 많아서 저는 아무것도 할 수 없죠.

제가 ADHD인 것도 모자라 제 아이 둘도 ADHD예요. 매일 밤 잠자리에 들 때면 다시는 화를 내거나 통제 불능 상태가 되지 않을 힘을 달라고 신께 기도합니다. 그리고 다음 날 저는 또다시 화를 냅니다."

사무실에서 보내는 길고 지루한 하루

"저는 계약서를 검토해야 한다는 생각에 책상에 앉아서 일을 시작했습니다. 밖에서 소리가 나서 고개를 들어 창밖을 내다보니 도로에서 가벼운 접촉사고가 난 것이었죠. 다시 계약서로 눈을 돌리다가 비타민 병을 발견했고, 오늘 비타민을 먹지 않았다는 사실이 떠올랐어요. 책상 위에 놓아둔 물잔을 찾았지만, 누군가 치웠는지 보이지 않았어요. 나는 물을 가지러 휴게실로 갔죠.

휴게실에서 생수통 물이 거의 다 떨어진 것을 발견했어요. 새 물통을 가지러 창고에 들어갔는데 라디오에서 지직거리는 소리가 났습니다. 채널을 돌려서 소리가 더 또렷하게 들리는 주파수를 잡으려 애썼습니다.

그때 제 상사가 창고로 들어왔어요. 계약서는 어떻게 되었냐고 물어보며 라디오를 만지작거리는 저를 쳐다보았습니다. 그는 또 바닥의 물통은 뭐냐고 물어봤어요. 황당한 건, 그때 저는 비타민을 먹으려고 했다는 걸 완전히 까먹었다는 거죠."

양극성 장애로 오진된 경우

"도저히 삶을 감당할 수 없을 것 같았어요. 수십 명의 남자와 사랑에 빠졌지만, 누구와 사귀든 몇 달이 지나면 흥미를 잃고 말았죠. 처음에는 그 남자를 바라보며 '바로 이 사람이야'라는 느낌에 가슴이 설레지만, 그건 그때뿐이에요.

서른이 되자 정말 우울해지기 시작했어요. 직장을 열두 번 옮기고, 백 명 이상의 남자를 만나고, 술을 많이 마셔서 알코올 중독이 아닌가 하는 생각도 자주 들었죠. 술에 만취한 적은 없었지만 거의 매일 밤 두세 잔씩 마셨어요. 혼자 살다 보니 잠도 잘 오지 않았죠.

정신과 의사를 찾아갔더니 양극성 장애라며 리튬을 처방해 줬어요. 이틀 후 퇴근길에 운전하다가 잠이 들었는데 병원에서 깨어났어요. 제 차는 도로를 벗어나 고속도로 가드레일을 들이받았어요. 사람을 치지 않아서 다행이었죠.

그래서 병원에서는 제 복용량을 점점 더 줄이기 시작했고, 결국 거의 먹지 않게 되었지만, 여전히 잠을 잘 수 없었고, 여전히 우울했어요. 그래서 의사는 발륨을 처방했고, 그다음에는 진정제인 프로작을 처방했습니다. 그 어떤 것도 도움이 되지 않았어요.

ADHD에 관한 TV 프로그램을 보고 '저게 바로 나야!'라고 깨달았죠. 그제야 제 문제가 뭔지 알게 되었어요.

하지만 의사에게 다시 갔을 때 그는 ADHD는 아이들에게만 발생한다고 말했어요. 그것도 대부분 남자애들에게 나타난다고요.

저는 세 명의 의사를 거친 후에야 '성인도 ADHD에 걸릴 수 있고 여성도 많이 걸린다'고 말하는 의사를 찾았어요. 제가 ADHD임을 확인하고 그에 따른 새로운 통찰, 치료법, 전략을 적용한 결과 제 삶은 완전히 바뀌었죠."

훼방꾼

"어머니는 평생 저를 '훼방꾼'이라고 불렀습니다. '넌 끊임없이 다른 사람을 방해해'라고 말씀하시곤 했어요. 그건 사실이었죠.

저는 상대방의 말을 중간에 끊어야 했어요. 제가 끼어들지 않았다면 상대방이 말을 다 끝냈을 때쯤이면 제가 하려던 말을 잊어버렸을 겁니다. 상대방이 말하는 내용에 정신이 팔려서 제 요점을 제대로 전달하지 못했을 거예요.

대학에 입학하면서 메모하는 법을 배웠습니다. 그래서 지금은 회의할 때마다 하고 싶은 말을 메모하기 때문에 다른 사람의 말을 끊을 필요가 없습니다. 하지만 사적인 만남에서는 그렇게 하기가 어렵죠. 그래도 가끔 여자친구와 이야기할 때는 메모를 하곤 해요. 도움이 됩니다.

다른 ADHD 사람들도 자신이 훼방꾼이라고 말합니다. 수줍음이 많은 사람은 자신도 훼방꾼이 되고 싶다고 하죠. 그들은 겉으로는 드러나지 않아도 머릿속에서는 격렬한 대화가 오간다고 합니다. 이런 특성은 ADHD의 일부라고 생각해요. 제가 아는 농부들은 남을 방해할 필요를 못 느끼고, 한 번에 몇 분씩 생각을 기억할 수 있고, 상대방이 말을 끝낼 때까지 기다릴 수 있다고 말하기 때문이죠."

부부관계의 위기

"ADHD 진단을 받고 제 문제로 받아들이기 전에는 아내와의 관계에서 큰 어려움을 겪었습니다. 아내는 그녀의 생일을 잊어버리거나 대화를 하는 도중에 일어나서 나가버리는 등의 행동 때문에 제가 자신을 사랑하지 않는다고 느꼈어요. 제가 그녀에게 관심이 없다고 불평하곤 했죠.

그래서 저희는 상담을 받으러 갔습니다. 그에게 모든 것을 설명했죠. 그의 해결책이 뭔지 아세요? '임신을 하라'고 하더군요. 그러면 아내가 아기에게 집중하느라 제게 집착하지 않을 거라고요.

아내가 그 해법에 만족하지 않아 다른 상담사를 찾아갔습니다. 그 상담사는 제가 ADHD라고 말하며 정신과 의사에게 저를 보냈어요. 의사는 제게 리탈린을 처방해 주었습니다. 지금은 아내와 한 시간 이상 앉아서 이야기를 나누기도 하는데, 평생 누구와도 그런 적이 없었어요. 우리의 결혼 생활은 예전에 기대했던 것보다 훨씬 더 좋습니다."

업무 방식 바꾸기

"저는 오늘 주요 잡지의 컴퓨터 기술 지원 업무를 하며 멋진 하루를 보냈습니다.

샌프란시스코에서 집까지 운전하는 동안 저는 평소의 대응과는 다르게 이 상황을 성공적으로 처리했다는 것을 깨달았습니다. 그저 제 ADHD 성향을 인지함으로써 일하는 방식을 바꿀 수 있었죠. 고객의 시스템이 어떻게 작동하는지 살펴보는 동안 저는 조정해야 할 수많은 사항을 알아차리고 수정하는데, 각각은 간단한 작은 변화입니다.

하지만 고객은 이런 변화에 적응하기 힘들어합니다. 그래서 이번에는 고객이 보고한 요구 사항에 해당하는 부분만 변경했습니다. 추적할 것도, 문서화할 것도 줄어들었죠. 작업량은 줄고 고객은 더욱 만족했습니다.

약물 없이도 사냥꾼과 농부의 차이점을 인식함으로써 행동을 바꿀 수 있었습니다. 별로 노력이 필요하지도 않았죠. 그냥 관점만 바꾸었을 뿐인데도 큰 변화가 일어났습니다."

나 자신이 항상 사기꾼, 위선자 같았어요

"많은 사람들이 제게 똑똑하다고 말했고, 저는 영업자로 성공했습니다. 하지만 학교에서는 정말 힘든 시간을 보냈고, 잘 기억할 수 없었어요. 집중력이 필요한 물리학 같은 과목은 이해할 수가 없었죠. 그럭저럭 버티다 고등학교 3학년 때는 거의 낙제 수준이었습니다. 그래서 저는 다른 사람들이 말하는 것만큼 제가 똑똑하다고 생각한 적이 없습니다. 집중력이 필요한 일은 아무것도 할 수 없었기 때문이죠.

저는 평생 사기꾼 같은 느낌으로 살았어요. 제가 ADHD라는 걸 알게 된 후에야 똑똑해도 물리학을 이해할 만큼 오래 집중하지 못하는 게 이상하지 않다는 걸 깨달았죠."

온라인 메시지에서

저는 ADD가 장애라고 생각해본 적이 없어요. 제 아들과 여동생은 재능이 있고, 그들의 마음은 제 마음이 갈 수 없는 곳으로 갈 수 있고, 저는 그것이 부럽습니다. 안타깝게도 모든 선물에는 대가가 따르고, 그들이 치르는 대가는 세부 사항에 대한 주의가 부족하다는 것입니다. 종일 하늘에서 춤을 출 수 있는 것에 비해서는 작은 대가라고 생각하지 않으세요? _로버트에게 마샤가

글쎄요, ADD의 장점을 하늘에서 춤추는 것, 주의력이 부족한 단점은 작은 대가라고 볼 수도 있겠죠. 그렇다면, 말해 줄 게 있어요. 하늘에는 부딪히면 크게 다칠 수 있는 날카롭고 뾰족한 것들이 많습니다.

과학이 충분히 발달하기 전까지 ADD 아이들은 제대로 대우받지 못했어요. 나쁜 소식은 ADD가 뭔지 19세기에는 알 수 없었다는 것입니다. 좋은 소식은 우리가 21세기까지 기다릴 필요는 없었다는 것입니다!

1975~95년 사이에 태어난 ADD 아이들은 귀하고 중요한 위

치에 있다고 말하고 싶습니다. 그들은 새로운 방식으로 자신을 볼 수 있는 기회를 얻은 최초의 사람들이라고 생각합니다. 그들은 개척자입니다. 그들의 기여는 사람들에게 영원히 도움이 될 것입니다. 특히 그들의 후손, 즉 우리의 후손에게 말입니다.

지금 당장 여기에 참여하면 어떨까요? (미소를 보내며) _마샤에게 로버트가

'하늘에서 춤을 춘다'는 것은 추상적 개념을 파악하는 능력을 언급하기 위한 표현입니다. 이 능력이 있는 사람들은 추상화가 저 같은 사람에게는 얼마나 어려운 일인지 모릅니다. 저는 미적분을 배우기 전까지는 수학을 잘했습니다. 미적분에서도 괜찮은 성적을 받았지만, 무조건 외운 결과죠. 저는 결코 미적분을 이해하지 못했습니다. 추상화 수준이 높았기 때문입니다. 하지만 제 아들은 일상적이고 쉬운 것들을 어려워하고, 반대로 추상적 개념은 본능적으로 습득합니다.

ADD가 있는 사람들에게는 삶이 날카로운 장애물들로 가득하다는 걸 알아요. 믿어주세요, 저는 알아요. 하지만 저는 세월이 더 흐르면 우리가 이 고통을 창조적이고 추상적인 사고의 '부작용'으로 보게 될 것으로 생각해요.

저 역시 아들 세대가 특별하다고 생각합니다. 저는 종종 제 아들에게 그의 세대가, 즉 대량으로 학교를 졸업한 첫 ADD 세대가 다음 세대를 위해 진정으로 세상을 바꿀 것이라고 말합니다. _로버트에게 마샤가

ADHD와 ADD 부부

"남편이 ADHD 진단을 받았을 때, 저는 '아, 그래서 그랬구나'라고 생각했어요. 그는 항상 움직이고, 항상 새로운 일을 하고, 항상 뭔가 도전할 거리를 찾고 있어요.

그런데 저도 검사를 받고 ADD라는 걸 알게 되었습니다. 저는 늘 물건을 잃어버립니다. 가게까지 차를 몰고 가서 막상 도착했을 때는 제가 무엇을 사려고 했는지 잊어버렸다는 걸 깨닫곤 하죠. 사람들과 대화하는 동안, 저는 머릿속으로 순식간에 많은 것들을 떠올리는데, 그들이 한 말 때문에 생각난 것들입니다. 그리고 몇 분이 지나면, 저는 막상 상대방의 말 자체에는 전혀 주의를 기울이지 않았다는 걸 깨닫죠.

저는 과잉행동은 아니고, 꽤 조용합니다. 제가 ADD라는 건 상상도 못 했어요."

멍청한 금발

"저는 금발이고, 사람들은 흔한 농담을 하죠. 그런데 사실은 농담이 아니에요.

저는 똑똑하고 저도 그걸 알아요. 하지만 제가 ADD라는 걸 깨닫고 기억력 강화 훈련과 정리 연습을 하기 전까지는 늘 멍청한 금발 역할을 해왔고 제가 똑똑하다는 걸 아는 사람은 저뿐이었어요.

멍청한 금발 역할은 쉬웠죠. 무엇에도 집중할 수 없었고, 사람들도 흔한 고정관념 때문에 그걸 용인했으니까요. 세 가지 품목을 적은 쇼핑 목록을 잊어버리곤 했어요. 불을 켜둔 채 주차장에 놔두는 바람에 차 배터리가 몇 번이나 방전됐는지 셀 수도 없어요. 누군가의 말이 어떤 생각을 불러일으키면, 제 머릿속은 갑자기 그 자리를 벗어나 딴 세상을 헤매죠. 그러면 사람들이 이렇게 말해요. '데비가 갔어. 불은 켜져 있지만 아무도 없네.'라고요.

하지만 더 이상 저를 멍청한 금발이라고 부르는 사람은 없어요. 머리를 갈색으로 염색할까도 생각 중이에요."

ADD 대처법

"나 같은 ADD 성인을 위한 조언을 하나 알려드리죠. 잊어버리기 전에 빨리 알려드릴게요. 물건을 계속 잃어버리나요? 단순하게 정리하세요. 물건은 항상 같은 곳에만 두거나 최대한 두 곳에만 두세요.

제 지갑은 항상 바지 오른쪽 뒷주머니나 옷장 위에 있습니다.

여행할 때 비행기표는 항상 왼쪽 코트 주머니에 넣습니다.

열쇠는 항상 주방 벽걸이에 걸어두거나 바지 주머니에 넣어둡니다.

여행할 때 호텔에서 물건을 잃어버리곤 했죠. 주머니에서 나오는 모든 것을 TV가 놓인 탁자 위에 올려놓습니다. 이렇게 하면 아침에 혼란이 크게 줄어듭니다!

제 개인 생활은 이제 작은 수첩에 정리되어 있습니다. 여기서 중요한 점은 이 수첩이 작고 가벼워서 늘 바지 왼쪽 뒷주머니에 넣어둔다는 것입니다. 항상 거기에 있습니다.

모든 게 제자리에 있으므로 뭔가 있어야 할 곳에 없다면 바로 찾을 수 있습니다. 몇 군데만 둘러보면 되니까요."

자살 성향이 있는 ADD 청소년

"교사로서 말씀드리자면, 자살 성향이 있는 청소년들은 대부분 매우 똑똑하거나 재능을 타고난 ADD 아동이었어요. 그들은 자신이 똑똑하다는 것을 알았지만 학교 숙제를 할 수 없다는 모순을 감당할 수 없었죠."

평안을 얻은 알코올 중독자

"열일곱 살 때 마침내 제 뇌의 기어가 끊임없이 돌아가는 것을 멈출 뭔가를 찾았습니다. 바로 알코올이죠. 스물세 살이 되었을 때, 저는 완전히 알코올에 빠져 있었습니다. 저는 바닥을 쳤고, 신과 '익명의 알코올 중독자들'(AA) 모임의 도움으로 다시 살아났습니다.

하지만 서른이 되어서야 EEG 뉴로피드백을 시작하면서 머릿속의 끝없는 수다와 사방에서 끊임없이 주의를 산만하게 하는 방해가 멈췄습니다. 그때 처음으로 꽃 냄새를 맡을 수 있었어요. 삶을 경험할 수 있었습니다. 남의 말을 실제로 듣고 이해할 수 있었죠. 그리고 술을 마시고 싶은 충동과 늘 싸우던 상태에서 그런 충동이 아예 없는 상태로 바뀌었습니다."

농부 아내와 함께하는 책상 정리

"오늘 아침, 안정적인 농부 파트너인 아내가 책상 위의 거대한 더미에서 종이를 하나하나 꺼내서 제 손에 쥐여주며 제 관심을 환기했습니다. 하나하나 즉시 처리했죠. 문서를 적절하게 분류하고, 청구서는 따로 모아놓고, 필요 없는 것들은 폐기하는 식으로요. 한 시간 후에 저는 서류 가방에서 중요한 것을 찾기 시작했습니다. 원래 찾던 것이 아닌 다른 것을 찾았고, 갑자기 3주 전에 이메일을 보냈어야 한다는 것이 기억났습니다. 그래서 저는 이메일을 쓰기 위해 컴퓨터 앞에 앉았습니다. 아내가 경보를 울렸습니다. '내가 지금 당신을 잃어버리고 있는 거야?'

우리는 전에도 '종이 한 장씩 건네줘' 식의 정리를 여러 번 했지만, 저는 항상 아이처럼 돌봄을 받아야 하는 것이 몹시 괴로웠습니다. 아내 역시 그런 역할을 싫어했어요. 특히 그녀가 '나를 잃어버리기' 시작하면 정말 진저리를 쳤죠. 아내가 절 그렇게 세심하게 돌보는데도 제가 딴짓을 하기 시작하면, 그녀는 무시당한다고 느끼고 제가 주의를 기울이지 않는다면, 떠나버리겠다고 합니다.

하지만 이번에 아내가 '내가 지금 당신을 잃어버리고 있는 거야?'라고 말했을 때, 저는 이메일을 신속하게 처리하고, 서류 가방도 치워버리고, 그녀 옆에 다시 앉았습니다.

몇 달 만에 책상이 깨끗해졌습니다. 아직 정리해야 할 게 많지만, 최소한 책상은 깨끗합니다!

도와주는 농부 파트너가 있다는 것이, 그리고 사냥꾼과 농부의 차이점을 이제 아내와 제가 둘 다 이해하고 있다는 것이 얼마나 큰 선물인지 깨달았어요."

19

세상을 바꾼 사냥꾼들

나는 아직 존재하지 않는 당을 대표한다.
혁명과 문명의 당. 이 당은 20세기를 만들 것이다.
이 당에서 먼저 유럽합중국이 나오고, 그다음에는 세계합중국이 나올 것이다.
빅토르 위고(1885년 파리에서 사망했을 때 침실 벽에 있던 글)

사냥꾼들은 때때로 "직업이 뭐죠?"라는 질문에 당황한다. 답이 없어서가 아니라 너무 많아서다. 평균 이상이거나 뛰어난 지능이 있는 사냥꾼들은 학교에 다니는 데는 어려움을 겪더라도 다양한 분야에서 놀라운 성취를 이루는 경우가 많다.

괴짜 천재 또는 창의적인 미치광이라는 고정관념은 종종 사냥꾼 발명가, 예술가, 작가, 디자이너에게 들어맞는다. 광고 대행사 같은 '창의적인' 업계에서는 남성 종사자에게도 꽃무늬 셔츠, 긴 머리, 청바지 등의 차림을 허용하거나 심지어 권장한다.

사냥꾼이 인생에서 실패하는 것은 종종 어린 나이에 '문제아'로 낙인찍혀 자기 이미지가 왜곡되기 때문이다. 농부의 기술이 필요한 직업을 갖거나 그런 집단에 들어가면 사냥꾼의 자산은 쓸모가 없다.

이와는 반대로 타고난 성향을 잘 살려서 이 세상에 엄청난 변화를 일으키고 놀라운 활력과 역동적인 에너지를 보여준 성공적인 사냥꾼들을 살펴본다. 그들의 전기는 미국정신의학회의 DSM에서 정의한 ADHD 기준에 부합하는 것으로 보인다. 우리가 사망한 역사적 인물들을 대상으로 ADHD 진단을 위한 검사를 할 수는 없지만, 그들의 인생 이야기는 노골적일 정도로 사냥꾼 성향을 잘 드러낸다.

사냥꾼 발명가, 에디슨

토머스 에디슨의 삶은 사냥꾼 소년들에게 지난 1세기 동안 영감을 주었다. 남북전쟁 전 미국 중서부에서 태어난 에디슨은 '저는 학교에서 잘 지낼 수 없었어요. 늘 반에서 꼴찌였죠. 선생님들이 제게 공감하지 않는다고 느꼈고, 아버지는 제가 멍청하다고 생각했습니다'라고 썼다.

에디슨은 학교에서 아이들이 산만해지는 현상과 학습이 추상적이고 실제적이지 않다는 것에 불평했다. 이론을 실험하거나 경험을 통해 사실을 발견하는 것은, 그의 일기에 따르면 '한 순간이라도 내가 본 적이 없는 것을 두 시간 동안 배우는 것보다 낫다.'

에디슨의 어머니는 아들이 잠재력이 있다고 믿고 집에서 가르쳤다. 아들에게 학습 내용을 암기하도록 요구하는 대신, 흥미로운 것을 탐구하도록 격려했다. 그는 곧 독서광이 되었고 다양한 주제에 대해 방대한 지식을 흡수했다.

에디슨은 열두 살 때 집을 떠나 단기 일자리들을 전전했다. 열일곱 살까지 그는 네 개의 직업을 거쳤고, 부주의함 때문에 해고당하곤 했다. 열다섯에 그는 야간 철도 신호수로 일했고 매시간 전신으로 출근을 기록해야 했다. 출근 신호가 실제로는 그가 알람 시계로 만든 간단한 발명품에서 전송된다는 것을 상사가 알게 되었을 때 그는 해고당했다. 그 발명품은 그가 최초의 자동 전신기를 개발하는 데 도움이 되었고, 그다음에는 최초의 주식 티커(주식 시세 표시기)를 개발했지만, 스물한 살에 주식 티커로 4만 달러(오늘날의 가치로 1천만 달러)를 받고 발명에 전념할 수 있는 연구실을 설립하기 전까지 열두 개 이상의 직업을 거쳤다.

전형적인 사냥꾼이었던 에디슨은 동시에 여러 프로젝트를 진행했다. 예를 들어, 1877년 그의 연구실에서는 40개가 넘는 발명품에 대한 프로젝트가 동시에 진행되었다. 그는 종종 밤새도록 일하면서 자신의 시간 리듬을 따랐다. 지루해지거나 하나의 발명품에 과도한 에너지를 쏟고 나면, 그는 재빨리 다른 발명 프로젝트로 옮겨갔다.

에디슨은 한 가지에 오랫동안 집중하지 못하는 것이 창조력의 원천이라고 말했다. 그는 '저는 저기로 가려는 의도로 여기서 시작합니다. 예를 들어 대서양 케이블의 속도를 높이기 위해 노력하다가 반쯤 이루었을 때, 저는 어떤 현상과 마주치고 그것은 저를 다른 방향으로 인도합니다. 전혀 예상치 못한 어딘가로요'라고 말했다.

에디슨은 죽을 때까지 1천 건이 넘는 주요 특허를 등록했고, 전구, 발전소, 축음기, 셀룰로이드 필름과 영화 프로젝터, 알칼리 축전지, 마이크 등을 발명해서 20세기를 변화시켰다.

모험을 추구한 아멜리아 이어하트

대서양을 횡단한 최초의 여성이자 하와이에서 캘리포니아까지 비행한 최초의 비행사인 아멜리아 이어하트의 어린 시절 일화에는 익숙한 특성이 나타난다. 위험 감수, 낮은 집중력, 색다른 사고방식, 그리고 새로운 것을 추구하는 경향이다.

아멜리아 이어하트 박물관은 '당시의 사회적 기준으로는 어린 소녀가 상냥하고 숙녀답게 행동해야 했지만, 어린 아멜리아는 모험에 관심이 있었다. 그녀는 기계에 빠졌던 경험을 기억했고, 길 잃은 닭을 잡기 위한 덫을 디자인한 적도 있었다. 철도 직원의 딸인 그녀는 자주 여행을 다녔고, 새로운 사람과 새로운 장소를 만나는 기쁨에 매료되었다'라고 기록했다.

다음 이야기는 사냥꾼의 충동에 따라 행동하는 그녀의 성향을 잘 보여준다. 그녀가 어렸을 때 집에서 키우던 개가 풀려나서 이웃 소년들을 헛간 꼭대기까지 쫓아갔다. 그녀는 낮잠에서 깨어나 밖으로 달려 나가서 상황을 해결하려 애썼고, 굳건히 자리를 지켰다. 나중에 어머니가 그녀에게 무서웠는지 물어보자, 아멜리아는 "무서워할 시간이 없었어요"라고 답했다.

어린 이어하트는 나무에 기어오르고, 썰매를 거꾸로 타고, 총으로 쥐를 사냥했다. 미국 여성 명예의 전당(National Women's Hall of Fame)에 따르면, '그녀는 캔자스에서 자란 어린 시절 활기찬 톰보이였다. 그러나 이전 세대 미국 여성들과 달리 이어하트는 성인이 되어서도 과감한 행동을 포기할 필요가 없었다. 그녀는 제1차 세계대전 중에 적십자에서 자원봉사를 했고, 의대 예과에서 잠시 공부하기도 했고, 이민자 출신 공장 노동자들에게 영어를 가르치기도 했다.' 분명히 그녀는 가만히 있는 것에 만족하지 못하는 사람이었고, 다음 이야기에서 보여주듯 변화를 추구했다.

"저는 인생이 정말 잘 풀릴 때가 사실은 문제에 대비해야 할 때임을 깨달았어요. 반대로, 저는 가장 절망적인 위기, 모든 것이 말로 표현할 수 없을 정도로 씁쓸한 순간, 어떤 즐거운 '휴식'이 모퉁이만 돌면 숨어 있다는 것을 배웠습니다."

이어하트는 사냥꾼 성향을 훌륭한 인생으로 바꾸는 두 가지 원칙을 이야기했다. "준비는 모든 모험의 3분의 2에 해당한다고 말하곤 하죠." 그리고 "어떤 목표를 추구할 때는 먼저 그에 따르는 위험을 감수할 만한 가치가 있는지 판단하세요. 그렇다면 걱정을 멈추고 뛰어들면 됩니다."

미국 건국의 주역 벤저민 프랭클린

벤저민 프랭클린은 정식 교육을 받은 지 겨우 2년 만에 낙제했다. 그는 '계산이 느려서' 수학 점수가 바닥을 쳤다. 그의 선생님은 그가 수업에 전혀 주의를 기울이지 않는다고 꾸중했다. 그는 2년 동안 아버지 밑에서 양초 제작 견습생으로 일했지만, 아버지를 크게 실망시켰다. 소년은 마을과 습지, 항구로 들어오는 배를 탐험하기 위해 일터에서 빠져나가곤 했다.

당시의 농부 학교에서 사냥꾼의 무능함을 보여준 프랭클린은 미국 역사상 가장 학식이 높은 사람 중 한 명이 되었다. 그는 한 가지 직업에 머물지 못한 대신, 여러 분야에서 이룬 업적으로 유명해졌다. 그는 인쇄업자, 윤리학자, 시민운동가, 수필가, 발명가, 과학자, 외교관, 출판업자, 정치가, 우체국장, 양초 제작자, 기계공, 철학자였다.

그의 충동적인 기질이 미국 독립에 어느 정도 기여했다. 열여섯에 보스턴의 신문 〈커런트〉에 보스턴의 지도층 인사들을 조롱하는 기사들을 썼을 때 일찍이 그런 성향이 드러났다. 그러다가 신문을 발행하던 형 제임스가 투옥되었다. 벤저민은 제임스가 감옥에서 나올 때까지 신문사를 운영한 후 그만두었다.

엄청난 위험을 감수하느라 빈털터리가 된 벤 프랭클린은 1724년 영국으로 떠났고, 곧 인쇄업자이자 작가가 되었다. 2년 후 필라델피아로 돌아온 그는 〈펜실베이니아 가제트〉를 발행하기 시작했고, 또한 〈가난한 리처드의 연감〉 정기 간행물을 시작해 글을 쓰고 편집하고 디자인하고 인쇄해서 배포했다.

이 두 간행물 사업이 순조롭게 진행되자, 지루해져서 새로 도전할 거리를 찾던 프랭클린은 식민지 전역에 인쇄 네트워크를 만들어 정부의 인쇄물을 담당했다. 그런 일을 하는 동안 그는 서점을 열었고, 펜실베이니아 의회의 서기가 되었으며, 필라델피아의 초대 우체국장이 되었다.

사업이 잘되고 수입이 보장되자, 그는 출판 사업, 서점 및 기타 사업의 경영을 신뢰할 수 있는 농부 유형의 사람들에게 넘기고, 이후 20년 이상 이 초기 창업에서 얻은 수입으로 다른 일들에 도전했다. 그는 전토(Junto, 비밀결사)를 설립해 미국 최초의 도서관(1731), 필라델피아 최초의 소방서(1736), 펜실베이니아대학(1749)을 세우는 데 기여했다. 또한 1년 만에 보험 회사와 병원(1751년)을 동시에 설립했다. 그는 또한 필라델피아 최초의 공공사업부를 만들어 거리 조명, 포장 및 청소를 감독하고 자원봉사 민병대를 조직했다. 1763년에는 미국 우편 시스템 전체를 재편하는 일을 맡았다.

이 '은퇴' 기간 동안 프랭클린은 또한 많은 사적 관심사를 추구했다. 그는 1740년 프랭클린 난로를 발명했는데, 이 난로는 여전히 미국의 수백만 가구에서 쓰이고 있다. 1752년에는 번개가 전기의 한 형태라고 주장했고, 충동에 몸을 내맡기는 특유의 기질을 발휘해서 번개가 칠 때 연을 날려 자신의 주장을 증명했다. 그의 과학 이론과 발견은 그를 세계적으로 유명하게 만들었고, 그는 영국학술원과 프랑스 과학아카데미 회원이 되었다. 그는 멕시코 만류를 최초로 측정했고, 폭풍 경로를 추적하는 현대 기상학의 선구자였다. 그는 범선을 설계했고 이중초점 안경을 만들었다. 학교는 2년밖에 못 다녔지만, 그는 세인트앤드류스대학과 옥스퍼드대학에서 명예 학위를 받았다.

1751년 프랭클린은 펜실베이니아에서 출마해 의원에 당선되었다. 1754년 그는 올버니회의에 미국 식민지의 부분적 자치에 대한 계획을 제시했다. 단순히 입법적인 면에만 치중하지 않고, 프랑스 및 인디언과 싸우고 개척민을 보호하기 위해 요새를 건설했다.

프랭클린의 사생활은 많은 ADHD 성인에게서 볼 수 있는 무모한 측면이 있었다. 그에게는 혼외 자녀가 있었고, 아내는 필라델피아에, 애인은 런던에 있었다. 특히 그가 파리에서 지내는 동안 그의 곁에 있었던 몇몇 여성들에 대한 소문이 돌았다.

1776년 70세의 나이에 프랭클린은 자신이 초안을 작성하는 데 참여했던 독립 선언서에 서명했다. 같은 해에 그는 대륙회의에서 일했고, 펜실베이니아의 새로운 헌법을 제안했으며, 곧 미합중국이 될 식민지연합의 규약을 작성했다. 10년 후, 그는 펜실베이니아 대표가 되었고 1787년 헌법의 최종 초안을 작성했다.

탐험가 리처드 버턴

리처드 프랜시스 버턴은 아마도 최근 역사상 가장 흥미로운 사냥꾼 중 한 명일 것이다.

버턴은 1821년 태어났다. 어린 시절 사람들은 그에게 혀를 내둘렀다. 일곱 살이던 어느 날, 그는 가게 창문을 깨고 어머니가 사지 말라고 한 과자를 손에 넣으려고 했다. 그는 자주 유모를 위협했고, 학교에서 완전히 실패했으며, 다른 소년들과 끊임없이 싸웠다.

결국 버턴은 옥스퍼드대학에 진학했지만, 중퇴하고 군에 입대했다. 그는 현재 파키스탄이 있는 지역에서 5년 동안 군인으로 복무했다. 짧은 군인 생활을 마친 후, 버턴은 세계적으로 유명한 탐험가가 되었다. 그는 무슬림 '셰이크 압둘라'로 위장하고 이슬람의 성지인 메카와 메디나를 방문한 최초의 서양인이 되었다. 이 여행에서 그가 무슬림이 아니라는 것이 밝혀졌더라면, 그는 확실히 사형을 당했을 것이다. 이 일은 영국에서 널리 보도되었고, 그는 이어서 서양인에게 금지된 에티오피아의 도시 하라르로 똑같이 위험한 모험을 감행했다.

유럽을 설레게 한 그의 가장 위대한 모험은 1857년의 탄자니아 탐험이었다. 그는 1858년 탕가니카 호수를 본 최초의 백인이었다. 그는 아프리카를 탐험한 후 미대륙을 횡단해 솔트레이크시티로 갔고, 그런 다음 파나마까지 현지 조사를 하며 지도로 표시했다.

그는 베냉을 방문한 최초의 백인이었고, 콩고강을 거슬러 올라간 최초의 백인 중 한 명이었다. 나중에 그는 시리아 다마스쿠스, 브라질 산투스 등에서 영사로 재직하기도 했다.

버턴의 명성은 탐험으로만 쌓인 것이 아니었다. 그의 아내는 사후 그의 원고 중 50여 종 정도를 불태웠고, 21종이 남았다. 여기에는 자신의 여행 이야기도 있고, 매사냥이나 검술에 관한 책도 있다. 그는 뛰어난 언어학자였고 『아라비안나이트』를 번역했다.

버튼은 충동적인 기질 탓에 여러 번 거의 죽을 뻔했다. 그는 결과를 미리 생각하지 않고 내뱉은 말 때문에 여러 차례 결투와 싸움에 휘말렸다. 결혼했지만 세계 곳곳에 애인이 있었고, 일부다처제를 공개적으로 주장했다.

버턴의 관심사는 합리적인 것에서 영적인 것, 기괴한 것까지 다양했다. 그는 파충류, 광산, 등산 분야에서 세계적으로 존경받는 권위자가 되었다. 노예제도, 종교, 기이한 성행위 등 광범위한 주제로 글을 썼다. 그는 다양한 문화에 매료되었고 아프리카 여행에서 서양 인류학자들을 충격과 경악으로 몰아넣은 수많은 삽화를 가져왔다.

전기 작가 바이런 파웰은 버턴의 다양한 경력과 광범위한 관심사를 지적하며 그를 '지구상에서 가장 희귀한 인물 중 한 명'이라고 평가했다.

1890년에 사망할 때까지 버턴은 돈을 크게 벌기도 하고 잃기도 했으며, 수십 가지 직업을 거쳤고, 수많은 책을 썼으며, 고고학과 아프리카 인류학에 대한 서양 세계의 관점을 바꾸었고, 당시 가장 존경받는 사람(또는 가장 비난받는 사람) 중 한 명이었다.

파란만장한 어니스트 헤밍웨이의 삶

어니스트 헤밍웨이는 학교생활을 견디려고 애썼고, 마침내 1917년 오크파크 고등학교를 졸업했다. 짧은 집중력과 '지루함' 때문에 학교생활은 불쾌했고, 대학에 갈 필요가 없다는 확신이 생겼다. 그는 〈캔자스시티 스타〉의 신입 기자로 취직했다. 취직한 지 불과 7개월 만에 헤밍웨이는 초조해져서 제1차 세계대전에 참전하기 위해 미국 육군에 입대하려고 했다. 시력이 약해서 육군에서 거부당하자, 그는 자원해서 적십자 야전병원 운전병으로 이탈리아에 파견되었다.

헤밍웨이는 파편이 튀어 심하게 다쳤고 밀라노에서 잠시 회복한 후 북미로 돌아와 〈토론토 스타〉에서 작가로 일하게 되었다. 1년 만에 그는 지쳤고, 1920년 시카고 무역 잡지의 기고 편집자로 일하게 되었다. 그곳에서 그는 회오리바람 같은 로맨스에 휩싸여 첫 번째 결혼을 하게 되었다. 그들은 프랑스로 신혼여행을 갔고, 헤밍웨이는 그곳에 머물기로 한 후 옛 고용주인 〈토론토 스타〉의 외신 기자가 되기로 했다. 1923년 헤밍웨이는 토론토로 이사한 후 정규직원이 되려고 했으나, 여러 원인이 겹쳐 직장을 그만두고 실업자 상태에서 충동적으로 파리로 돌아갔고, 그곳에서 작가로서의 경력을 시작했다.

헤밍웨이가 작가로 성공하는 데 4년이 걸렸다. 그의 첫 미국 출판물은 단편 소설집 『우리들의 시대에 In Our Time』로, 1925년 출판되었다. 1927년까지 헤밍웨이는 작가로서 명성을 쌓았고, 저술로 생계를 유지하게 되었다. 그는 『봄의 폭우 The Torrents of Spring』, 『태양은 다시 떠오른다 The Sun Also Rises』, 『여자 없는 남자들 Men Without Women』을 출판했다. 그는 또한 첫 번째 아내와 이혼하고 폴린 파이퍼와 재혼했다.

ADHD 특유의 불안 증세가 1928년 다시 헤밍웨이를 덮쳤다. 그는 폴린과 함께 키웨스트로 이사한 후, 와이오밍의 농장에서 쿠바, 유럽과 아프리카에 이르기까지 세계 각지를 여행했다.

1940년경 그의 두 번째 결혼은 파경으로 치닫고, 헤밍웨이는 세 번째 아내인 마사 겔혼과 결혼하고 일에 방해가 되는 끊임없는 방문객을 피해 쿠바 하바나 외곽의 외딴 농장으로 이사했다. 다음 해 그들은 중국으로 날아가 일본의 중국 공격을 보도했다. 미국이 제2차 세계대전에 참전했을 때, 헤밍웨이는 개인 요트로 2년간 카리브해에서 독일 잠수함을 추적했다.

연합군의 노르망디 상륙 직전, 새로운 충동이 헤밍웨이를 런던으로 몰고 갔고, 그곳에서 네 번째 아내인 메리 웰시를 만났다. 그는 1944년 여름 제4보병사단에 입대했고, 파리 해방 기간 도망치는 나치군을 추격했으며, 벌지 전투에서 싸웠다.

전쟁이 끝난 후, 헤밍웨이는 쿠바로 다시 돌아갔고, 외딴 은신처에서 뛰어난 저술 활동과 난잡한 음주를 병행했다. 그는 집중하기 위해 고립이 필요했기 때문에, 사인을 받으려고, 또는 '위대한 작가'를 만나고 싶어 찾아온 방문객을 향해 종종 총을 쏘았다. 글을 쓰는 대신 술을 마시고 있을 때는 두 팔 벌려 방문객을 환영하고 밤새 술을 마시며 이야기를 나누었다. 이것은 여러

ADHD 알코올 중독자가 내게 얘기해준 삶의 방식이기도 하다.

헤밍웨이는 결국 충동성, 알코올 중독, 주의 산만함을 조절하지 못했다. 1954년 노벨문학상 수상 후 얻은 명성으로 글쓰기에 큰 어려움을 겪게 된 헤밍웨이는 아버지를 따라 1961년 스스로 생을 마감했다.

에필로그

사냥꾼과 인류의 미래

지금까지 우리 조상들이 수렵채집인이었던 선사시대부터 진화한 생존 기술이 현재 많은 현대 학교나 직장에서 문제가 되고 있다고 지적했다. 어떤 이들은 고귀한 사냥꾼들이 비열한 농부들의 침략으로 조직적으로 파괴되었다고 역사를 기술한다. 현재 지구상에 남아있는 수렵 사회가 극히 적은 것은 사실이지만, 인간의 역사는 사냥꾼 대 농부의 구도로 이해하기에는 훨씬 더 심오하고 복잡한 주제다.

그 모델은 왜 몇몇 아이들이 학교에서 우수하거나 실패하는지, 왜 강한 자극을 추구하는 사람들은 응급 의료 전문가 같은 직업에 끌리고 다른 사람들은 회계, 관리 같은 직업에 끌리는지 잘 설명하지만, 더 크고 중요한 요점을 놓치고 있다. 예레미야에서 예수, 노스트라다무스, 에드거 케이시에 이르기까지 예언자들은 기원전 1만 년경의 농업혁명 이후 인류가 우리가 사는 세계를 파괴하고 있다고 지적해 왔다.

이에 대한 설명으로 인간 본성에 기본적인 결함이 있다는 원죄의 개념이 있다. 이 개념의 문제점은 수십만 년 동안 자연과 조화를 이루며 살아온 인간 사회가 있었다는 것이다. 인간 사회가 늘 파괴적인 것은 아니었다.

나는 50여 년 전 마거릿 미드의 『사모아의 성년』을 읽으며 처음으로 이런 세계를 접했다. 그러나 고귀한 원시인이라는 그녀의 관점에 여러 반론이 있었고, 그 당시 나는 사모아에서 원시적인 삶을 사는 사람들은 그들의 삶을 개선할 수 있는 발달한 의료와 의사소통 기술 같은 기본적이고 중요한 것들이 결핍되어 있다고 생각했다.

그때 나는 서구 문명이 원시적 문화보다 더 낫고 더 가치 있다고 생각했다.

최근에 나는 안데스산맥에 사는 코기족의 문화를 알게 되었다. 코기족은 자신들을 형님으로 문명 세계를 아우라 부르며 자연과 조화롭게 살아왔다. 그들은 생명의 수호자로 생태계에 부담을 주지 않는 자급자족 생활을 해왔다. 사냥꾼과 농부 은유의 측면에서 형님들은 농부들의 특성을 보여준다. 나는 현대 문명의 문제에 대해 농부들을 비난해 왔지만, 일부 농경문화는 평화로웠고 지구를 돌보는 역할을 해왔다. 그들은 분명히 현대인들에게 부족한 지식이나 지혜가 있었을 것이다.

일부 고대 문명이 궁극적으로 이 세계의 죽음을 초래할 문명으로 나아가지 않고 농부로서 세계와 조화를 이루며 살아왔다면, 그들은 무엇이 달랐을까?

왜 어떤 농부들은 지구상의 모든 생명체를 위험에 빠뜨릴 정도로 엄청난 해를 끼치고, 왜 다른 농부들은 상대적으로 지구에 부담을 덜 줄 수 있었을까?

사냥꾼에게도 같은 질문을 할 수 있다. 많은 원시적인 사냥꾼들은 지구상에 부드러운 발자국만 남겼다. 그들은 치명적인 핵폐기물이 아니라 정교한 동굴 벽화를 남겼을 뿐이다.

그러나 착취적인 사냥꾼들도 있었다. 그들은 동물들을 밖으로 끌어내기 위해 숲을 불태웠고, 그보다는 인간 사냥꾼이 된 경우가 더 일반적이었다. 원래 유목민 사냥 부족이었던 몽골족은 유럽 대부분을 정복하고 수세기에 걸쳐 잔인한 철권 통치를 했는데, 농경사회에서 진화한 로마제국처럼 모든 면에서 잔인했다.

인류의 문화를 사냥꾼과 농부의 문화로 나누어 생각해볼 수 있다. 그러나 지속 가능한 세계라는 관점에서 보면 자연 친화적인 문화와 그렇지 않은 문화로 나눌 수 있다. 고대 문화는 대개 농경사회든 수렵사회든 지구 생태계와 본질적으로 연결되어 살았다. 그들에게 우리가 살고 있는 행성은 그 자체로 하나의 생명체였다.

나는 세계 각지를 여행하며 큰 충격을 받았다.

현대 문명에 물든 사람들은 인간과 지구를 분리된 것으로 보고 지구를 지배하려 한다. 그들은 지구의 자원을 사용하고 버리는 것을 당연하게 여긴다. 자연은 이 사람들의 어머니, 아버지, 형제, 자매가 아닌 이용 대상이다. 자연에 대한 이런 관점은 그들의 세계관에 깊이 내재해 있어 많은 이들은 이 우주에서 인간이 어떤 위치에 있는지 한 번도 의문을 제기하지 않고 평생을 살아간다.

전통사회의 수많은 노인들은 지구의 생명체들과 인간의 관계에 대한 이해가 풍부해서, 식량을 확보하기 위해 동물을 죽일 때 그 동물의 영혼을 위해 기도했다. 그들은 매일 자신이 살아가는 세상에 경외감을 느끼고, 삶의 순간순간에 깊은 의미를 부여했다.

하지만 현대 문명에 물든 사람들은 너무나 자기중심적이어서 주변 사물을 모두 수단으로 간주하고 이용하려 한다. 전 세계의 오래된 문화들은 현대 문명의 위험과 어리석음에 대해 경고하고 있다. 우리는 그들의 경고에 귀를 기울여야 한다. 우리는 삶의 방식을 바꿔야 한다. 그렇지 않으면 죽는다.

역사적으로 부적응과 불만은 우리 문화에 필요한 변화를 일으켰다. 토머스 에디슨과 벤저민 프랭클린 같은 사람들이 세상을 변화시켰다. 학교와 사회에 적응하는 데 어려움을 겪는 젊은 사냥꾼들 중 일부는 우리에게 새로운 미래로 가는 새로운 길을 보여줄 것이다.

후기

희망의 유산

엘런 리트먼*

1980년대 후반 ADHD가 대중적으로 주목받게 되었을 때, 그것은 더 이상 '최소의 뇌 손상'이 아니라 가족들에게 파괴적인 종신형과도 같은 유전적 결함으로 인식되었다. 그 황량한 시대정신 속에서 톰 하트만은 용기 있게 나서서 ADHD에 대한 인식을 재구성했다. 그는 우리 중 극소수가 비밀리에 포용한 개념을 큰 소리로 말했다. ADHD의 특성은 적응적일 수 있고, 때에 따라서

* 엘런 리트먼은 뉴욕에서 30년 이상 주의력 결핍을 치료해 온 임상심리사다. 지능이 높은 ADHD 성인과 청소년에게 초점을 맞추고 있다. 그녀는 잘못 해석되거나 간과될 수 있는 ADHD의 복잡한 측면들을 식별하고 치료하는 데 전문성을 발휘해왔다. ADHD의 성별 차이를 규명한 선구자로서 『ADHD 소녀들 이해하기』의 공저자이며, 미국의학회에서 ADHD 여성을 위한 영상 훈련 프로그램을 만들었다.

는 뛰어나게 적응적일 수도 있다고 말이다.

나는 1993년 톰이 이 책의 초판을 출간했을 때 그를 만났다. 낯선 것에 대한 저항감보다 호기심이 앞서는 사람들에게, 그는 부인하기 어려운 주장을 놀랍도록 명확하게 제시했다. 'ADHD 특성은 그 자체로는 좋은 것도 나쁜 것도 아니다. 맥락이 그들의 가치를 정의한다.'

이 책의 출간 이후, 많은 이들은 메신저인 톰 하트만과 이 책의 메시지의 신뢰도를 떨어뜨리려고 했다. 그러나 점차 과학 연구의 성과가 톰의 이론을 뒷받침하게 되었다. 예를 들어, ADHD와 관련된 유전자 돌연변이는 이주를 많이 한 집단에서 더 흔하게 발생한다. 그러한 유전자들은 또한 창조적인 위험을 감수하는 것이 생존 가능성을 증가시켰을 수 있는 홀로코스트 생존자들의 아이들에게서 더 많이 나타난다. 그러나, 격동의 시기에 사냥꾼들이 번성할 수 있게 해준 특성들은 농경사회에서는 별로 바람직하지 않았다. 그리고 세상은 또 변하고 있다. 사냥꾼의 두뇌는 현재의 데이터 범람과 신속한 반응 문화에 더 잘 적응하는 것으로 보인다.

임상심리사로서 나는 사냥꾼과 농부의 패러다임을 사람들에게 전파해왔다. ADHD가 적응적 가치가 있는 특성임을 알게 되면, 그런 특성을 가진 사람들이 오명과 수치심, 절망에서 벗어나는 데 도움이 된다. 우리에게는 존중, 수용, 희망으로 가는 대안적 서사가 존재한다. ADHD 진단을 받고 좌절한 사람들은 ADHD가 장애인지, 아니면 보통 사람들과 다른 능력인지는 관점에 따라 달라진다는 것을 이해하면서 힘을 얻는다.

처음 출판된 지 수십 년이 지난 지금, 한때 혁명적이었던 이 책은 이제 고전이 되었다. 톰은 진화적 적응의 맥락에서 ADHD를 재고하도록 우리의 세계관을 확장했다. 그는 ADHD 성향의 장단점을 분석하면서 개개인이 자신의 성향과 환경을 고려해서 최적의 조합을 찾는 것이 중요하다고 강조한다.

오늘날에는 사냥꾼들이 종일 사무실이나 교실에 앉아 있는 것을 견딜 수 없을 때, 환경을 바꾸는 것도 고려 대상이 된다. 이처럼 ADHD를 더 잘 이해하게 되면서 수많은 사람들이 사회문화적 기대의 감옥에서 벗어날 수 있게 되었다.

그의 놀라운 유산에서 가장 중요한 부분은 절망한 개인들이 임상의와 심리치료사에게 '나를 정상으로 만들어 달라'고 간청하는 대신, 자신에게 더 적합한 직업과 환경을 선택하는 데 도움을 달라고 요청하게 되었다는 점이다. 역사는 언제나 사냥꾼과 농부 각각을 위한 장소가 있었음을 보여준다.

톰이 아들에게 희망을 주기 위해 공감의 은유에서 시작한 이 책은 ADHD가 있는 모든 이들에게 희망과 영감을 주는, 최신 과학에 기반한 축가가 되었다.

참고문헌

Amelia Earhart Museum website. "Childhood," "Stories," and "Biography" pages. Accessed January 24, 2019.

American Psychiatric Association. *Diagnostic and Statistical Manual of Mental Disorders*. 3rd ed. Washington, D.C.: American Psychiatric Association, 1987.

American Psychiatric Association. "Tic Disorders." In *Treatments of Psychiatric Disorders*. Vol. 1. Washington, D.C.: American Psychiatric Association, 1989.

American Sleep Association. "Delayed Sleep Phase Syndrome." American Sleep Association website. Accessed January 24, 2019.

Anderson, J. C., et al. "DSM-III Disorders in Preadolescent Children. Prevalence in a Large Sample from the General Population." *Archives of General Psychiatry* 44 (1987): 69-76.

Arcos-Burgos, Mauricio, and Maria Teresa Acosta. "Turning Major Gene Variants Conditioning Human Behavior: The Anachronism of ADHD." *Science Direct* 17, no. 3 (June 2007): 234-38.

Barkley, R A, et al. "Development of a Multimethod Clinical Protocol for Assessing Stimulant Drug Response in Children with Attention Deficit

Disorder." *Journal of Clinical Child Psychology* 17 (1988): 14-24.

______. *Hyperactive Children: A Handbook for Diagnosis and Treatment*. New York: Guilford, 1981.

______. "The Social Behavior of Hyperactive Children: Developmental Changes, Drug Effects, and Situational Variation." In *Childhood Disorders: Behavioral-Developmental Approaches*. Edited by R. J. McMahon and R. D. Peters. New York: Brunner/Mazel, 1985.

Bowen, Catherine Drinker. *The Most Dangerous Man in America: Scenes from the Life of Benjamin Franklin*. Boston: Little, Brown & Company, 1974.

Brown, Ronald T., et al. "Effects of Methylphenidate on Cardiovascular Responses in Attention Deficit Hyperactivity Disordered Adolescents." *Journal of Adolescent Health Care* 10 (1989): 179-83.

Buckley, W. F., Jr. *Overdrive: A Personal Documentary*. New York: Doubleday & Company, 1983.

Burdett, Osbert. *The Two Carlyles*. N.p. 1930. Repr. 1980.

Campbell, Ian. *Thomas Carlyle*. New York: Charles Scribner's Sons, 1975.

Centers for Disease Control. "Key Findings: Trends in the Parent-Report of Health Care Provider-Diagnosis and Medication Treatment for ADHD: United States, 2003-2011." CDC website. Page last updated September 7, 2017.

Clubbe, John, ed. *Froude's Life of Carlyle*. Columbus: Ohio State University Press, 1979.

Comings, D. E., et al. "The Dopamine D2 Receptor Locus as a Modifying Gene in Neuropsychiatric Disorders." *Journal of the American Medical Association* 266 (1991): 1793-1800.

Comings, D. E., and Comings, B. G. "Tourette's Syndrome and Attention Deficit Disorder with Hyperactivity: Are They Genetically Related?" *Journal of the American Academy of Child Psychiatry* 23 (1984): 138-46.

Diamond, Jared. "How Africa Became Black." *Discover* February 1994.

Doyle, Sir Arthur Conan. "The Sign of the Four." *Lippincott's Monthly Magazine*. London, 1890.

Einstein, Albert. *Out of My Later Years*. 1956. New York: Bonanza, 1990.

Eisenberg, Dan, and Benjamin Campbell. "Evolution of ADHD: Social Context Matters." *San Francisco Medicine, Journal of the San Francisco Medical Society* 84, no. 8 (October 2011): 21-22. Available at San Francisco Medicine website.

Ekrich, Roger. "Sleep We Have Lost: Pre-Industrial Slumber in the British Isles." *American Historical Review* 106, no. 2 (2001): 343-86.

Evans, R. W., et al. "Carbamazepine in Pediatric Psychiatry." *Journal of the American Academy of Child Psychiatry* 26 (1987): 2-8.

Farwell, Byron. *Burton: A Biography of Sir Richard Francis Burton*. London: Penguin, 1990.

Feingold, Benjamin. *Why Your Child Is Hyperactive*. New York: Random House, 1975.

Fergusson, David M., et al. "Maternal Smoking Before and After Pregnancy: Effects on Behavioral Outcomes in Middle Childhood." *Pediatrics* 92, no. 6 (December 1993): 815-22.

Garber, S. W., et al. *Is Your Child Hyperactive? Inattentive? Impulsive? Distractible? Helping the ADD/Hyperactive Child*. New York: Villard Books, 1990.

Gittelman-Klein, R. "Pharmacotherapy of Childhood Hyperactivity: An Update." In *Psychopharmacology: The Third Generation of Progress*. Edited by H. Y. Meltzer. New York: Raven, 1987.

Goleman, Daniel. *Emotional Intelligence*. London: Bloomsbury, 1995.

Goyette, C. H., et al. "Normative Data on Revised Conners Parent and Teacher Rating Scales." *Journal of Abnormal Child Psychology* 6, no. 2 (1978): 221-36.

Greenhill, Laurence, et al. "Prolactin: Growth Hormone and Growth Responses in Boys with Attention Deficit Disorder and Hyperactivity Treated with Methylphenidate." *Journal of the American Academy of Child Psychiatry* 23, no. 1 (1984): 58-67.

Hallowell, Edward M., and John J. Ratey. *Driven to Distraction: Recognizing and Coping with Attention Deficit Disorder from Childhood through Adulthood*. New York: Simon & Schuster, 1995.

Hartmann, Thom. "A Nutritional Model for Effecting Change in Behavior-Disordered and Severely Emotionally Disturbed Victims of Child Abuse: The Experiences of the Salem Children's Villages." *Journal of Orthomolecular Psychiatry* 10, no. 1 (1st Quarter 1981): 35-38.

Hayes, Peter L. *Ernest Hemingway*. New York: Continuum, 1990.

Henker, B., and C. K. Whalen, eds. "The Changing Faces of Hyperactivity: Retrospect and Prospect." In *Hyperactive Children: The Social Ecology of Identification and Treatment*. New York: Academic, 1980.

Hoffman, Edward. "Overcoming Evil: An Interview with Abraham Maslow, Founder of Humanistic Psychology." *Psychology Today* January 1992.

Holland, Kimberly, and Elsbeth Riley. "ADHD Numbers: Facts, Statistics, and You." The A.D.D. Resource Center website. October 11, 2017. (This infographic website cites the American Psychiatric Association's estimate of the incidence of ADHD at around 5 percent of the child population of the U.S.)

Jensen, Peter, et al. "Evolution and Revolution in Child Psychology: ADHD as a Disorder of Adaptation." *Journal of the American Academy of Child and Adolescent Psychiatry* 36, no. 12 (December 1997): 1672–79.

Josephson, Matthew. *Edison: A Biography.* 1959. New York: John Wiley & Sons, 1992.

Kahn, Robert S., et al. "Women's Health After Pregnancy and Child Outcomes at Age 3 Years: A Prospective Cohort Study." *American Journal of Public Health* 92, no.8 (2002): 1312–18. Available on American Public Health Association website as of October 10, 2011.

Kelly, Kevin L., et al. "Attention Deficit Disorder and Methylphenidate: A Multistep Analysis of Dose-Response Effects on Children's Cardiovascular Functioning." *International Clinical Psychopharmacology* 3, no. 2 (1988): 167–81.

Kinsbourne, M., and P. J. Caplan. *Children's Learning and Attention Problems.* Boston: Little, Brown and Company, 1979.

______. "Overfocusing: An Apparent Subtype of Attention Deficit-hyperactivity Disorder." In *Pediatric Neurology: Behavior and Cognition of the Child with Brain Dysfunction.* Edited by N. Amir, I. Rapin, and D. Branski. Basel: Karger, 1991.

______. "Overfocusing: Attending to a Different Drummer." *CHADDER Newsletter* (Spring-Winter 1992): 23–33.

Klein, R. G., et al. "Hyperactive Boys Almost Grown Up: Methylphenidate Effects on Ultimate Height." Archives of General Psychiatry 45, no. 12 (1988): 1131–34.

Klein, Rachel G., et al. "Methylphenidate and Growth in Hyperactive Children: A Controlled Withdrawal Study." *Archives of General Psychiatry* 45, no. 12 (1988): 1127–30.

Kuczenski, R., et al. "Effects of Amphetamine, Methylphenidate and Apomorphine on Regional Brain Serotonin and 5-Hydroxyindole Acetic Acid." *Psychopharmacology* 93, no. 3 (1987): 329–35.

Lief, Erik. "Mutated Gene Keeps Night Owls Awake." American Council on Science and Health website. April 7, 2017.

Lorayne, H., and J. Lucas. *The Memory Book.* New York: Ballantine, 1986.

Maslow, Abraham. *Motivation and Personality.* New York: Harper & Brothers, 1954.

McClendon, Francis Joseph, and Scott Haden Kollins. "ADHD and Smoking: From Genes to Brains to Behavior." *Annals of the New York Academy of*

Sciences 1141 (2008): 131-47.

McGuinness, Diane. "Attention Deficit Disorder, the Emperor's Clothes, Animal Pharm, and Other Fiction." In *The Limits of Biological Treatment for Psychological Distress*. Edited by S. Fisher and R. Greenberg. New York: Erlbaum, 1989.

______. *When Children Don't Learn*. New York: Basic Books, 1985.

Mendelsohn, Rohen S. *How to Raise a Healthy Child in Spite of Your Doctor*. Chicago: Contemporary Books, 1984.

Mlodinow, Leonard. "In Praise of ADHD." *New York Times*, March 17, 2018.

Moss, Robert A., and Helen H. Dunlap. *Why Johnny Can't Concentrate*. New York: Bantam Books, 1990.

Moyzis, Robert. "Attention-Deficit Hyperactivity Disorder Related to Advantageous Gene." *ScienceDaily* (January 9, 2002).

Murray, John B. "Psychophysiological Effects of Methylphenidate (Ritalin)." *Psychological Reports* 61, no. 1 (1987): 315-36.

National Women's Hall of Fame website. "Amelia Earhart." Accessed January 24, 2019.

Nesse, Randolph, and George Williams. *Why We Get Sick: The New Science of Darwinian Medicine*. New York: Vintage, 1996.

Peters, Tom, and Robert H. Waterman. *In Search of Excellence*. New York: Harper & Row, 1982.

Pomerleau, O. F. "Nicotine and the Central Nervous System: Biobehavioral Effects of Cigarette Smoking." *American Journal of Medicine* 93, no. 1A (July 15, 1992): 2S-7S.

Popova, Maria. "Thomas Edison, Power-Napper: The Great Inventor on Sleep and Success." BrainPickings website. Accessed January 24, 2019.

Rapoport, J. L., et al. "Dextroamphetamine: Its Cognitive and Behavioral Effects in Normal and Hyperactive Boys and Normal Men." *Archives of General Psychiatry* 37, no. 8 (1980): 933-43.

Rapport, M. D., et al. "Attention Deficit Disorder and Methylphenidate: A Multilevel Analysis of Dose-response Effects on Children's Impulsivity Across Settings." *Journal of the American Academy of Child Psychiatry* 27, no. 1 (1988): 60-69.

Ratey, John J. "Foreword" in *ADD Success Stories*. Nevada City, Calif.: Underwood, 1995.

Safer, Daniel J., et al. "A Survey of Medication Treatment for Hyperactive/Inattentive Students." *Journal of the American Medical Association* 260, no. 15 (1988): 2256-58.

Satterfield, J. H., et al. "Growth of Hyperactive Children Treated with

Methylphenidate." *Archives of General Psychiatry* 36, no. 2 (1979): 212-17.

Satterfield, J. H., et al. "Therapeutic Interventions to Prevent Delinquency in Hyperactive Boys." *Journal of the American Academy of Child Psychiatry* 26, no. 1 (1987): 56-64.

Scarnati, Richard. "An Outline of Hazardous Side Effects of Ritalin (Methylphenidate)." *The International Journal of Addictions* 21, no. 7 (1986): 837-41.

Shaffer, D., et al. "Neurological Soft Signs: Their Relationship to Psychiatric Disorder and Intelligence in Childhood and Adolescence." *Archives of General Psychiatry* 42, no. 4 (1985): 342-51.

Sharma, Rajiv P., et al. "Pharmacological Effects of Methylphenidate on Plasma Homovanillic Acid and Growth Hormone." *Psychiatry Research* 32, no. 1 (1990): 9-17.

Shelley-Tremblay, J. F., and L. A. Rosén. "Attention Deficit Hyperactivity Disorder: An Evolutionary Perspective." *Journal of Genetic Psychology* 157, no. 4 (December 1996): 443-53.

Sokol, Mae S., et al. "Attention Deficit Disorder with Hyperactivity and the Dopamine Hypothesis: Case Presentations with Theoretical Background." *Journal of the American Academy of Child and Adolescent Psychiatry* 26, no. 3 (1987): 428-33.

Sternberg, Robert J., and Todd L. Lubart. "Creating Creative Minds." *Phi Delta Kappan* 72, no.8 (April 1991): 608-14.

Stevens, Anthony, and John Price. *Evolutionary Psychiatry: A New Beginning*. London: Routledge, 1996.

Stewart, A. "Severe Perinatal Hazards." *Developmental Neuropsychiatry*. Edited by M. Rutter. New York: Guilford, 1983.

Strauss, C. C., et al. "Overanxious Disorder: An Examination of Developmental Differences." *Journal of Abnormal Child Psychology* 16, no. 4 (1988): 433-43.

Swanson, James M., et al. "Dopamine Genes and ADHD." *Neuroscience and Biobehavioral Reviews* 24, no. 1 (2000): 21-25.

Swanson, James M., and M. Kinsboume. "The Cognitive Effects of Stimulant Drugs on Hyperactive Children." In *Attention and Cognitive Development*. Edited by G. A. Hale and M. Lewis. New York: Plenum, 1979.

Taylor, E., et al. "Which Boys Respond to Stimulant Medication? A Controlled Trial of Methylphenidate in Boys with Disruptive Behaviour." *Psychological Medicine* 17, no. 1 (1987): 121-43.

Ullmann, R. K., and E. K. Sleator. "Responders, Nonresponders, and Placebo Responders Among Children with Attention Deficit Disorder." *Clinical*

Pediatrics 25, no. 12 (1986): 594-99.

U.S. Congress. Senate. *Examination into the Causes of Hyperactive Children and the Methods Used for Treating These Young Children. Joint Hearing Before a Subcommittee on Health of the Committee on Labor and Public Welfare and the Subcommittee on Administrative Practice and Procedure of the Committee on the Judiciary of the United States Senate*, 94th Cong. (September 11, 1975). U.S. Government Printing Office.

Van Veen, Maaike M., et al. "Delayed Circadian Rhythm in Adults with AttentionDeficit/Hyperactivity Disorder and Chronic Sleep-Onset Insomnia." *Biological Psychiatry* 67, no. 11 (June 1, 2010): 1091-96.

Walker, Matthew. *Why We Sleep: Unlocking the Power of Sleep and Dreams*. New York: Scribner, 2018.

Wehr, Thomas. As quoted in Natalie Angier, "Modern Life Suppresses an Ancient Body Rhythm." *New York Times*, March 14, 1995.

Weiss, G., and L. T. Hechtman. *Hyperactive Children Grown Up: Empirical Findings and Theoretical Considerations*. New York: Guilford, 1986.

Weiss, Lynn. *Attention Deficit Disorder in Adults*. Dallas: Taylor Publishing, 1992.

Weitzman, Michael, et al. "Maternal Smoking and Behavior Problems of Children." *Pediatrics* 90, no. 3 (1992): 342-49.

Weizman, Ronit, et al. "Effects of Acute and Chronic Methylphenidate Administration of B-Endorphin, Growth Hormone Prolactin and Cortisol in Children with Attention Deficit Disorder and Hyperactivity." *Life Sciences* 40, no. 23 (1987): 2247-52.

Wender, P. H. *Minimal Brain Dysfunction in Children*. New York: Wiley, 1971.

Whalen, C. K., et al. "A Social Ecology of Hyperactive Boys: Medication Effects in Structured Classroom Environments." *Journal of Applied Behavior Analysis* 12, no. 1 (1979): 65-81.

Wilson, John. *Thomas Carlyle: The Iconoclast of Modern Shams*. Folcroft, Pa.: Folcroft Library Editions, 1973.

Winn, Marie. *The Plug-In Drug*. New York: Bantam, 1978.

Wolkenberg, Frank. "Out of a Darkness." *New York Times Magazine*, October 11, 1987.

Wright, Robert. "Can Machines Think?" *Time* 147, no. 13 (March 25, 1996).

_______. *The Moral Animal*. New York: Vintage, 1995.

Wynchank, Dora, et al. "Adult Attention-Deficit/Hyperactivity Disorder and Insomnia: An Update of the Literature." *Current Psychiatry Reports* 9, no. 12 (2017): 98.

옮긴이 백지선
20년간 출판 편집자로 일했다. 그동안 편집한 책들 중 가장 좋아하는 책들로는 『에드거 스노 자서전』, 프란스 드 발의 『내 안의 유인원』, 에릭 바인하커의 『부의 기원』, 워런 버핏 공식 전기 『스노볼 1, 2』 등이 있다. 저서로 『비혼이고 아이를 키웁니다』 『경제경영책 만드는 법』, 역서로 『소녀들의 감정 수업』이 있다.

장애에서 진화적 적응으로 패러다임을 바꾼 현대의 고전 제3판

ADHD 농경사회의 사냥꾼

1판 1쇄 발행 2024년 11월 1일
1판 2쇄 발행 2025년 4월 2일

지은이 톰 하트만
옮긴이 백지선
마케팅 용상철
인쇄 도담프린팅

펴낸이 백지선
펴낸곳 또다른우주
등록 제2021-000141호(2021년 5월 17일)
전화 02-332-2837
팩스 0303-3444-0330
이메일 anotheruzu@naver.com
블로그 blog.naver.com/anotheruzu

ISBN 979-11-93281-10-9 03180